U0800361

轨道交通
车载移动测量技术及应用

许　磊◎著

中国铁道出版社有限公司

2022年·北　京

内 容 简 介

本书在总结移动测量技术历史及发展现状的基础上，介绍了国内外移动测量系统的主要性能参数、技术特点以及轨道交通车载移动测量系统的组成、工作原理和数据解算软件，论述了轨道交通车载移动测量技术在数据采集、数据解算、精度分析、质量增强等方面涉及的理论知识，总结了轨道交通车载移动测量技术在轨道检测、接触网检测、限界检测、桥梁偏心检测和隧道病害检测方面涉及的检测内容、检测要求、检测方法，并对上述检测内容进行试验论证分析。

本书可供轨道交通工程测量、检测相关技术人员，以及高校和科研机构研究人员参考使用。

图书在版编目（CIP）数据

轨道交通车载移动测量技术及应用/许磊著．—北京：中国铁道出版社有限公司，2022.4

ISBN 978-7-113-29048-1

Ⅰ.①轨… Ⅱ.①许… Ⅲ.①轨道交通-铁路测量-测量技术 Ⅳ.①U212.24

中国版本图书馆 CIP 数据核字（2022）第 058538 号

书　　名：轨道交通车载移动测量技术及应用
作　　者：许　磊

责任编辑：陈小刚　张　磊　　　**编辑部电话：**（010）51870265
编辑助理：杨宣津
封面设计：尚明龙
责任校对：焦桂荣
责任印制：樊启鹏

出版发行：中国铁道出版社有限公司（100054，北京市西城区右安门西街8号）
网　　址：http://www.tdpress.com
印　　刷：北京博海升彩色印刷有限公司
版　　次：2022年4月第1版　2022年4月第1次印刷
开　　本：787 mm×1 092 mm 1/16　**印张：**15　**字数：**309千
书　　号：ISBN 978-7-113-29048-1
定　　价：79.00元

著者简介

许磊，1983年9月生，毕业于武汉大学，摄影测量与遥感专业博士。现任中国铁路设计集团有限公司高级工程师、注册测绘师。长期从事轨道交通精密测量、安全监测相关研究及工程应用，承担5项国家及省部级重点课题研究，主持川藏铁路测量咨询评估等相关的20余项国家重点工程的项目生产与技术管理工作。获得国家发明专利授权5项、实用新型专利8项、软件著作权8项，出版专著1部，以第一作者发表科技论文10余篇（其中SCI、EI各2篇），相关研究成果取得显著经济、社会效益。获省部级科技进步奖6项（其中，中国测绘学会“测绘科学技术奖”一等奖1项，天津市“科学技术进步奖”二等奖2项）、省部级优秀工程勘察奖10余项、国家铁路局“铁路重大科技创新成果”入库成果1项、中国铁设“十三五”十大科技成果奖、第四届“全国铁路青年科技创新奖”。获铁三院集团公司“十二五”优秀科技工作者、中国铁设“十三五”优秀青年科技工作者、中国测绘学会“青年测绘地理信息科技创新人才”、全国铁道团委“全国铁路青年岗位能手”等荣誉称号。

序　言

新时代、新发展催生新需求，人类社会生产生活呼唤新测绘。新型测绘面向三维，从传统多尺度向非尺度地理信息实体全息数据库转变。车载移动测量是实现全息测绘的重要技术手段，在实景三维城市、市政道路、公路交通等领域得到较为广泛的应用。近年来，轨道交通也成为车载移动测量典型应用领域，其带状的测区、平顺的轨道对于车载移动测量具有独特优势。同时，轨道中线三维重建、建（构）筑物几何病害检测、接触网几何参数检测等提出了新的需求，这些具有轨道交通特殊的应用，对车载移动测量带来新的挑战，对此进行系统深入的研究具有重要的工程应用价值。

中国铁路设计集团有限公司（以下简称“中国铁设”）作为轨道交通行业车载移动测量技术研究和示范应用的先行者，自 2014 年哈尔滨至牡丹江铁路电气化改造项目开始测试起，多年来一直积极开拓移动测量技术在轨道交通行业的应用。经过持续研究和工程实践，中国铁设车载移动测量科研团队自主完成了装备集成研制、软件系统研发、项目应用测试，累计工程长度超过 5 000 公里，线路类型涵盖城市轨道交通、普速铁路、城际铁路、高速铁路，为保障轨道交通运营安全提供了快速智能化的检测技术手段。

许磊博士作为中国铁设车载移动测量科研团队的核心成员，在系统梳理科研成果与工程实践的基础上，编著了《轨道交通车载移动测量技术及应用》一书。该书聚焦车载移动测量技术在轨道交通测量检测中的应用，清晰阐述车载移动测量技术历史、现状及发展趋势；详尽介绍车载移动测量系统组成、工作原理及轨迹线解算软件；系统论述数据采集、数据解算、精度分析、质量增强等内容，既有流程又有原理；丰富展现线路测量、轨道几何形位测量、建筑限界检测、接触网几何参数检测以及桥梁偏心检测等工程案例。

该书为关于车载移动测量技术在轨道交通行业应用的科技专著，为推动车载移动测量技术在轨道交通测量检测领域的应用提供基础，具有重要学术研究和行业参考的价值。

中国工程院院士　刘先林

2022 年 4 月于北京

前　　言

截至2021年底，我国城市轨道交通运营总里程为8708km，51个城市开通线路269条，铁路运营总里程超过15万km，其中高速铁路已达到4万km；“四纵四横”高铁网提前建成，“八纵八横”高铁网加密成型，我国建成了世界上最现代化的轨道交通网和最发达的高铁网。根据《“十四五”现代综合交通运输体系发展规划》（国发〔2021〕27号），到2025年，全国铁路营业里程将达到16.5万km，其中高铁5万km。中国高铁已成为亮丽的“国家名片”。在取得重大成就的同时，我们还面临着诸多挑战，其中，运营期检测工作受作业时间短、作业环境差、安全隐患多、检测效率低等诸多问题困扰，传统检测方式已无法满足新时代轨道交通应用需要。针对这一现状，2014年开始，本书笔者带领研发团队，开展“基于车载移动测量系统的轨道交通检测技术研究”科研攻关，探索出一套高效率、高精度、全要素、多用途、大数据、真三维的综合检测技术手段。

车载移动测量系统以平均80km/h速度行驶的同时，可连续获取1～3cm间距的高密度海量点云及全景影像。通过提取影像色彩信息，融合形成彩色激光点云。基于点云大数据，将路基、桥梁、隧道、轨道、接触网等设备设施进行三维模型重建，实现轨道平顺性检测、接触网几何参数检测、桥梁偏心检测、隧道形变监测、隧道表观病害检测、车辆及建筑物限界测量、横断面测绘等多种功能应用，真正做到“外业一次性采集、内业多方面应用”。数据采集系统、点云数据处理分析系统和海量数据网络发布系统是车载移动测量研发的核心技术，这些系统具有自动化程度高、海量数据处理快、模型重建精度高、专业分析功能全等特点，可实现数据采集、自动检测、成果发布，为轨道交通勘察设计、施工建造、运营维护全生命周期的快速检测提供技术手段，是智能化轨道交通检测未来发展的方向。

本书是城市轨道交通数字化建设与测评技术国家工程实验室综合检测监测评估技术创新团队科研成果的总结。本书首先阐述移动测量技术的发展历史及趋势，然后分析移动测量系统的组成及工作原理，再重点研究车载移动测量系统的原始数据采集、数据融合解算、精度指标分析、成果质量增强等主要内容，最后论述移动测量技术在轨道交通关键基础设施检测中的应用案例并展望其在轨道交通工程检测领域的发展趋势。

在本书编写过程中，中国铁路设计集团有限公司牟春霖、巩健、豆孝磊等参与部分章节的编写，谭兆、秦守鹏等提供部分素材及整理工作，中国铁路设计集团有限公司测绘地理信息研究院张冠军总工程师、李亚辉副院长等提出宝贵的修改意见。

由于作者理论水平有限，学术研究能力尚有较大提升空间，加之搜集的参考文献尚不够齐全，书中难免存在错误与纰漏，恳请读者不吝批评指正。相关意见和建议可以发送至邮箱 xulei2013@whu.edu.cn，不胜感激。

著　者

2022 年 3 月于天津

目　　录

第1章 绪　论

2016年,国家测绘地理信息局发布测绘行业标准《车载移动测量数据规范》(CH/T 6003—2016),其中定义"车载移动测量系统"(vehicle-borne mobile mapping system)为:在车载平台上,集成控制系统、定位测姿系统及一种或多种其他测量传感器(激光扫描仪、数码相机、视频摄像机等)的综合测量系统。

2020年,中国铁建股份有限公司发布企业标准《铁路车载移动测量技术规程》(Q/CRCC 13501—2020),其中定义"铁路车载移动测量系统"(railway vehicle-borne mobile mapping system)为:以轨道车辆为平台,集成了控制系统、定位测姿系统及其他测量传感器(激光扫描仪、数码相机等)的综合测量系统。

2021年,中国地理信息产业协会发布团体标准《车载激光移动测量系统》(T/CAGIS 5—2021),其中定义"车载激光移动测量系统"(vehicle-mounted LiDAR mobile mapping system)为:在车载平台上,具备集成控制系统、定位测姿系统、激光扫描系统、全景影像系统、里程编码计等多传感器的综合测量系统。

近年来,在铁路、城际、地铁等轨道交通工程领域,伴随不同的使用需求,出现多种形式的移动测量系统。首先,不同形式的搭载平台被利用,例如轨道平板车、轨道小车、汽车、火车、无人机、背包等。其次,多种方式的移动测量系统被集成,例如仅集成控制系统、激光扫描仪、里程编码计(distance measuring instrument,DMI)的自移动测量系统,主要用于盾构法隧道形变检测领域。本章将主要介绍以轨道交通车辆或行驶在轨道上的移动工具为载体平台,并在该载体平台上搭载多种集成方式的移动测量系统的关键技术与工程应用。

综上所述,本章将"轨道交通车载移动测量系统"(vehicle-borne mobile mapping system of rail transit ,VMMSRT)定义为:以轨道交通车辆或行驶在轨道上的移动工具为载体平台,搭载多种集成方式的移动测量系统。该移动测量系统包含控制系统,同时集成定位测姿系统、激光扫描仪、数码相机、数码摄像机、结构光扫描仪、里程编码计等一种或多种传感器设备。图1.0-1所示为轻型铁路移动测量系统。

1.1　移动测量技术历史、现状及发展

移动测量系统由早期仅用于移动测图,逐步发展为结构物表观病害检测等多种用途的综合数据采集系统。数据采集传感器由单一的摄像机发展为激光扫描仪、数码相机、数码

图 1.0-1　轻型铁路移动测量系统

摄像机、结构光扫描仪等多种传感器的组合设备。设备由少数科研机构的自产自用，发展为专业化公司生产销售，且定位测姿、激光扫描仪、全景相机等主要传感器性能日趋稳定、关键参数指标越来越高。

依靠传感器技术进步，移动测量系统正在朝向集成化、轻量化、高性能等方向发展，涌现众多知名设备的制造商和集成商。伴随应用领域拓展，移动测量系统应用正在朝向专业化、多用途等方向发展，开拓了多种行业和工程领域的典型应用。

1.1.1　移动测量技术历史

20 世纪 80 年代末期至 20 世纪 90 年代初期，移动测图系统（mobile mapping systems，MMSs）逐渐被开发。1991 年，俄亥俄州立大学（The Ohio State University）公布了高速公路测图项目第一个可用的地面移动测图系统。这套系统被取名为 GPS-Van，该系统主要由定位测姿和立体视觉两部分子系统组成。定位测姿系统包括差分模式的全球定位系统（global positioning system，GPS）卫星接收机、精确的轮数传感器、航空质量的陀螺仪。这款高速公路测量车以及软硬件系统的开发，历时约 1 年零 3 个月，最初目标是提供几乎连续的不大于 15 m 间隔的速率信息，并提供 5～10 m 的定位精度。立体视觉系统测量车在行驶过程中每秒获取一次立体像对，并同时将 GPS 记录的位置信息进行关联，利用解析摄影测量方法校准数码相机，通过大地测量方法确定了 GPS 天线与摄像机视点中心之间的偏移量，两个摄像机视野中的每个物体都可以定位在货车前方约 10 cm 处，通过提取道路边缘信息来证明数字立体影像自动分析方法的可行性。

由上可见，最初的移动测图系统主要包括测图传感器、提供空间参考的定位导航单元，以及将两类硬件进行时间同步的装置。这套系统通过集成在移动平台的摄像传感器，获取2D或3D(立体摄像机)的周边环境空间几何信息。伴随激光雷达(light detection and ranging，LiDAR)技术的发展，激光雷达逐步取代数码摄像机，成为移动测图系统主要的测图传感器，“移动测图系统”也发展为“移动激光扫描测量系统”(mobile laser scanning mapping system，MLS)。

1.1.2 移动测量技术现状

1. 在车载移动测量系统的系统集成方面

国外，奥地利RIEGL公司、加拿大Optech公司、美国Trimble公司、瑞士Leica公司、德国IGI公司等相继推出商业化的车载移动测量产品。国内，北京北科天绘科技有限公司(简称“北科天绘公司”)、武汉海达数云技术有限公司(简称“海达数云公司”)、上海华测导航技术股份有限公司(简称“华测导航公司”)、广州南方测绘科技股份有限公司(简称“南方测绘公司”)等公司，集成开发了车载移动测量系统，并在国内占据主要测绘市场。国内高校和科研院所也进行了移动测量系统的集成研究，如武汉大学、同济大学、首都师范大学、山东科技大学、中国人民解放军战略支援部队信息工程大学、中国测绘科学研究院等。

2. 在车载移动测量系统的数据处理方面

车载移动测量系统的数据处理主要包括地面基准站的静态数据解算、惯性导航数据解算、点云及影像数据与轨迹数据的融合解算、点云及影像数据的增强处理、点云及影像数据的后处理与应用。

(1)基站静态数据的解算：进行移动测量前，需要在测量区域布设基准站，并采用全球导航卫星系统(global navigation satellite system，GNSS)静态观测方法，获得基准站点的空间坐标系或工程独立坐标系的坐标成果。例如，利用徕卡公司的Leica Geo Office软件，将观测星历文件处理为基线网，再利用CosaGPS工程测量网通用平差软件，分别进行无约束、约束平差处理，获得基准站点的三维空间坐标成果。

(2)惯性导航数据的解算：将GNSS的地面卫星基准站、移动测量系统上的流动站和惯性测量单元(inertial measurement unit，IMU)的数据进行联合解算。例如，利用Applanix公司的POSPac软件，将IMU观测数据、地面基站观测数据、地面基准站的地理空间坐标等数据导入软件系统，设置不同的融合方法(GNSS和IMU的融合，分为松耦合与紧耦合模式)，获得载体平台的高精度位置和姿态信息。

(3)移动测量数据的融合：将GNSS与IMU进行组合，形成定位测姿系统(position and orientation system，POS)，获得移动测量系统的高精度定位与测姿数据。车载移动测量系统利用三维激光扫描系统和数码影像采集系统，采集空间点云数据和数码影像数据。通过系统检校，获得激光扫描系统和影像采集系统与POS中心的相对位置和姿态，利用 POS 提供的搭载平台位置和姿态数据，以及时间同步数据，将点云数据和影像数据转换到统一的地理坐标系下。再利用点云数据与影像数据间的对应关系，将二者数据融合，最终形成彩色点云，从而直观反映出轨道交通沿线地物及基础设备设施的表面色彩、结构和尺寸等信息。

(4)移动测量数据的增强：车载移动测量系统的测量误差直接影响数据精度和成果质量，分析研究其误差来源及特性是对其性能评价的基础。车载移动测量系统的误差分为传感器相关的误差和系统集成的误差。移动测量数据的增强即为提高数据的精度与质量。与传感器相关的主要误差有 GNSS 观测误差、IMU 测量误差、激光扫描仪测量误差、数码相机误差、时间同步板误差，可通过集成高性能的传感器以降低相关误差。与系统集成相关的主要误差有系统安装及检校误差、时间基准同步误差、空间坐标系统转换误差，可通过合理选择系统检校场地、降低秒脉冲触发的同步延迟时间、沿线布设不同密度的控制靶标等提升系统的精度。

(5)移动测量数据的后处理：利用移动测量获取的高精度彩色激光点云与高清晰数码影像数据，采用自动化或人工辅助交互等方式，将点云或影像数据中的地物进行分类及提取，再利用分类提取的地物信息进行几何模型重建，基于重建的三维模型进行空间位置及几何尺寸分析及检测，进而实现不同功能应用。例如，Orbit 软件可实现道路标线、铁路轨道、城市交通指示牌、电缆线路等地物分类、提取与模型重建，还可以实现地形图测绘、点云与影像数据的在线发布与浏览等功能。

3. 在车载移动测量系统的工程应用方面

随着车载移动测量系统硬件的广泛推广，点云与影像数据处理软件系统的深度开发，车载移动测量系统被广泛应用在不同领域。在城市的交通设施、道路井盖、电力线与电杆、建筑物立面建模等方面，在公路检测及改扩建、车道级导航地图采集，在轨道交通资产普查与限界检测等方面被越来越多地使用，在提高测量精度的同时，也提升了检测效率，正在逐步地改变传统测量检测方法。

1.1.3 移动测量技术发展

伴随硬件系统的成熟、集成度的提升、应用行业的拓展，移动测量技术向着轻量化、多平台、专业化、大众化方向发展。

1. 测量设备的轻量化

随着惯性测量单元、激光扫描仪等主要传感器的小型化，移动测量系统的整体质量在逐渐减轻，集成化程度逐渐增强。

表 1.1-1 所列的国内外设备，多数厂家以系统集成为主，采用的激光扫描仪多为 RIEGL 品牌、POS 系统多为 Applanix 品牌。移动测量系统的性能参数逐渐提高的同时，设备逐步轻量化。

表 1.1-1　国内外主要品牌的移动测量系统参数

序号	品　牌	型　号	推出日期	设备质量	主要参数
1	Optech	Lynx HS-600	2018 年	117.5 kg	最大点频:1.6 MHz 最大线频:1 200 线/s
2	RIEGL	VMX-2HA	2015 年	49.65 kg	最大点频:2 MHz 最大线频:500 线/s
3	RIEGL	VMY-2	2020 年	24.65 kg	最大点频:400 kHz 最大线频:200 线/s
4	Leica	Pegasus	2016 年	51 kg	最大点频:100 kHz 最大线频:200 线/s
5	Trimble	MX9	2018 年	37 kg	最大点频:2 MHz 最大线频:500 线/s
6	华测导航	Alpha 3D Dual	2019 年	36 kg	最大点频:2 MHz 最大线频:500 线/s
7	海达数云	HiScan-C SU2	2016 年	26 kg	最大点频:100 kHz 最大线频:100 线/s
8	四维远见	SSW VUX-1HA	2011 年	30 kg	最大点频:1 017 kHz 最大线频:250 线/s

2. 搭载平台的多样化

移动测量系统的搭载平台有汽车、火车、轮船、电瓶车、移动轨道小车、背包、手持等多种方式。

3. 行业应用的专业化

移动测量系统从最初的数字测图为目的,逐渐被越来越多的行业推广应用,如公路巡查巡检、铁路移动测量检测、城市资产普查、盾构法隧道病害检测、高精度地图测绘等。

4. 发展趋势的大众化

伴随着无人驾驶汽车安装激光扫描仪、个人手机前置 3D 结构光等元器件的普及,移动测量技术正朝着大众化方向发展。例如,特斯拉汽车安装的激光扫描仪,不仅实现辅助驾驶功能,还可以沿线采集道路的激光点云数据,实现道路地图的动态更新。苹果手机内置的 3D 结构光等元器件,实现人脸识别及近距离场景的三维建模,为高精度室内三维建模提供高效的技术手段。

1.2　国内外移动测量系统介绍

目前,商业市场上的移动测量系统主要有 Google 公司的街景采集系统、RIEGL 公司的 VMX-RAIL 激光扫描测量系统、Optech 公司的 Lynx Survey 车载移动测量系统、海达数云公司的 HiScan 高精度三维激光移动测量系统、南方测绘公司的 SZT-R1000 轻型车机载一体化移动测量系统,以及华测导航公司的 Alpha 3D 移动测量系统等,见表 1.2-1。

表 1.2-1 国内外主要移动测量系统介绍

车载移动测量系统	公　司	产　地
VMX-RAIL/VMZ/VUX-1HA/VMX-2HA/VMQ-1HA	RIEGL	奥地利
Lynx HS300/HS600	Teledyne Optech	加拿大
Trimble MX2/MX8/MX9	天宝	美国
街景采集系统(Street View)	Google	美国
StreetMapperⅣ/Robin	3D Laser Mapping	英国
HiScan-C/STM/Z	海达数云	中国
SZT-R1000	南方测绘	中国
Alpha 3D	华测导航	中国
SSW 移动测量系统	四维远见	中国

1.2.1 国外移动测量系统

1. RIEGL 公司的移动三维激光扫描系统

RIEGL 公司的移动三维激光扫描系统主要有 VMX-RAIL、VMZ、VUX-1HA、VMX-2HA、VMQ-1HA、VMY-2 等型号产品，可搭载在汽车、火车等不同载体上。

(1)VMX-RAIL 系统是一款用于轨道测图和净空测量的高集成度移动激光雷达测量系统，如图 1.2-1 所示。系统集成三台激光扫描仪，能够实现高效率、高精度以及丰富特征的数据采集。集成的三维激光扫描仪激光脉冲发射频率为 1 000 kHz，扫描线频率为 750 线/s，移动平台速度达到 80 km/h，在 3 m 的范围上点密度可达 7 000 点/m^2。

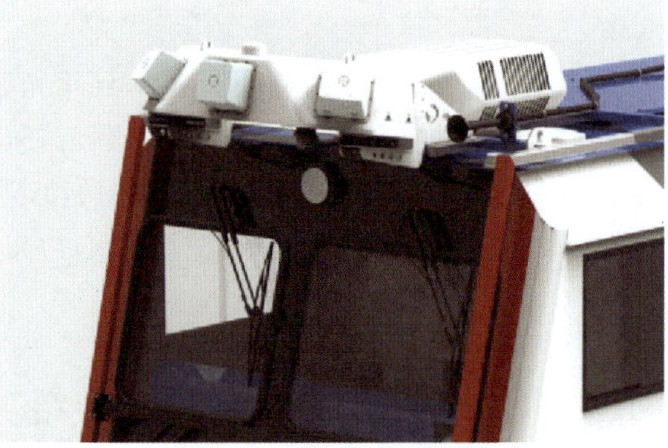

图 1.2-1 VMX-RAIL 产品

(2)VMZ 系统是 RIEGL 公司推出的一款高度集成化、高精度的移动三维激光扫描系统，既能够进行三维静态数据测量，又能够实现移动数据的获取，是一款性价比超高的移动测量系统，如图 1.2-2 和图 1.2-3 所示。三维激光扫描仪发射点频为 1 200 kHz，扫描线频率为 240 线/s，最小测距为 0.5 m，最大测距为 800 m。

图 1.2-2 VMZ 三维静态测量

图 1.2-3 VMZ 移动测量

(3)VMX-2HA 系统是一款高速、高性能双扫描仪移动测图系统，如图 1.2-4 所示，它集成了 2 个 RIEGL VUX-1HA 高精度 LiDAR 传感器、1 个高性能 INS/GNSS 惯性测量单元和多达 9 个不同相机的组合(包括全景相机 FLIR Ladybug 5^{+} 和 500 万/900 万/1 200 万像素的 RIEGL 相机)，即便在高速行驶中也能够提供高点密度、高精度和特征丰富的数据，激光发射频率为 2 000 kHz，扫描线频率为 500 线/s，最小测距为 1.2 m，最大测距为 420 m。

(4)VMQ-1HA 系统是 RIEGL 公司推出的一款设计紧凑、价格经济的高速单扫描仪测图系统，同时适用于各种移动测图应用。系统包括一个测量单元、一个用于系统操作的控制单元，以及一个用户安装的专用安装架，可选配多达四个相机，可以同时获取影像作为 LiDAR 数据的补充，如图 1.2-5 所示。系统的核心部分是一个完全集成的 RIEGL VUX-1HA LiDAR 传感器，提供 1 000 kHz 激光发射频率和 250 线/s 的扫描速度。

图 1.2-4　VMX-2HA 移动测图系统

图 1.2-5　VMQ-1HA 测图系统

(5)VMY-2 系统是一款紧凑、经济的双激光器扫描测量系统，非常适合应用在各种移动扫描场景中，如图 1.2-6 所示。测量单元配备了两个 RIEGL miniVUX 系列激光雷达扫描仪，并安装在确定角度上，该角度在 RIEGL VMX 移动测量系统中得到精确校准。该系统数据采集时扫描线频率可达 200 线/s，脉冲频率可达 400 kHz。为了进一步丰富移动测量系统测量成果，补充激光雷达数据，该系统可最多集成 4 个相机来获取图像。

图 1.2-6　VMY-2 系统

2. Optech公司的车载移动三维激光扫描系统

Lynx系统是以机载激光扫描为主业的Optech公司研发的一套车载移动三维激光扫描系统。相比于其他同类设备，Lynx配备的两台激光扫描仪最大限度地避免了数据盲区的产生，高达800 000点/s与600线/s(单个扫描仪)的数据采样频率，不仅保证了足够的数据采集密度，同时也提高了测量、测绘效率，可以广泛用于道路两侧建筑立面的三维数据采集、城市三维信息化建模、高效地籍测量及监视、涵洞及桥坝勘测等各种高效、高精度三维测量。

Lynx车载三维激光扫描系统系列主要有两款产品——Lynx HS300和Lynx HS600。Lynx HS600集成了2个三维激光扫描仪、GNSS接收机、惯性测量单元、里程编码计、360°全景相机及工业相机等设备，如图1.2-7所示。三维激光扫描仪最大激光发射频率为1 600 kHz，最大扫描线频率为1 200线/s，最小测距为1.5 m，最大测距为130 m。

3. Trimble公司的车载移动测绘系统

Trimble公司的车载移动测绘系统，集成了全球导航卫星系统、惯性测量单元、高精度激光扫描仪、高分辨率数码相机和航位推算系统等先进传感器，以实现全面的数据采集。系统可安装在不同的交通工具上，在交通工具高速行进中，快速、高效、精准、安全地采集整个城市、公路网、铁路网和公共设施廊道的海量高清晰影像和高精度点云数据。

Trimble公司的车载移动测绘系统主要包括MX2、MX8和MX9等型号产品。以MX9型号产品为例，如图1.2-8所示，系统配套2个三维激光扫描仪，可在三个水平和三个垂直位置调节，最大激光发射频率为2 000 kHz，最大扫描线频率为500线/s，最小测距为1.2 m，最大测距为420 m，扫描精度可达5 mm，惯性测量装置的定位精度为2 cm，滚转角和俯仰角精度为0.005°，航偏角精度为0.015°。

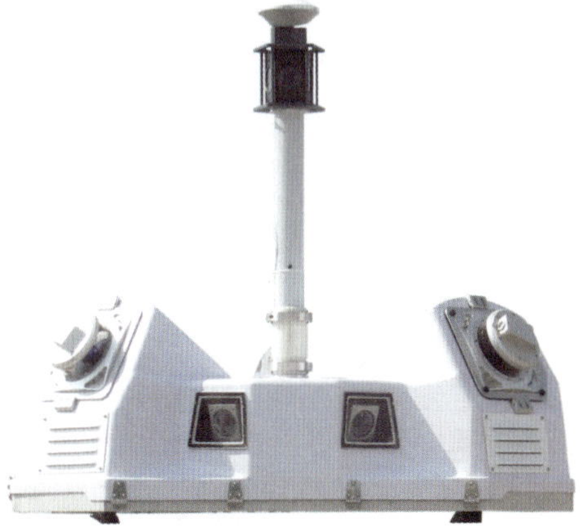

图1.2-7 Lynx HS600车载移动三维激光扫描系统

图1.2-8 Trimble MX9车载移动测绘系统

4. Google公司的街景采集系统

Google公司的街景采集系统装备有一台惯性测量单元、三台激光扫描仪及一台全景相机，如图 1.2-9 所示。全景相机采用多个面阵感光元件按照近似共投影中心安置，拍摄多幅共投影中心的影像进行拼接以得到具有 360°的全景影像。该类相机的特点是具有 360°全方位视角，同时具有分辨率高、帧率高等优势，因此被 Google 公司用于全球的街景采集计划。

图 1.2-9　Google 街景采集系统

Google 公司的街景采集系统引领了全景成像系统进入公共服务的潮流，目前 Google 公司的街景服务已经广泛覆盖到欧、美、亚洲主要发达国家和地区。Google 公司是目前最大的基于全景影像的街景服务运营商，基于全景的 Google 街景是 Google 公司继 Google Earth 之后又一个具有划时代意义的地理信息公众服务产品。

5. 3D Laser Mapping 公司的多平台移动测绘系统

早在 2004 年，3D Laser Mapping 公司就推出了第一款移动测绘系统 StreetMapper，该系统集成了高精度的 IGI 公司的 GNSS/INS 系统和 RIEGL 公司的 LMS 系列扫描仪，可提供 360°全方位视野。

用光学测距仪代替传统的车轮测距，可测量 300 m 范围内的地物；单个传感器的扫描频率为 300 Hz，定位精度优于 20 mm，相对精度为 10 mm；导航系统包括一个 GNSS 接收机、一个光纤陀螺仪 IMU 和 DIA 辅助导航系统。

StreetMapper 系统使用最先进的 DGPS 和 IMU 组件，并集成 TerraControl 辅助导航系统，车顶安装有激光扫描仪平台和机架式 PC 仪器箱，每个测量车均配备一个可定制电源和操作站，并装有两个 12M 像素的相机拍摄并记录影像。

继 2004 年推出 StreetMapper 移动测绘系统以来，2016 年 5 月，3D Laser Mapping 公司在 GeoBusiness 展销会上，推出了全新的多平台移动测绘系统——Robin。Robin 是兼备机载、车载与徒步三种搭载模式的移动测绘设备，搭载了 12 MP(车载)或 18 MP(徒步或机载)的相机、2 个 GNSS 天线、GIS 级 IMU 巡航系统、触控单元，还有更大范围或更高精度的版本可选。图 1.2-10 所示为 Robin 3D 激光雷达测绘系统。

图 1.2-10　3D Laser Mapping 公司的 Robin 3D 激光雷达测绘系统

1.2.2　国内移动测量系统

1. 海达数云公司的三维激光移动测量系统

HiScan 高精度三维激光移动测量系统是海达数云公司自主研制的新型测绘装备，该系统将三维激光扫描设备、卫星定位模块、惯性导航装置、里程编码计、360°全景相机、总成控制模块和高性能计算机高度集成，封装在刚性平台之中，可方便安装于汽车、船舶或其他移动载体上，在载体高速移动过程中，快速获取高精度定位测姿数据、高密度三维点云和高清连续全景影像数据。

海达数云公司的车载移动测量系统主要有 HiScan-C、HiScan-STM 及 HiScan-Z 等型号产品。

(1) HiScan-C 系统是海达数云公司的一款轻量型的车载移动测量系统，如图 1.2-11 所示，可搭载 1～2 个海达数云公司自主研发的三维激光扫描仪。单个三维激光扫描仪的激光发射频率为 500 kHz，最大扫描线频率为 100 线/s，最大测距为 600 m，可装配 Ladybug 全景相机。

图 1.2-11　HiScan-C 系统

(2)HiScan-STM 系统是在地面激光扫描仪(RIEGL/Z+F/FARO)的基础上,增加海达数云公司一体化移动测量集成模块(包括卫星定位模块、惯性测量装置、里程编码计、360°全景相机等设备),升级改造成移动激光测量系统(还能够快速拆分恢复为地面扫描仪),使其能以汽车、船舶等移动载体为平台,快速获取高精度的位置和姿态数据、高清影像和高密度三维点云,配套专业的生产和处理软件,广泛应用于三维数字城市、地籍测量、城市街景、城管部件普查、交通基础设施测量、矿山三维测量、航道岸线测量、海岛礁岸线三维测量等领域。图 1.2-12 所示为 HiScan-STM 系统。

以搭载的 RIEGL VZ1000 为例,其三维激光扫描仪有效测程为 2.5~1 400 m,全景相机分辨率为 7 000 万像素,最大激光发射频率为 300 kHz,系统精度为±5 cm@100 m,可满足 1∶500 测图的精度要求。该系统具有多模式、一体化、高精度、高可靠、高智能免标定及易拆装的特点。

(3)HiScan-Z 系统是海达数云公司自主研发的一款高精度的三维激光移动测量系统,如图 1.2-13 所示,该系统集成了 2 个高精度三维激光扫描仪、GNSS 定位模块、惯性测量单元、里程编码计、360°全景相机及总成控制模块,激光发射频率为 1 000 kHz,扫描线频率为 200 线/s,最大测程为 1 000 m,测量精度为±5 cm@100 m。

图 1.2-12 HiScan-STM 系统

图 1.2-13 HiScan-Z 系统

2. 南方测绘公司的轻型车机载一体化移动测量系统

SZT-R1000 轻型车机载一体化移动测量系统是南方测绘集团旗下征图三维公司自主研发的移动测量系统,如图 1.2-14 所示。该系统将高精度三维激光扫描仪、GNSS 卫星定位系统、惯性导航系统、全景相机以及控制模块、时间同步模块等高度集成,融合多种定位模式,方便快捷地安装于汽车和飞机等移动载体上,快速获取高精度多元数据。通过配套软件进行数据处理与加工,获取 4D 数据成果以及三维模型,可广泛应用于测绘、国土、交通、电力、数字城市和互联网街景等领域。

该系统集成的三维激光扫描仪最大激光发射频率为 75 万点/s,最大有效测程为 1 350 m,

角度分辨率为 0.001°，扫描视场角为 0～330°，测量精度为±20 mm，配套 6 个 500 万像素高清相机，可实时完成图像采集、处理、拼接和校正等工作，单幅图像分辨率可达 3 000 万像素。

3. 华测导航公司的 Alpha 3D 移动测量系统

Alpha 3D 系统是华测导航公司自主研发集成的一款长距离高精度车载三维激光扫描系统，如图 1.2-15 所示。该系统的应用范围主要有测绘、勘测部门的道路测量、地图修测，智能交通领域（ITS）的导航电子地图的数据采集和生成，公安部门的交通事故勘测、流动违章处理，交通部门的高速公路的修测、监控及管理，城市规划中城市地图、规划图等的更新等。

图 1.2-14　南方测绘公司的轻型车机载一体化移动测量系统

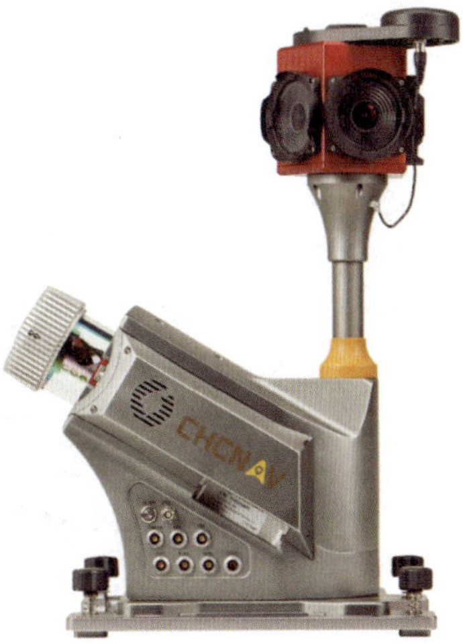

图 1.2-15　华测导航公司的 Alpha 3D 移动测量系统

Alpha 3D 系统以既满足传统城市及道路测绘业务（如大比例尺道路成图、建筑成图、三维数据城市建模、数字地形等），又满足新型信息化测绘业务（如数字城市、智慧城市等）为该系统关键设备选型、设计、集成和软件配置的目标，系统构建以先进性、可靠性、安全性、实用性、扩展性以及面向应用性为原则。

Alpha 3D 系统集成了 1 个三维激光扫描仪、GNSS 接收机、惯性测量单元、里程编码计、360°全景相机等设备。三维激光扫描仪最大激光发射频率为 1 000 kHz，最大扫描线频率为 250 线/s，最大测距为 420 m，激光线性精度 5 mm，噪声误差 3 mm，点云绝对精度可达 2～3 cm。

该系统还集成了六方位 CCD 相机，可以达到 90%的全景覆盖率，相机像素为 30 MP，帧率为 30 FPS，分辨率为 2 048 像素×2 448 像素，像元大小为 3.45 μm，可生成全景影像并为点云着色。

4. 四维远见公司的 SSW 移动测量系统

2003 年，刘先林院士提出车载激光移动测量系统，并展开相关科学研究和产品研发。

在刘院士的带领下，SSW 移动测量系统研究团队先后攻克国产激光扫描仪标定、国产 IMU 适用、组合导航、传感器间高精度时间同步和高精度空间同步等关键技术难点，研制出车载激光移动测量系统。该系统于 2011 年通过国家测绘局组织的鉴定后，开始推广应用。经过多年积淀，目前系统已形成 SSW 车载激光建模测量系统、SSW 车载全景测量系统和 QS 轻型室内外测量系统等系列产品。

SSW 车载激光建模测量系统是新一代全要素数据快速获取和处理的高科技移动测量装备，如图 1.2-16 所示。系统以各种工具车为载体，由激光扫描仪、IMU、GNSS、相机和里程编码计等多种传感器集成，包括控制系统、激光扫描系统、定位定姿系统、影像获取系统和数据处理软件，是国内外水平较高的测量型面向全息三维建模的移动测量系统。

图 1.2-16　四维远见公司的 SSW 车载激光建模测量系统

SSW 车载激光建模测量系统优势如下：

(1)精度高

关键传感器指标高、GNSS 三星模式、高精度系统参数标定和鱼眼镜头高精度畸变改正等保证系统成果精度。

(2)集成度高

系统可任意更换安装至各种载体，无需重新标定，适用于各种道路环境的作业。

(3)硬件可定制

系统关键传感器可根据需求任选，搭载平台任选，实现定制生产。

(4)全要素全自动提取

点云几何特征提取、影像深度学习和三维点云语义分割等多措并举，实现全要素全自动提取，综合成功率达 80%以上。

(5)自研 SWDY 点云工作站

SWDY 点云工作站集数据管理、展示和采集编辑等功能于一体，完全自主底层开发，可实现按需模块定制。

(6)私有云计算技术

所有软件均可在CPU+GPU混合私有云计算的环境框架下运行，极大提高数据处理效率。

(7)产品多样

系统产品多样，互为补充，满足各种生产实际需求。

1.2.3　典型集成应用场景

轨道交通的轨道、接触网、隧道等关键基础设施几何状态测量对保障轨道交通运营安全至关重要。轨道基础设施具有运营里程长、测量部件要素多(轨道板、钢轨、扣件、接触网、隧道等)、检测精度要求高(钢轨几何测量精度为毫米级和隧道裂缝检测精度为亚毫米级)、尺寸跨度大(厘米至千米)、作业时间受限(凌晨3～4 h)和观测环境恶劣(强电磁干扰和地物遮蔽)等特点，同时缺乏高效专业测量装备，导致结构状态测量面临“普查测快难、指标测精难、要素测全难、状态判准难”等问题。传统人工为主的接触式测量手段已无法满足我国轨道交通行业快速发展的需求，亟需在测量技术、方法和装备方面作出突破性创新。

为了解决大范围复杂轨道基础设施多源、多尺度、真三维全息数据快速获取难题，随着车载移动测量系统(VMMS)的不断发展，国内外各公司陆续推出了自己的产品，但各单位的产品从性能、应用场景等方面存在差别，以下将从激光扫描仪性能及应用场景方面进行详细介绍。

RIEGL公司生产的三维激光扫描仪，具有体积小、轻便等优点，可广泛应用于铁路、公路、航空等领域的测量工作，通过集成定位测姿系统、控制系统等装置，可以不同的设备安装方式将系统集成于铁路平板车、铁路移动小车、汽车、飞机等运载设备上(图1.2-17)。国内外各大厂家大多选择RIEGL的三维激光扫描仪进行系统的集成。

图1.2-17　RIEGL扫描仪安装于汽车

Optech公司的车载移动三维激光扫描系统，可应用于铁路、公路等扫描领域，但由于其质量较大、系统自身集成度高等特点，不适合将扫描仪等设备拆分单独使用，集成于不同的移动载体上难度较大，只能作为一个整体安装于汽车、铁路机车等载体上，如图 1.2-18 所示。

Zoller + Frohlich（以下简称“Z+F”）公司的三维激光扫描仪，在国内外各大厂家中应用也较多，最具代表性的为海达数云公司。海达数云公司集成的车载移动测量系统可广泛应用于不同的搭载平台上，如铁路平板车、铁路移动小车、汽车等，具有轻便、性能优良的特点，如图 1.2-19 所示。Z+F 扫描仪具有扫描精度高的特点，但其功耗相对较大，可应用于隧道病害检测项目中。

北科天绘公司的 RA-V-1500，具有测距远、体积小、重量轻等特点，能够满足不同场景的应用需求，更适用于大面积区域扫描，特别是在高楼林立的狭隘城市街区，设备也能够获取高层建筑物完整点云数据。另外，扫描仪提供了丰富的集成接口，可以方便集成多种惯导测量装置和多种类型相机。

图 1.2-18　Optech 扫描仪安装于汽车

图 1.2-19　Z+F 扫描仪安装于铁路平板车

第2章 工作原理

车载移动测量系统是当前地理空间信息采集的主要技术手段之一，是一种新兴的、综合的、高动态的测量手段。近年来，随着数字城市、智慧城市、数字孪生城市、车道级导航地图、数字轨道交通资产普查等研究的深入，车载移动测量系统被越来越广泛地应用于多领域地理空间信息的数据采集。

2.1 系统组成及工作原理

车载移动测量系统由多个数据采集传感器组成，其中激光扫描仪和数码相机是其主要的数据获取传感器。采集控制系统同步操控多种类型的传感器，再利用时间同步技术将多源异构数据进行融合，最终获取具有地理空间坐标的三维点云及数码影像数据。

2.1.1 测量系统组成

车载移动测量系统由硬件系统和软件系统组成。其中硬件系统主要包括移动搭载平台、定位测姿系统（由导航卫星信号接收机、惯性测量单元、里程编码计等组成）、数据采集器（激光扫描仪、数码相机、全景相机、数码摄像机）、电源供电模块、采集控制器，如图 2.1-1 和图 2.1-2 所示，软件系统主要包括数据采集控制系统、定位测姿数据解算系统、点云和影像数据与 POS 数据融合系统、点云与影像数据的分类提取和模型重建系统。

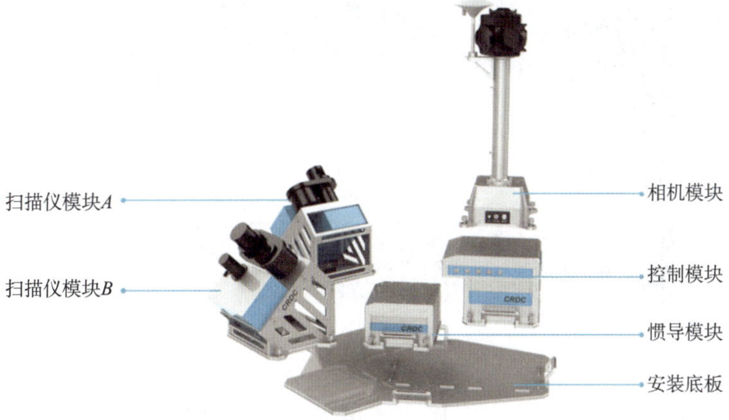

图 2.1-1　车载移动测量系统的组成

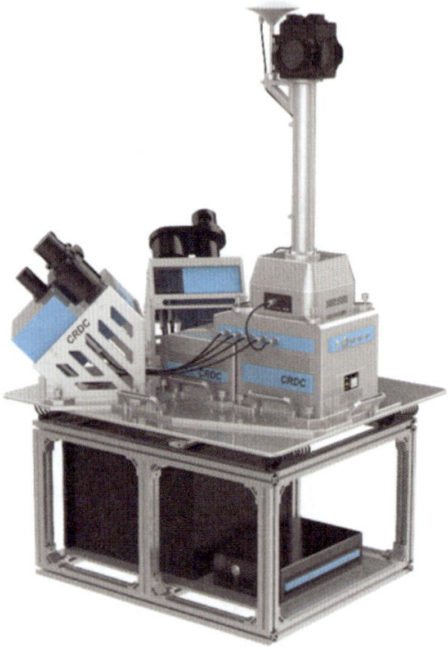

图 2.1-2　车载移动测量系统的电源供电

现将移动测量系统的搭载平台、硬件系统、软件系统的功能和技术特点介绍如下：

1. 移动搭载平台

(1)汽车搭载平台：将移动测量系统安装在汽车上，再将汽车固定在工务维修的平板车上，如图 2.1-3 所示。移动测量系统提前安装至汽车上，节约设备在运营线路上的安装时间，且可以提前做好系统参数的检校和准备工作。

图 2.1-3　汽车搭载平台

(2)方形架搭载平台：其顶部连接移动测量系统，底部固定在平板车上，如图 2.1-4 所示。型材铝材质的方型架具备重量轻、刚性强、不易形变等特质，方便将移动测量系统固定在工务维修的平板车，且增加移动测量系统的架设高度，减少遮挡对数据获取完整性的影响。

图 2.1-4　型材铝搭载平台

(3)轻型轨道小车搭载平台：其最高行驶速度可达 30 km/h，由于不需要借助上述平板车，所以数据采集方式灵活，可实现中低速度的数据获取。轻型轨道小车利用电池驱动，搭乘两至三人完成数据采集操控及轨道小车驾驶等工作。轻型轨道小车设计为多部件拼接模式，具备快速拆解和组装功能，方便运输和搬运，如图 2.1-5 所示。

图 2.1-5　轻型轨道小车搭载平台

(4)自移动小车搭载平台：其最高行驶速度达 5 km/h，仅搭载移动测量系统，不能乘坐人员，自移动小车整体重量较轻。操作方式更为灵活，可实现低速度的数据获取。自移动小车为电池驱动，可实现数据自动采集和小车定速行驶。自移动小车也设计为多部件拼接模式，具备快速拆解和组装功能，方便运输和搬运，如图 2.1-6 所示。

图 2.1-6　自移动小车搭载平台

2. 定位测姿系统

定位测姿系统由双频 GNSS 天线、惯性测量单元及里程编码计构成。其核心部件是 GNSS 和 IMU，GNSS/IMU 定位及测姿组合系统工作时，需要采集基站双频 GNSS 数据、流动站双频 GNSS 数据、惯性测量单元数据及辅助定位的里程编码计数据。这些数据经 GNSS 差分处理、与惯性数据耦合处理后，得到车辆高频率的绝对位置和载体姿态数据。

(1) Applanix 系列惯导

Applanix 系列的 GNSS/IMU 具有较高的定位与测姿精度，被国内外比较大的系统集成商使用，如 RIEGL、Optech、Trimble 等公司，使得其产品在国内外移动测量行业中占有较大市场份额。

Applanix 系列的惯性测量单元主要分为 IMU-7、IMU-17、IMU-42、IMU-57、IMU-64 和 IMU-82 等型号，各型号的 IMU 参数见表 2.1-1。

表 2.1-1　Applanix 系列惯性测量单元参数对比

型　号	工作温度/℃	采样频率/Hz	尺寸/mm	质量/kg
IMU-7	−54～71	200	158×158×124	2.5
IMU-17	−40～60	100	158×158×124	2.5
IMU-42	−20～55	200	158×158×124	2.6
IMU-57	−20～55	200	179×126×127	2.6
IMU-64	−20～55	200	158×158×124	2.6
IMU-82	−45～65	200	158×158×124	2.3

一般而言，惯性测量单元需与 GNSS 接收机、DMI 等传感器组合集成 POS 系统，从而进行位置和姿态的确定，Applanix 公司提供了三种后处理（Post-Processed，PP）POS 集成方案，各 POS 系统的性能参数见表 2.1-2。POS 系统如图 2.1-7 所示。

表 2.1-2 POS 系统性能参数

POS 方案	X、Y/m	Z/m	Roll、Picth/°	Heading/°
220PP	0.020	0.050	0.015	0.025
420PP	0.020	0.050	0.015	0.020
620PP	0.020	0.050	0.005	0.015

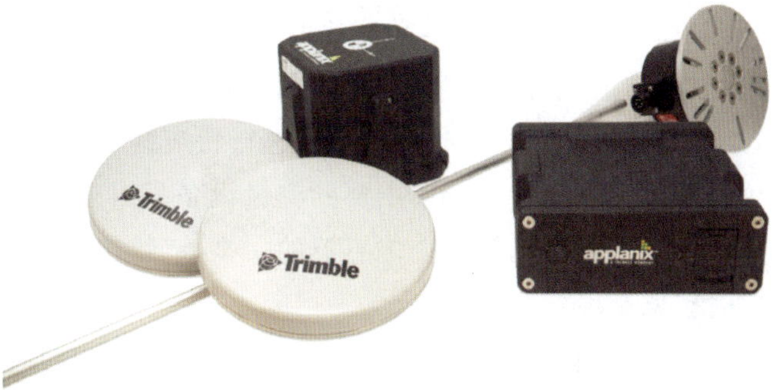

图 2.1-7 Applanix 公司的 POS 系统

（2）其他惯导产品

除 Applanix 系列的 GNSS/IMU 系统外，近年来，国内外市场上涌现出一大批惯导研发及生产的高校、研究所及公司，如国防科技大学、Honeywell 公司、中国航天科工集团三院三十三所等。

国防科技大学一直致力于惯导核心部件——陀螺的研发，研制的陀螺已形成两大系列、多种型号，在我国多项重要武器装备的研制中试验成功并实现列装应用。国防科技大学是目前国内唯一具有独立知识产权、能全闭环研制生产激光陀螺的单位。

Honeywell 公司生产的惯导系列产品主要有 HGuide n380 惯性/GNSS 导航仪、HG4930 惯性测量单元、HG4930 S 级 MEMS 惯性测量单元、HGuide n580 惯性/全球导航卫星系列导航设备、HGuide i300 MEMS 惯性测量单元。

HGuide n580 惯性/全球导航卫星系列导航设备是 Honeywell 公司最新推出的一款定位测姿系统，如图 2.1-8 所示，包括 Honeywell 公司的 HG4930 惯性测量单元及多频接收机天线等装置，能够接收 GPS、GLONASS、BeiDou、Galileo 等多星座卫星信号，使得动态模糊度固定时间小于 45 s，可在 −40 ℃至 70 ℃环境下工作，平面测量精度优于 0.015 m，高程测量精度优于 0.01 m，Roll、Pitch 精度优于 0.015°，Heading 精度优于 0.05°。

3. 激光扫描仪

激光扫描仪是移动测量系统数据采集的主要传感器，其利用激光测距测角原理，获取

图 2.1-8　HGuide n580 惯性/全球导航卫星系列导航设备

被测物体的三维空间坐标、反射率等信息。用于车载移动测量系统集成的激光扫描仪常为剖面式扫描，扫描断面与移动方向形成一定角度平行排列，可获取沿移动方向的断面线点云。根据其工作原理，激光扫描仪可以分为脉冲式、相位式、结构光等形式。结构光扫描仪为近距离测量方式，最高精度可优于 0.1 mm，被用来进行轨道磨损、轨道板离缝检测等。

三维激光扫描仪是车载移动测量系统中主要的测量设备。由于激光测量精度高、速度快、直接形成测量结果，作为车载移动平台中传感器的一类，三维激光扫描仪正快速成为一种三维空间信息的实时获取手段。

RIEGL 系列扫描仪是国际上先进的激光扫描仪，该系列扫描仪扫描精度高、距离远、分辨率高，而且工艺好，设备稳定可靠。尽管具有相对较高的价格，还是被移动测量系统生产厂家和研究单位采用，用于构建高性能的车载移动测量系统，如 Trimble、3D Laser Mapping、南方测绘、华测导航等公司的车载移动测量系统集成的三维激光扫描仪多为 RIEGL 公司的产品。

Optech 公司的三维激光扫描仪虽然较重，但其优势在于扫描线频较高，单个三维激光扫描仪的最高扫描线频可达 600 线/s。除此之外，德国 Z+F 公司推出的 PROFILER 9012 扫描仪，在测量行业中也具有较好的应用市场。

北科天绘公司是国内具备测绘、导航两大类高端激光研制能力的国家高新技术企业，推出的 R-Angle 车载三维激光扫描仪能够搭载在汽车、船舶等多种移动平台上，在国内具有广泛的应用市场。

上述各厂家的扫描仪性能参数见表 2.1-3。

表 2.1-3　扫描仪性能参数对比

序号	品　牌	型　　号	参　　数	图　　片
1	Optech	HS300	(1)最大点频：800 kHz (2)最大线频：600 线/s (3)有效测距：1.5～300 m (4)精度：5 mm@100 m (5)仪器质量：20 kg	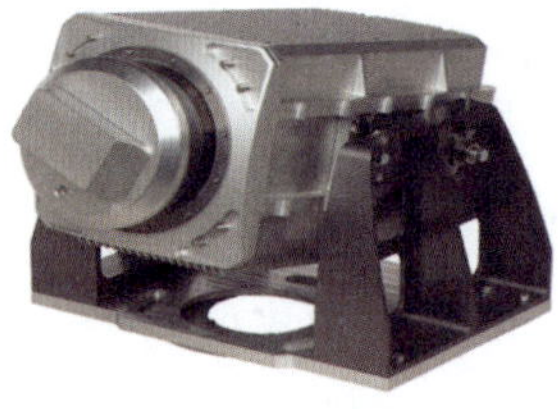

续上表

序号	品　牌	型　　号	参　　数	图　　片
2	RIEGL	VUX-1HA	(1)最大点频:1 MHz (2)最大线频:250 线/s (3)有效测距:1.2～420 m (4)精度:5 mm@100 m (5)仪器质量:3.5 kg	
3	Z＋F	9012A	(1)最大点频:1 MHz (2)最大线频:200 线/s (3)有效测距:0.3～119 m (4)精度:0.9 mm@50 m (5)仪器质量:13.5 kg	
4	北科天绘	RA-V-1500	(1)最大点频:1 MHz (2)最大线频:200 线/s (3)有效测距:3.0～1 500 m (4)精度:10 mm@100 m (5)仪器质量:3.5 kg	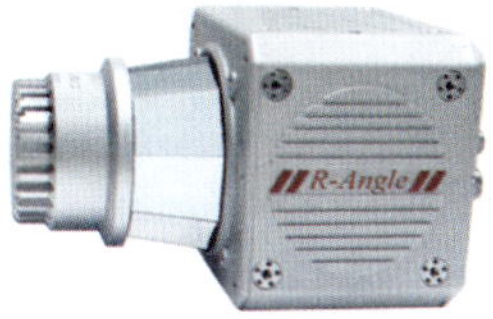
5	FARO	Focus^{s} Plus 350	(1)最大点频:2 MHz (2)最大线频:97 线/s (3)有效测距:0.6～350 m (4)精度:2 mm@10 m、3.5 mm@25 m (5)仪器质量:4.2 kg	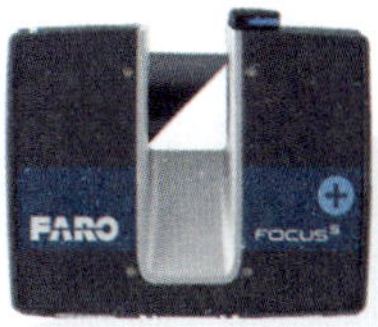

从表 2.1-3 可以看出,各厂家的三维激光扫描仪均具有自己独有的优势,Optech 公司的 HS300 最大扫描线频为 600 线/s,能够保证车载移动测量系统在高速运行状态下的点云密度,但其质量较大,为车载移动测量系统的集成带来不便,使得整个车载移动测量系统的质量大大增加。如果提升生产项目的实际应用便捷性,尚需在轻量化方面进一步优化。从表 2.1-3 可见,在激光扫描头质量方面,Optech 是 RIEGL 的近 6 倍。

RIEGL 公司的 VUX-1HA(图 2.1-9)虽然扫描线频不如 Optech 的产品,但其质量较小,为车载移动测量系统集成的轻便化提供巨大优势,其最大有效测距较远,可满足不同场景下的实际应用。但其测距精度和定位精度不够高,尚需要进一步提升测量的点位精度。

Z+F 公司的 PROFILER 9012 系列,如图 2.1-10 所示,其扫描频率与 RIEGL 公司的产品相当,但其最小有效测距为 0.3 m,且扫描精度较高,能够满足车载移动测量系统不同搭载平台的实际应用需求。其利用相位式测量原理,测距精度和点位精度较高,可满足高精度检测的需求。

图 2.1-9　VUX-1HA 三维激光扫描仪

图 2.1-10　Z+F PROFILER 9012 三维激光扫描仪

北科天绘公司的 RA-V-1500 最大有效测距为 1 500 m，可以满足不同场景的应用需求，但其激光发射方式为脉冲式，测量精度较低，不适用于高精度的测量工作需求。

武汉中观自动化科技有限公司（简称“中观公司”）是由海克斯康集团控股，致力于基于 3D 数字化测量的科技产品研发公司。中观公司生产的结构光扫描仪具有精度高、测量速度快、设备重量轻等特点，被广泛应用在轨道交通的结构物几何尺寸检测领域，如图 2.1-11 所示。中观公司的 ZGScan 主要产品参数见表 2.1-4。

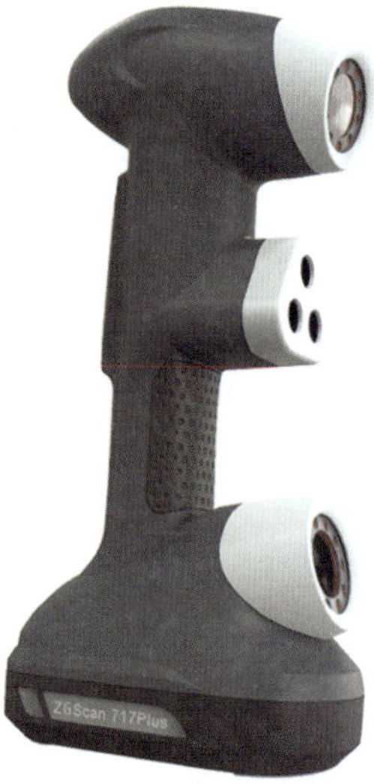

图 2.1-11　结构光类型激光扫描仪

表 2.1-4　ZGScan 主要参数

光　　源	红色激光	测量速率	480 000 次/s
分 辨 率	0.05 mm	精　　度	0.03 mm
基准距离	300 mm	质　　量	0.83 kg

4. 全景相机

全景相机由多个百万级像素的 CCD 相机组成，能够同步完成图像采集、处理、拼接和纠正等，输出全景影像或视频，可用于全景电子地图及测绘等。由于在同步曝光拍摄的瞬间，多个相机镜头面向太阳光照的方向角不同，多相机图像之间存在亮度和色彩不均匀现象，全景相机处理软件可实现自动匀色，最终获得亮度和色彩一致的全景图像或视频。全景相机主要产品参数及外观见表 2.1-5 和图 2.1-12。

表 2.1-5　Teledyne FLIR Ladybug 5^+ 主要产品参数

百万像素	30	像素尺寸	3.45 μm
分 辨 率	2 048 像素×2 464 像素	功　　耗	13 W
色　　度	彩色	曝光范围	0.02 ms～2 s

图 2.1-12　全景相机（Teledyne FLIR Ladybug 5⁺）

5. 融合软件

数据融合是将定位测姿系统、激光扫描仪和数码相机采集的数据，解算至统一的地理空间坐标系下，获得参考坐标系下的彩色激光点云和可量测的数码影像。数据融合是车载移动测量系统的基本功能，大多数的设备集成或制造商自主开发数据融合软件，以实现不同传感器数据的融合解算，详见表 2.1-6。

表 2.1-6　主要品牌的移动测量系统融合软件

生产厂家	软件名称	主 要 功 能	当前版本
RIEGL	RiPROCESS	数据融合、POS 纠偏、点云精确配准、坐标系统转换、点云赋色及初步分类等	V1.9.1
Optech	LMS	数据融合、POS 纠偏、坐标系统转换、数据导出等	V4.3
Trimble	TBC	数据融合、POS 纠偏、点云配准、点云分类、矢量提取等	V5.51
海达数云	HD DataCombine	数据融合、POS 纠偏、坐标系统转换、数据导出等	V3.2

2.1.2　系统工作原理

车载移动测量技术是指在移动载体上集成全球导航卫星系统、惯性导航系统、激光扫描仪、数码相机、数码摄像机等多种传感器的综合测量检测技术。各类型传感器在移动状态下自动采集位置、姿态、影像和激光扫描数据，通过统一的地理参考和点云、影像数据处理，实现无接触式的空间地理信息采集、处理与分析。在作业过程中，将集成的移动测量系统搭载在轨道车上（或安装在汽车上，并将汽车开上平板车），通过载体的移动，快速采集铁路两侧几十至几百米范围内海量点云和影像数据。通过地面 GNSS 基站、地面控制点、移动 GNSS、惯性测量单元和激光扫描仪数据的联合平差，计算得到高精度三维激光点云数据。相对于地面和机载激光扫描，车载移动测量具有高效灵活的数据采集方式，被越来越多地应用于工程实践，车载移动测量技术是目前研究的热点之一。

车载移动测量系统在轨道交通工程中的工作原理可以分为数据采集、数据处理与工程应用三个阶段，如图 2.1-13 所示。现将每个阶段工作简要介绍如下：

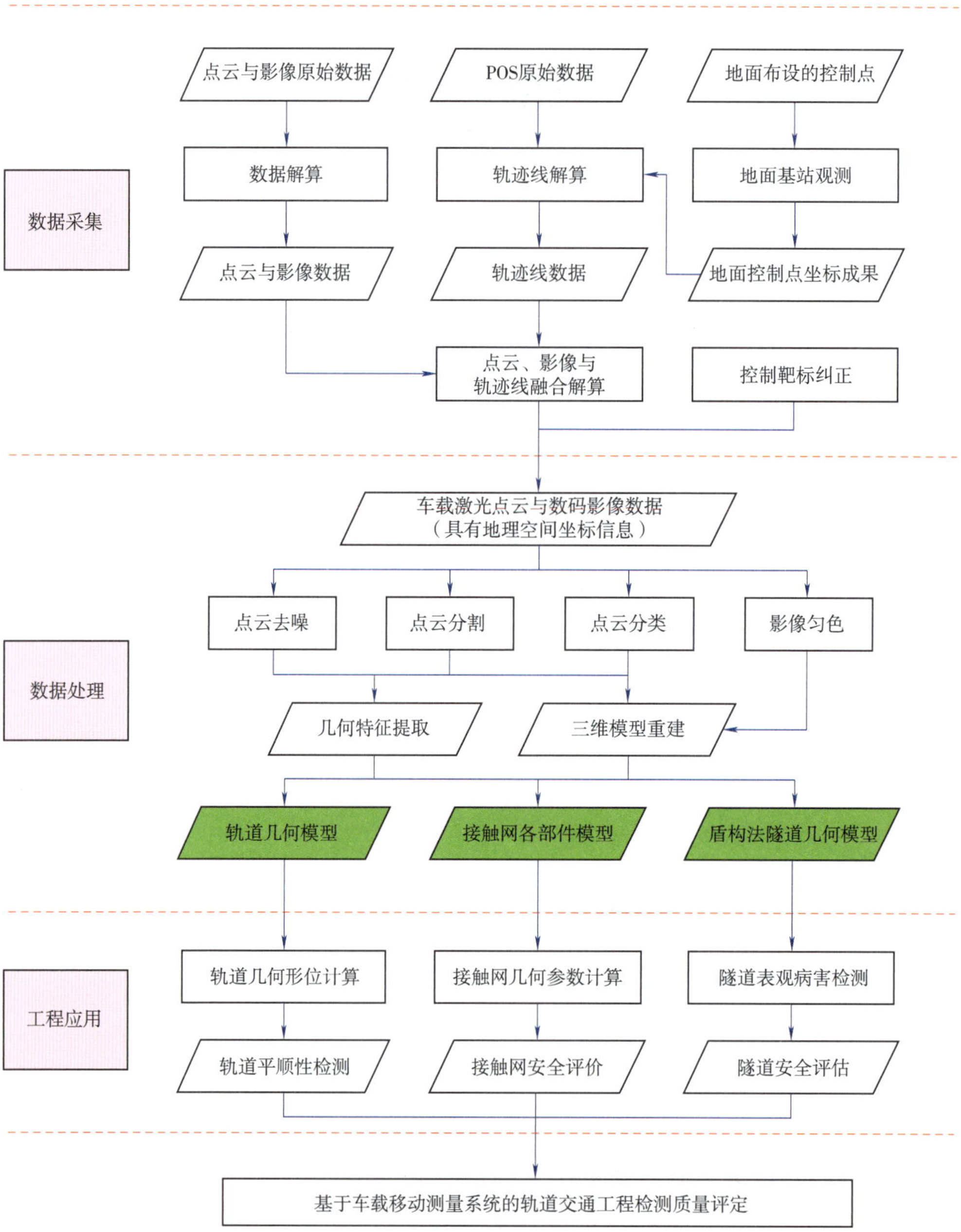

图 2.1-13　车载移动测量系统的工作原理

1. 数据采集

利用车载移动测量系统获取沿线原始数据，包括激光点云、数码影像、惯性导航等。在移动测量前，沿线路布设一定间隔的地面控制点，采用 GNSS 静态测量方法，获得控制点的空间坐标信息。在移动测量过程中，再次架设地面 GNSS 基站，利用地面基站和惯性导航联合解算得到移动轨迹线数据。激光点云、数码影像与轨迹线融合解算，获得三维激光点云与数字影像成果，此成果具备统一的地理空间坐标信息，可进行量测分析和统计计算。

2. 数据处理

上一步骤采集的激光点云数据需要进行去噪、分割、分类，利用分类后的激光点云，再进行几何特征提取和三维模型重建工作。获取的数码影像数据需要进行匀色等处理，以便对激光点云赋色和三维模型的纹理贴图。利用以上算法，可以重建轨道、接触网、盾构法隧道的几何模型，为下一步的工程应用提供精确的三维模型与几何特征的数据。

3. 工程应用

利用重建的轨道几何模型进行几何形位计算，可实现轨道平顺性检测，如轨距、高低、水平、三角坑和线路中心等。根据重建的接触网各部件模型或特征值，可实现接触网几何参数检测，如导高、拉出值、定位器坡度等。根据重建的盾构法隧道管片的几何模型和参数，可实现隧道表观病害的智能检测，如渗水、错台、限界、收敛等检测。

综上所述，车载移动测量技术可实现轨道交通工程表观病害和几何状态的快速检测。

2.2　常用轨迹线解算软件

20 世纪 90 年代，集 GNSS 定位和惯性测量单元于一体的 POS 系统被用于获取运动物体的空间位置和姿态信息，IMU/DGPS 组合导航技术得到发展。在移动测量系统硬件设备和组合导航技术不断发展的同时，国内外众多科研机构和团队也在致力于相应处理软件的研发。

2.2.1　国外解算软件

早在 2000 年，加拿大卡尔加里大学的 Schwarz 和 EI-Sheimy 开发出 KINGSPAD 软件，用来处理 GNSS/INS 数据，而 NAVSYS 公司也推出了自己的 InterNav 组合导航软件。特别是 NovAtel 公司，对 GNSS/INS 进行了大量的研究，并开发出很多产品，包括 IE(Inertial Explore)软件(图 2.2-1)等，基本上处于垄断地位。

Inertial Explorer 是 NovAtel 公司 Waypoint 产品组研发的事后处理软件，基于 NovAtel 硬件平台，GNSS＋IMU 融合解算能够实现厘米级定位精度、千分之一级别测姿精度，提供松耦合和紧耦合两种组合解算方式(图 2.2-2、图 2.2-3)，适用于陆地、航空、海洋等应用领域。解算完成后，可配置的输出向导模块允许输出定制的 ASCII 码文件，用户自主性较强，如图 2.2-4 所示。此外，该软件还具有以下优势：

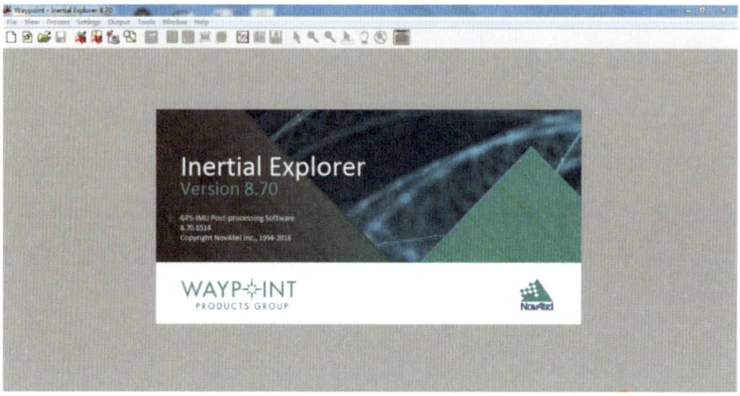

图 2.2-1 Inertial Explorer 软件

• 支持 Honeywell、iMAR、Inertial Science、Litton、Motion Pack、NovAtel、Tamagawa 等多种 IMU 的数据格式，同时提供自定义 IMU 的数据格式功能；兼容 NovAtel、Trimble、Leica、NAVCOM、JAVAD 等多种 GNSS 数据输入。

• 支持长距离(达几百公里)的 RTK 解算，也可自动下载精密星历实现精密单点定位。

• 支持并自动识别零速修正，利用载体静止时惯性导航系统的速度输出作为系统速度误差的观测量，修正其他信息。

• 可通过后处理模式对运动中的基准站和移动站之间的观测基线进行高精度的数据解算，实现厘米级解算精度。同时还支持多星座数据处理以及多基站数据处理。

• 针对恶劣环境下的地面应用场景，采用 Velocity Constraints 技术对精度进行优化，确保在恶劣环境下提供连续高精度后处理信息的稳定性。

• 支持 IMU 粗对准、精对准和动态对准三种模式，内置了常用的 IMU 型号误差模型，同时还支持用户自定义 IMU 误差模型。提供 IMU 独立解算，以及与里程编码计组合解算模式，IMU 加速度计原始数据统计如图 2.2-5 所示。此外还支持 GNSS-IMU 杆臂输入及处理、坐标系旋转等功能。

除 IE 软件外，Applanix 公司发布研制的智能化移动测图软件套装 POSPac MMS，对集成全球导航卫星系统与惯性导航技术的定位测姿系统所采集的数据进行处理，通过软件解算处理，可直接为相机、LiDAR、多波束声呐和其他移动传感器提供高精度的定位测姿成果。

如图 2.2-6 所示，POSPac 使用的 Trimble RTX 技术，是一项专有的 GPS、GLONASS、北斗和 QZSS 支持技术，通过结合全球参考站的实时数据和新型定位压缩算法，基于卫星轨道和时钟信息，可以在不使用传统的本地基站或 VRS 网络的情况下，在全球范围内提供厘米级精度的 GNSS 定位，适用于陆地、空中、海洋和无人机平台的移动测绘。除此之外，它还具有以下优势：

• 提供“离开前检查”(Know before you go)现场质量控制功能，用于现场检查 GNSS 数据，确保数据在人员离开项目区域前满足精度规格，减少返工成本。

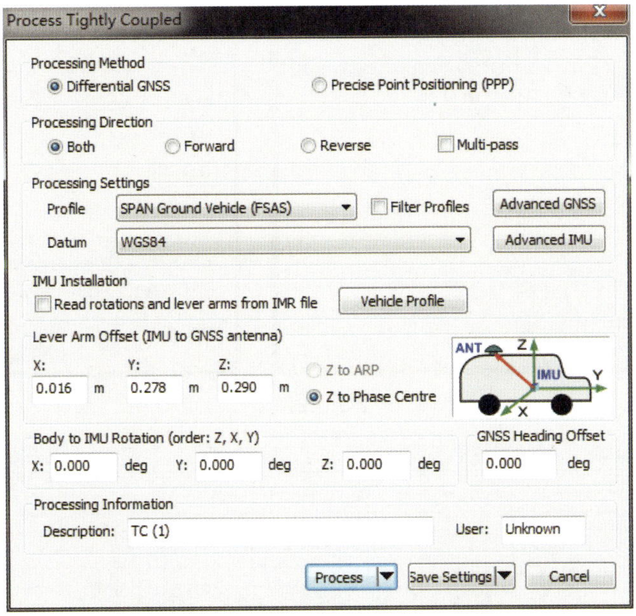

图 2.2-2　IE 紧组合模式(TC)解算

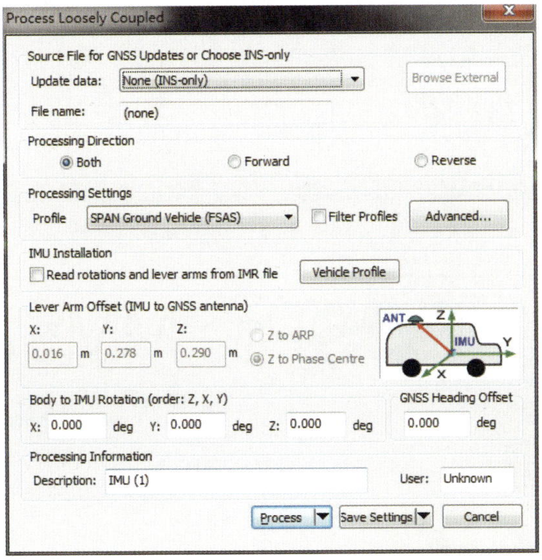

图 2.2-3　IE 松组合模式(LC)解算

• 不需要建立基站和等待广播星历数据，只需接入互联网，SmartSelect 能够自动选择、下载和导入最佳的 Applanix SmartBase 参考基站网络，在数据采集后的 1 h 内即可达到厘米级定位精度。

• 使用静态 PP-RTK 技术进行自动基站测量，对于未设置连续运行参考站(CORS)的不可访问区域，无需设置本地基站即可实现移动测绘。

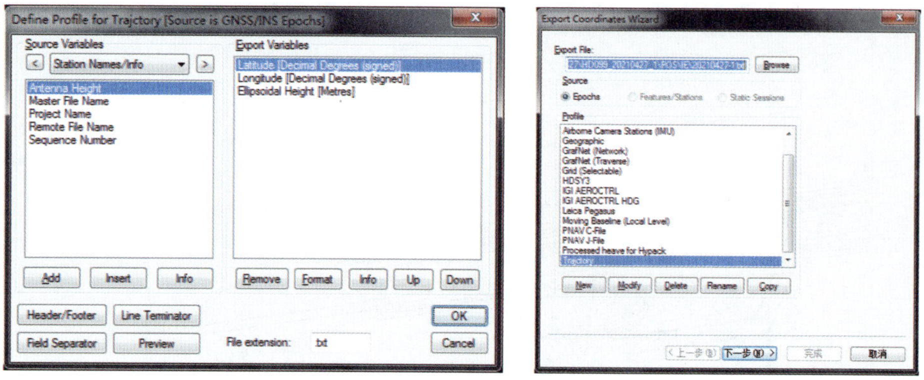

图 2.2-4　POS 成果输出自定义

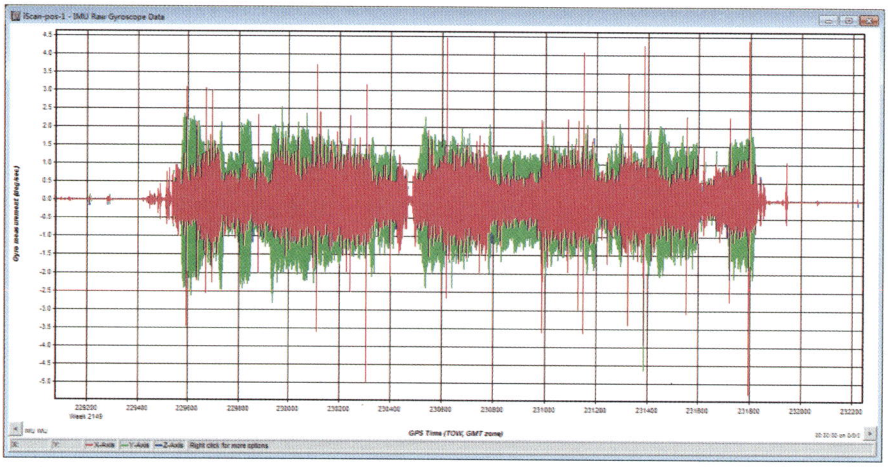

图 2.2-5　IMU 加速度计原始数据查询

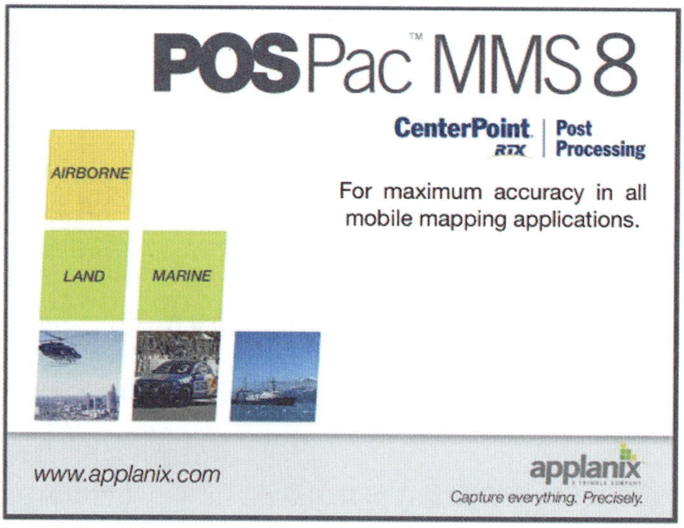

图 2.2-6　POSPac MMS 8 软件

• 采用 Applanix SmartBase、Applanix IN-Fusion 和 64 位数据处理技术，数据解算速度快。POSPac 软件基线解算如图 2.2-7 所示。

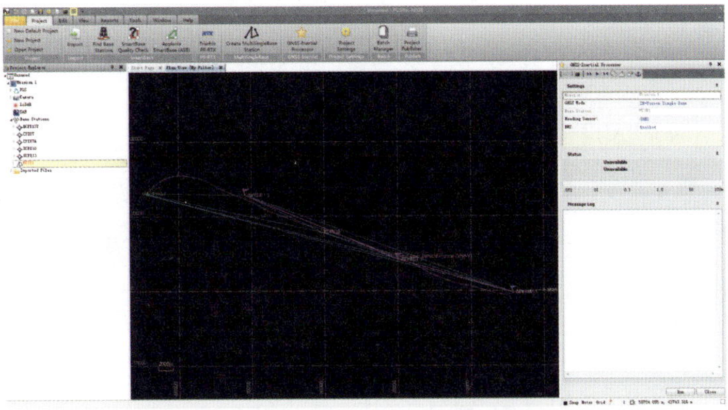

图 2.2-7　POSPac 软件基线解算

2.2.2　国内解算软件

与国外相比，我国的组合导航软件研发起步较晚，但经过科研人员的不断研究，已有许多较为成熟的软件问世。武汉大学孙红星团队较早地开发适用于移动测图的组合导航系统 DRDynamic；中科院测地所柴艳菊团队也相继开发了 DGPS/INS 精密组合导航数据处理软件 GPSINSIGG 1.0，采用了 GNSS 质量控制及模糊度快速搜索新方法，在组合阶段采用附加系统存在的隐含信息约束思想，提高了导航结果的精度，适用于实时或事后组合导航数据处理；西北工业大学严恭敏团队基于 Matlab 软件平台研发的高精度捷联惯导系统算法(PSINS)工具箱，涵盖了传感器数据分析、惯组标定、初始对准、惯导 AVP(姿态—速度—位置)更新解算、组合导航卡尔曼滤波等功能，运行速度和精度均不低于 IE(Inertial Explorer)，并且代码全部开源，代码调试开发环境友好。

武汉迈普时空导航科技公司开发出的 GINS 商业软件，支持从高端设备如高精度激光陀螺(RLG)、光纤陀螺(FOG)，至低精度微机械陀螺(MEMS)。结合 GNSS 与紧耦合技术，即使使用低等级的惯导，依然能够提供精确可靠的三维位置、速度和姿态。在紧组合处理模式中，即使在仅有两颗卫星的情况下，仍然可以有效抑制惯导发散。在高楼林立，信号质量差、易遮挡的城市环境下，数据处理结果有明显改善。此外，如图 2.2-8～图 2.2-10 所示，GINS 软件还具有以下特点：

• 搭载了智能处理模块，支持多基站模式处理、批量处理和 IMU 参数优化，数据处理效率高；

• 支持 PPK 紧组合处理，支持北斗＋GPS 双系统，支持北斗＋GPS＋GLONASS 三系统；

• 支持命令行解算与 SDK 模式，易于集成至一体化解决方案；

• 支持解算结果自定义输出，支持在 Google Earth 中查看结果轨迹。

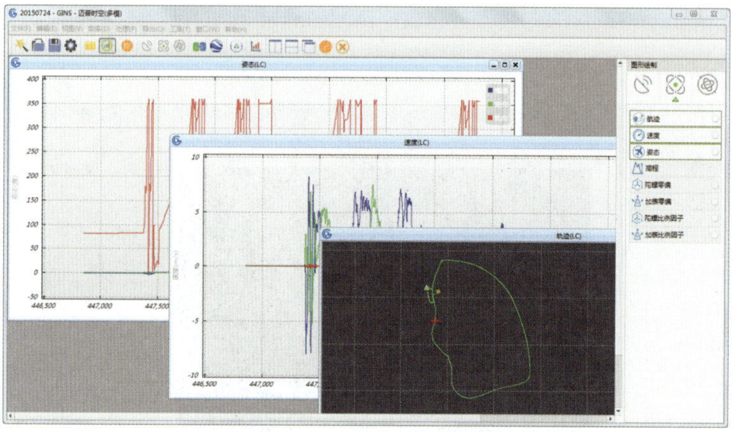

图 2.2-8　GINS 软件用户窗口绘图显示（姿态、速度、轨迹）

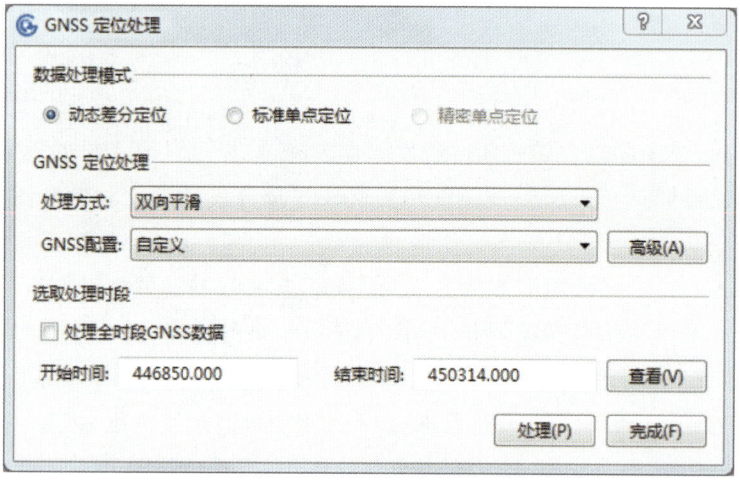

图 2.2-9　GINS 软件动态差分后处理

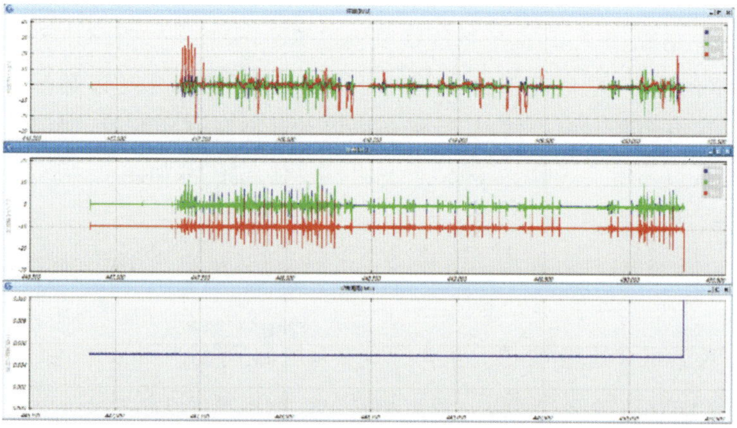

图 2.2-10　GINS 软件 IMU 原始数据

武汉大学朱锋团队自主研发的 POSMind(博思迈)，具有多源融合、精准可靠和一键处理的特点，性能稳定、功能丰富。该软件支持 GPS/GLONASS/BDS/GALILEO 多系统，支持 SPP/PPP/RTK/MOV 处理，支持 GNSS/INS 松组合、紧组合和半紧组合处理，支持正向/反向/多向滤波处理，支持正反向 RTS 平滑器和组合器，支持轨迹的动态播放以及复现载体位置、速度和姿态信息，如图 2.2-11～图 2.2-13 所示。

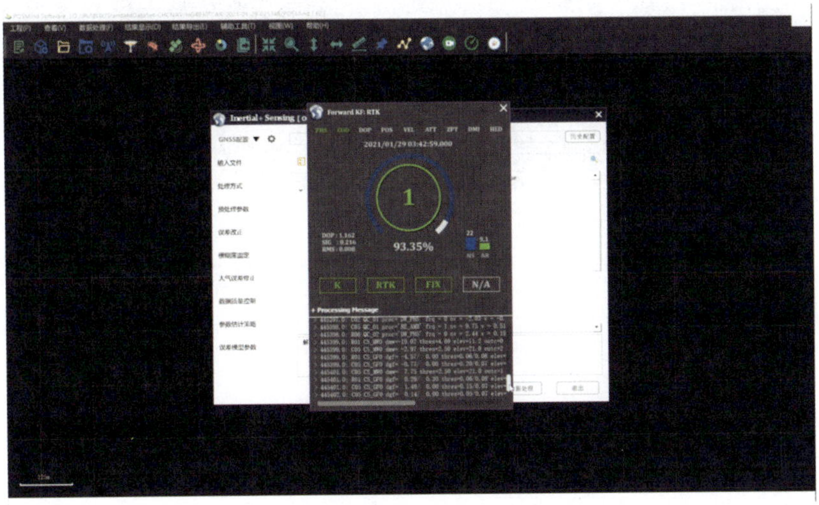

图 2.2-11　POSMind 软件 GNSS 解算

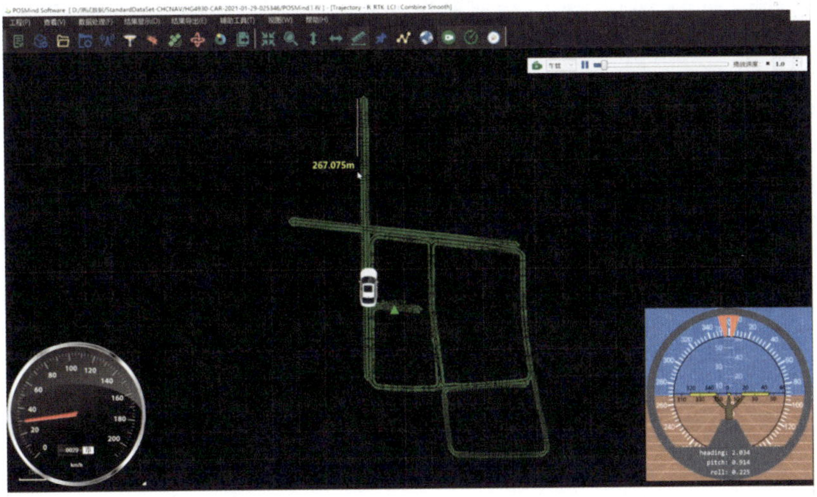

图 2.2-12　POSMind 软件轨迹动态播放

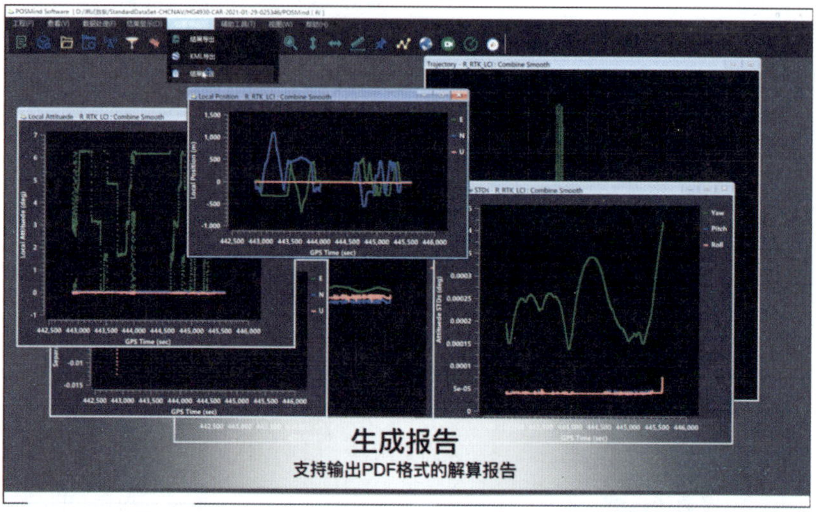

图 2.2-13　POSMind 软件评价指标显示

第3章 数据采集

在利用车载移动测量系统进行数据采集时，需在地面控制点上架设 GNSS 基准站，与车载移动测量系统的定位测姿系统进行同步观测，以便在数据预处理时解算车载移动测量系统的轨迹线。在进行基准站布设时，需选择合适的地面控制点、观测仪器以及观测方法，并且需合理地布设 GNSS 基准站的数量，以保证在 GNSS 基准站适当距离范围内数据解算的质量。

在进行数据解算时，仅利用 GNSS 基准站进行控制，解算的点云往往达不到较高的精度，不能满足轨道交通工程对测量精度的实际需求，需要在测区范围内同步布设靶标控制点，利用靶标控制点的高精度测量成果对轨迹线和(或)点云数据进行纠正，以满足精度要求较高的测量工作。当现场没有合适的区域进行人工靶标布设时，往往可以利用现场建筑物或构筑物等明显的特征点，以高精度的测量方式获取特征点的精确坐标，作为纠正轨迹线和(或)点云数据的高精度控制点数据。

3.1 工作准备

在轨道交通线路上开展移动测量作业有其特殊性。首先，移动测量系统搭载在轨道车辆或具有在轨道行驶功能的载具上，测量系统需要提前安装至移动载体平台上，惯性导航系统的初始化也只能采用静置模式。其次，轨道交通为带状结构，地面基准站需要沿线路走向等间隔布设，并充分利用工程既有精密控制网成果。最后，由于轨道交通工程对测量数据的精度要求较高，包含隧道段落较长，且目前市场上常用的惯性导航系统精度不能满足要求，因此需要沿扫描区域布设一定数量的靶标控制点和(或)利用特征地物点，在测量其精确坐标的基础上进行轨迹线和(或)激光点云及数码影像的纠正，以获得高精度激光点云和数码影像数据。

3.1.1 方案设计

数据采集方案设计如图 3.1-1 所示。

1. 需求调研

根据委托方的要求，调研项目实际需求，是项目开展前的首要任务。针对不同需求，选择不同的移动测量设备，制定不同的移动测量方案。如运营线路的“三贯通”测量(线路里程、平面与高程)，需要选择具有高精度定位测姿系统的车载移动测量系统，且移动搭载平

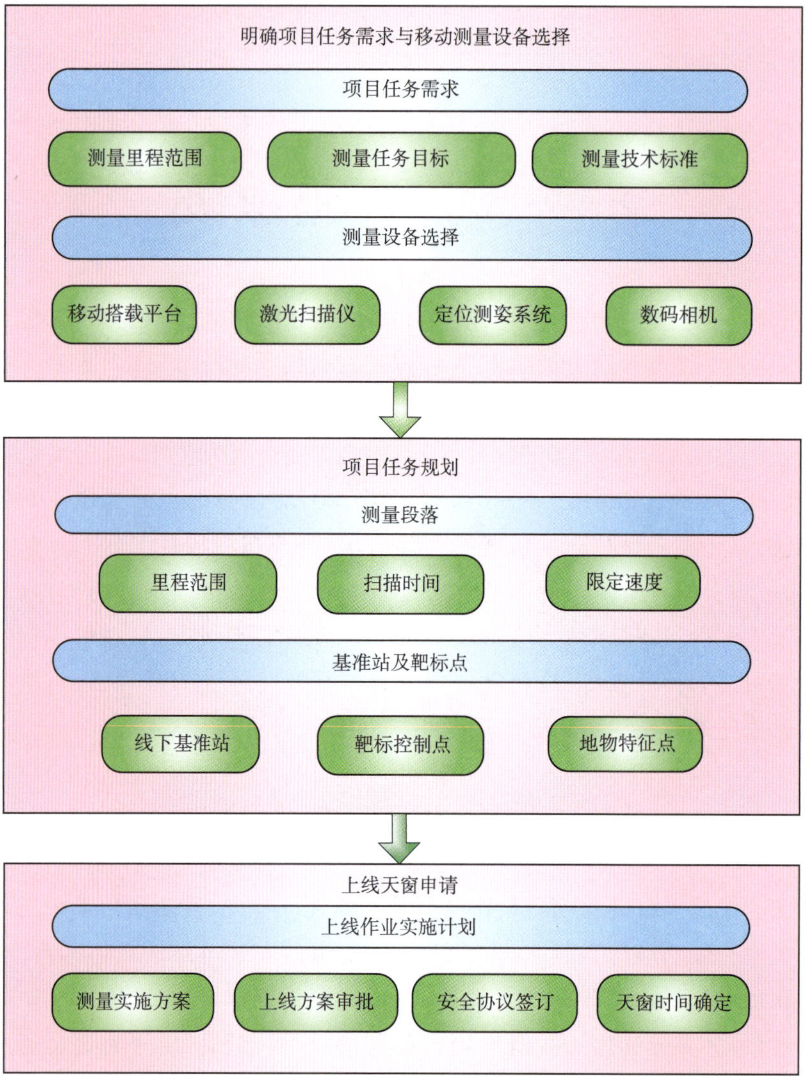

图 3.1-1　数据采集方案设计

台的高度不宜过低。又如隧道表观病害检测，需要选择具有高精度测距的激光扫描仪，且移动搭载平台行驶速度不易过快。

2. 任务规划

根据轨道交通测量的任务范围，规划移动测量的里程段落和作业时间。在任务规划过程中，需要向运营线路工务管理部门调研作业区间范围和限定速度；在测量作业开始前，需要确定准确的里程范围和移动搭载平台的行驶速度。在运营线路作业时间段确定后，合理分配测量设备安装、移动测量、设备拆卸的时间。为了增加移动测量的有效时间，尽量向运营管理部门申请在车辆段内安装和拆卸设备，不占用有效的天窗时间。根据移动测量任务的不同需求，合理规划线下基准站的间距和沿线控制靶标布设及特征点的测量。

3. 天窗申请

移动测量作业前，需要向营业线管理部门申请“作业天窗”时间，通过审批后，才能上线测量作业。申请天窗前，任务承担方需要制定详细的测量实施方案，包括测量设备固定方式、设备人员数量清单、安全防护措施、上下线里程和时间、线路封锁情况、移动测量速度等方面。营业线管理部门一般有固定的天窗审批流程，需要逐级办理审批手续，待上线审批通过后，再签订上线安全协议，在批准的天窗时间段内完成移动测量作业。

3.1.2 控制测量

GNSS 基准站控制点、观测仪器、布设方式、测量方式的选择，往往直接关系到车载移动测量系统轨迹线的解算质量，本节将从基准站点的选择、观测仪器类型的选择、GNSS 基准站的布设以及基准站的测量等方面进行介绍。

1. 基准站测量

GNSS 接收机布设完成后，在数分钟内，由于其自身重力影响，会产生持续下降的趋势，数分钟后才能达到稳定的状态；并且，在利用 GNSS 基站数据进行解算时，利用现有的数据处理算法，其整周模糊度往往需要数秒或者数分钟才能达到收敛的状态。所以，在布设 GNSS 地面基准站时，往往需要测量人员在车载移动测量系统开机扫描时，提前将 GNSS 基准站布设完成并开机测量，一般需要提前 15 min 将 GNSS 接收机开机并启动测量。

在进行观测之前，为了提高 GNSS 基准站测量精度，GNSS 接收机天线安置应严格整平对中，天线对中误差不应大于 1 mm。根据《高速铁路工程测量规范》(TB 10601—2009)的要求，天线高应在测前(开机之前)和测后(关机之后)各量取一次，每次应在相同的位置从天线三个不同方向(间隔 120°)量取，或用接收机天线专用量高器量取。单次天线高重复量取的读数互差不大于±2 mm 时，取平均值作为单次天线高观测值；测前和测后天线高观测值读数互差不大于±3 mm 时，取平均值作为天线高最终观测值。

由于移动测量一般至少持续 4 h，因此每个 GNSS 地面基站必须配置电瓶、电源线，或者外接电源等，以保障 GNSS 地面基站能长时间工作，移动测量工作顺利完成。

车载移动测量系统进行外业测量时，由于设备常搭载在轨道交通车辆上，其运行速度一般不低于 50 km/h。为了提高组合导航的定位精度，GNSS 地面基站应与移动测量系统的 POS 系统进行同步观测，建议 GNSS 地面基站的采样间隔设定小于 1 s。图 3.1-2 所示为 GNSS 地面基站架设示意图。

另外，为保证数据的一致性，地面基准站应使用同一型号的 GNSS 接收机，GNSS 地面基站数据统一用 LGO 软件进行解算，进行数据预处理，将原始观测文件转换为标准 RINEX 文件。

2. 关键指标总结

基于上述内容及数据对比分析，将车载移动测量系统涉及的基准站测量过程中的关键指标进行总结，见表 3.1-1。

图 3.1-2　GNSS 地面基站架设示意图

表 3.1-1　车载移动测量系统基准站测量关键指标

序号	关键指标	指标控制	说　明
1	卫星截止高度角	≥15°	基站周围应视野开阔，对空条件良好
2	GNSS 接收机类型	双频	多星座接收机
3	GNSS 接收机标称精度	$\leqslant 5\text{ mm}+1\times10^{-6}d$（$d$ 为基线长度）	
4	基准站距离	≤10 km	特殊情况可为 15 km
5	系统静置时间	≥15 min	
6	基准站架设对中误差	≤1 mm	
7	基准站量高次数	3 次	三个不同方向量取（间隔 120°）
8	观测前后仪器高误差	≤3 mm	取平均值作为最终仪器高
9	基准站采样间隔	≤1 s	
10	基准站数据格式	RINEX	

3.1.3　靶标测设

在进行车载移动测量数据处理时，利用线下 GNSS 基准站坐标解算的轨迹线平面坐标一般为 WGS-84 坐标系下的平面坐标，而轨道交通工程一般为独立坐标系统，需要通过四参数转换将 WGS-84 平面坐标系统转换到独立坐标系统。另外，解算得到的轨迹线初始高程为大地高，需通过高程拟合算法将大地高转换为正常高；而轨道交通工程测区往往呈带状分布，测区内高程异常往往不是一个固定值，如只利用 GNSS 基准站作为起算点进行点云数据的解算，会降低高程分量的解算精度，需要通过布设靶标，采用平面四参数（孙小荣等，2015；张华海，2016）及高程拟合（王德保，2005；魏逸飞等，2012）的方式进行点云和轨迹线的纠正。

1. 靶标制作形式

(1)平面靶标

为了提高靶标在点云上的清晰度和中心点的定位精度,平面靶标应选择圆形、方形等制作,并且应遵循制作简单、安装方便、可重复利用的原则,靶标的大小应根据扫描设备的线密度和点密度确定,如图 3.1-3 和图 3.1-4 所示。

图 3.1-3 方形靶标

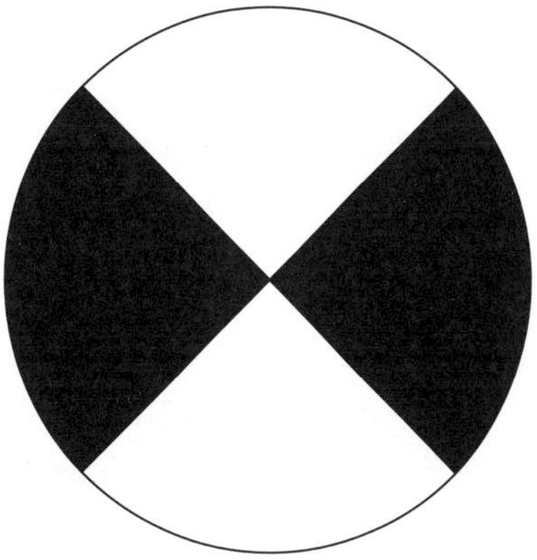

图 3.1-4 圆形靶标

在高速铁路线路上进行移动测量,应充分利用 CPⅢ点位进行靶标的布设,CPⅢ点位处靶标制作如图 3.1-5 所示。

(2)球形靶标

除方形靶标、圆形靶标外,Leica 等公司的球形靶标(图 3.1-6)也可用于移动测量工作中,通过提取点云中的球形靶标点云,采用球形拟合的方式可快速获取球形靶标的中心,用于纠正点云的绝对坐标。

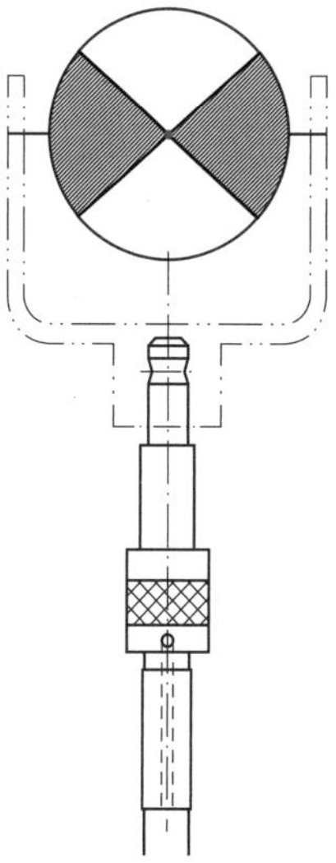

图 3.1-5 CPⅢ点位处靶标制作

图 3.1-6 球形靶标

(3)靶标对比

利用车载移动测量系统进行测量时,如果搭载平台行进速度较慢(如轨道小车等),车载移动测量系统获取的周边环境的点云较为密集,在进行点云数据处理时,能够很清晰地分辨平面靶标的中心位置,利用提取的平面靶标中心,可以对点云数据进行纠正,以提高点云的绝对坐标精度。

当移动测量平台运行速度较快时(如铁路轨道车,其运行速度一般大于 50 km/h),使得车载移动测量系统获取的点云较为稀疏。如果利用平面靶标对点云进行坐标纠正,由于从稀疏的靶标点云中很难确定其中心位置,从而不能达到很好的纠正效果;而利用球形靶标代替平面靶标,可以采用球形拟合算法准确地提取靶标中心位置,从而达到纠正点云坐标的目的。

平面靶标与球形靶标的另外一个区别在于:平面靶标中心位置可以直接在点云中获取到;而球形靶标的中心位置是通过点云内插出来的,导致获取到的球形靶标中心位置没有相关的时间信息,不利于靶标成果在不同场景中的应用。

2. 靶标布设及测量

参考以往铁路项目生产实践经验,采用 Z+F 扫描仪以 20 km/h 行车速度进行既有线复测扫描作业,为满足测量成果中误差≤10 mm 的要求,靶标控制点间距宜小于等于 400 m。考虑到行车速度、点云密度、GNSS 卫星信号对点云成果的影响,综合分析既有线复测采用行车速度≤20 km/h 的载体平台进行作业时,靶标控制点间距宜小于等于 300 m。限界测量时,重点关注其相对精度,一般情况下,点云成果相对精度较高,无需采用靶标进行纠正,考虑到 GNSS 信号易受山区、高大建筑物影响以及隧道内完全无 GNSS 信号的影响,若不采用靶标纠正,解算的数据精度很难满足应用要求,因此规定其布设间距≤2 000 m。设备调查时,重点关注设备有无明显位移,绝对位置无特定要求,因此靶标控制点布设间距≤2 000 m 即可。

靶标控制点布设间距宜根据线路具体情况进行设计,在满足上述布设间距的情况下,在隧道、桥梁、车站等特殊结构物处或地形起伏较大的地段,以及 GNSS 信号较弱路段应适当加密靶标控制点。

在高速铁路线路上进行扫描时,需提前沿线布设靶标控制点。由于 CPⅢ往往会定期进行复测,具有毫米级精度的准确坐标,靶标控制点往往布设在 CPⅢ处,呈“之”字形布设,如图 3.1-7 所示。

在无 CPⅢ控制点的情况下,需采用张贴靶标纸张或者涂刷油漆的方式进行布设。

在利用车载移动三维激光扫描系统进行测量时,不同的测量成果需求往往对靶标布设的间距要求不同,见表 3.1-2。

图 3.1-7 CPⅢ靶标布设

表 3.1-2 靶标控制网布设间距要求

铁路测量应用类型	载体平台类型	行车速度/(km·h⁻¹)	靶标布设间距/m
既有线复测	轨道小车/轨道电动车	≤20	≤300
限界测量	轨道小车/轨道电动车	≤5	≤2 000
设备调查	轨道平板车/轨道机车	≤60	≤2 000

3. 特征地物的测量

将三维激光扫描的点云数据解算完成后，为了保证点云成果的测量精度，需在测区内进行特征点的采集，将点云数据处理成果与特征点测量结果进行对比分析。

在铁路线路或者公路上进行扫描时，往往选取明显的地物点作为特征点进行测量。在铁路线路上，可选择铁路桥的墙角、公里标转角、拉线基础转角等明显的特征点进行测量，公路上的特征点往往选取明显的斑马线转角或者花坛角，如图 3.1-8～图 3.1-11 所示。

在扫描前，须采用 RTK+全站仪的方式对特征点进行坐标的采集。

图 3.1-8 地物特征点

图 3.1-9　斑马线转角

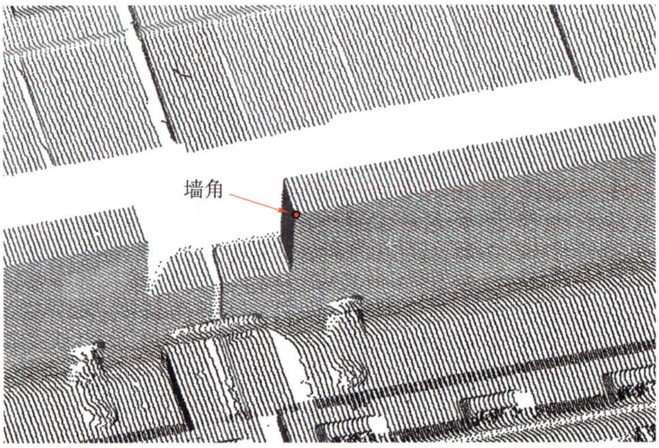

图 3.1-10　铁路线路周边墙角点云

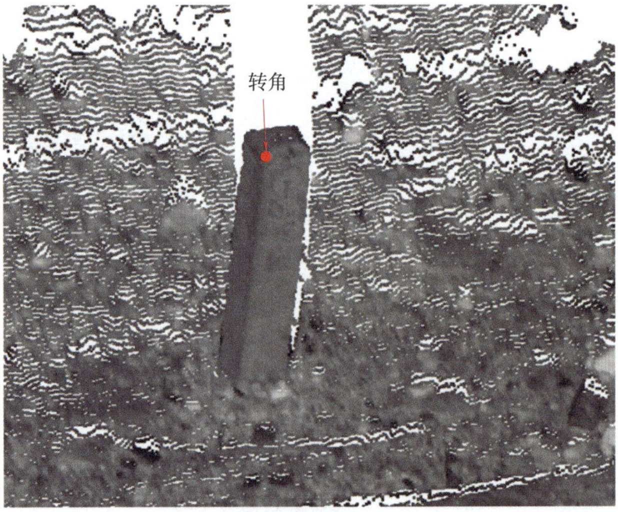

图 3.1-11　铁路光缆标转角点云

3.2 外业采集

本节结合工程实际应用，以 Optech Lynx HS600 车载移动测量系统为例，从基准站观测、系统初始化、POS 数据获取以及 LiDAR 数据采集等方面，将车载移动测量系统数据采集过程中涉及的关键方法进行详细介绍。

3.2.1 设备安装

1. 移动测量系统安装

移动测量系统可方便地安装于汽车、船舶、火车等载体上，在载体以一定速度移动的过程中，快速获取周边环境海量三维激光点云数据，满足不同工程项目的测量需求。在轨道交通行业中，可通过不同的安装方式，将车载移动测量系统安装于汽车车顶(图 3.2-1)、铁路移动小车及铁路平板车上，满足轨道交通的不同测量需求。

图 3.2-1　车载移动测量系统安装于汽车车顶

(1)汽车车顶安装

根据不同厂家的车载移动测量系统的构造，制作符合设备安装的车顶支架装置，如图 3.2-2 所示。

首先，将图 3.2-2 中 6 个固定支架连接件(标号 1)安装于越野车行李架上(在此之前需要在行李架上铺设硅胶垫片，以防固定支架连接件直接与车顶行李架接触时对车顶行李架造成磨损)，尽量将固定支架连接件整体向车身后方布设，以防在设备安装完成后车体尾部遮挡车载移动测量系统的激光头，从而影响测量数据质量。

然后，将车载移动测量系统放置于图 3.2-2 中标号为 2 的承载平台上。由于车载移动测量系统整体质量较大，在制作承载平台时，需充分考虑其承载力与强度，满足承载车载移动测量系统的需求。

最后，将车载移动测量系统通过螺丝固定于图 3.2-2 中快装螺丝孔位上。由于汽车在行驶时速度较快，螺丝孔位的数量不应太少，一般应分布在承载平台的四个角上，建议数量不少于 12 个。

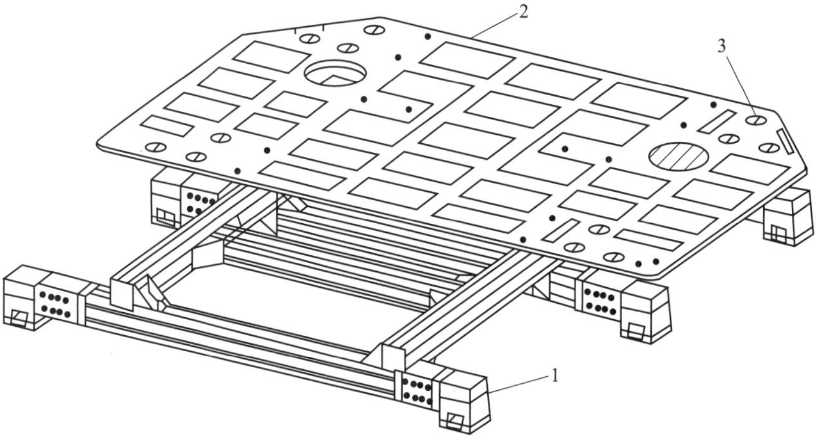

图 3.2-2　车载移动测量系统车顶支架

1—固定支架连接件；2—承载平台；3—快装螺丝孔位

(2)铁路移动小车安装

为满足铁路线路移动测量的需求以及上线作业的便捷性，国内很多厂家将车载移动测量系统安装于铁路移动小车上(图 1.0-1)，在小车移动的过程中，快速获取铁路周边环境海量三维激光点云数据。

本节以上海东方海事工程技术有限公司生产的铁路移动小车为例介绍铁路移动小车搭载安装方式，如图 3.2-3 所示。

在进行铁路线路扫描作业时，首先，将图 3.2-3 中标号为 1 的组装式小车各部件运送到线路上，进行组装；其次，将图 3.2-3 中标号为 2 的承载支架和标号为 3 的承载平台通过减震弹簧连接后，把承载支架四根立柱放入到组装式小车尾部底板的限位槽内，使用手拧螺丝进行紧固；最后，车载移动测量系统各模块通过快装螺丝进行连接紧固后，用快装螺丝安装在承载平台上，连接电源并调试后即可开始测量工作。

(3)铁路平板车安装

在利用轨道移动小车进行车载移动测量系统扫描作业时，往往需要单独申请天窗。高速铁路运营维护天窗时间一般为 4 h，普速铁路运营维护“天窗”时间一般为 2 h。在铁路天窗时间内，需要人工将轨道移动小车、车载移动测量系统各部件逐件运往铁路线路上，然后进行组装，扫描作业完成后，需将设备拆分并逐部件运送下线，运输上线组装及拆分运送下线时间一般均大于 40 min，而且由于轨道移动小车的运行速度一般不大于 20 km/h，使得在“天窗”时间内扫描工作量较少，导致扫描作业效率低。

为了满足长大铁路线路扫描工作的需求，可以将车载移动测量系统安装在铁路平板车

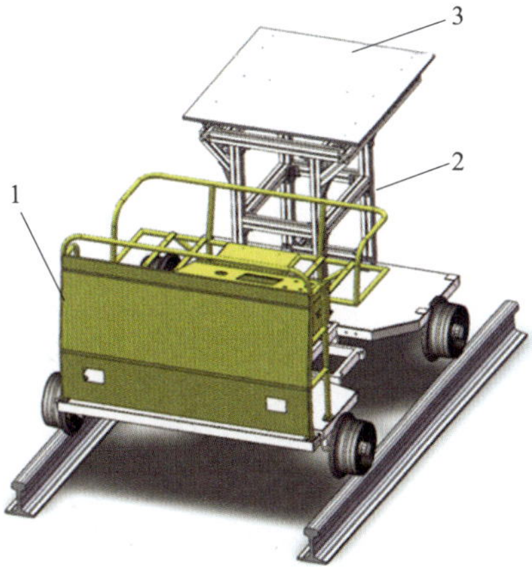

图 3.2-3 铁路移动小车示意图

1—控制台；2—承载支架；3—承载平台

上，利用轨道车牵引铁路平板车以 40～80 km/h 的速度进行铁路线路测量任务。

①增高架安装

如果车载移动测量系统直接安装在平板车上，激光头的高度太低，扫描角度不佳，容易受到平板车自身结构的遮挡。同时，由于车载移动测量系统的刚性云台上各传感器（激光扫描仪、惯性测量装置等）间的相对位置精度很高，直接架设在平板车上振动太大，影响设备使用寿命和测量精度。因此需要增高架，既用于抬升激光头的高度，保证扫描质量，也用于保护车载移动测量系统。

增高架应选用高强度的钢材，整个结构稳定坚固耐用。增高架结构尺寸约为 1 220 mm×784 mm×1 500 mm，可根据现场情况对增高架的高度进行调整。增高架应通过绑扎带固定在平板车尾部，设备安装完成后如图 3.2-4 所示。

图 3.2-4 车载移动测量系统安装过程

铁路平板车绳栓如图 3.2-5 所示。为增加车载移动测量系统安装后的稳定性，一般需利用 6 根绑扎带将增高架进行固定。安装时，首先，分别将绑扎带穿过增高架最上部骨架杆，使得增高架整体受力均匀；然后，将每根绑扎带的 2 个尾端采用拴马扣的绑扎方式固定在绳栓上，使得平板车在行驶过程中不至于由于晃动造成绑扎带松动；最后，利用棘轮收紧器将绑扎带收紧，至此，增高架安装完成并应位于铁路平板车的尾端中部位置。

图 3.2-5　铁路平板车绳栓

②车载移动测量系统安装

增高架安装完成后，即可将车载移动测量系统搭载在增高架上。在设备安装之前，应将承载设备的平板安装于增高架上，并在平板与增高架之间加设减振弹簧，起到减震并保护设备的作用，以此提高组合导航的定位精度。减振弹簧如图 3.2-6 所示，减振弹簧通过螺丝与增高架及承载平板相连，增强设备承载平台的稳定性。

图 3.2-6　减振弹簧

将车载移动测量系统放置于承载平板上，承载平板上一般设置有限位挡条，用于将车载移动测量系统各部件初步固定。限位挡条如图 3.2-7 所示。

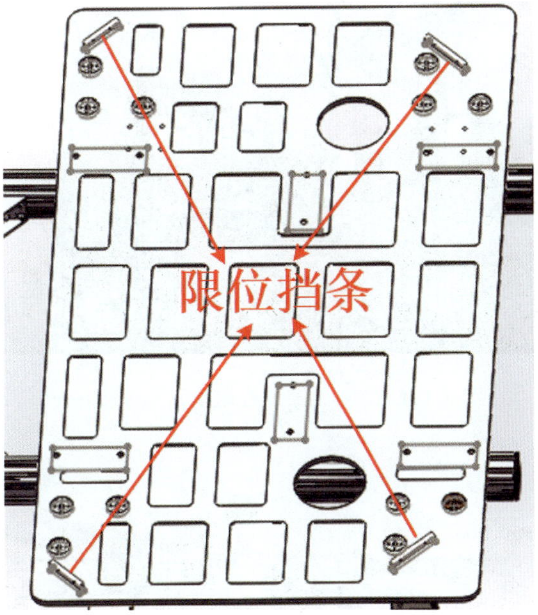

图 3.2-7　限位挡条

将设备通过限位挡条初步安装后，利用快装螺丝将车载移动测量系统各部件与承载平板相连。为增强设备安装后的稳定性，应根据所安装车载移动测量系统的实际结构，将承载平板四个角上布设快装螺丝孔位，各角上快装螺丝孔位的数量一般应大于 2 个。

③测量控制单元及电池安装

国内外的车载移动测量系统集成结构并不相同：有些系统的测量控制单元与激光扫描仪、惯性测量装置、全景相机等是集成在一块平板上的，如海达数云公司的 HiScan-Z；而某些系统的测量控制单元是单独一个模块，如 Optech Lynx HS600，此时，应将控制测量单元通过自攻螺丝固定在铁路平板车的木底板上，如图 3.2-8 所示，并在测量控制单元与木底板之间加设泡沫板等减震装置，提高测量控制单元内各部件的稳定性。

车载移动测量系统的供电方式主要有蓄电池供电及交流电供电。图 3.2-9 所示为蓄电池供电方式，将蓄电池并排放置在铁路平板车中间，利用限位木块将蓄电池组包围，用扒锔钉将限位木块固定在铁路平板车木底板上，安装完成后应尽量减小蓄电池与限位木块之间的空隙，防止扫描时蓄电池组产生晃动。

如果采用交流电对车载移动测量系统进行供电，需将供电电缆沿铁路平板车边缘引入轨道车中，由于轨道车内的电源是通过轨道车的发电机产生的，电源电压不太稳定，而且会出现突然断电的情况，所以，往往需要在交流电电源与车载移动测量系统中间加设不间断供电电源装置(UPS)，如图 3.2-10 所示，UPS 一般放置于轨道车车厢内。

图 3.2-8　测量控制单元安装

图 3.2-9　蓄电池组安装

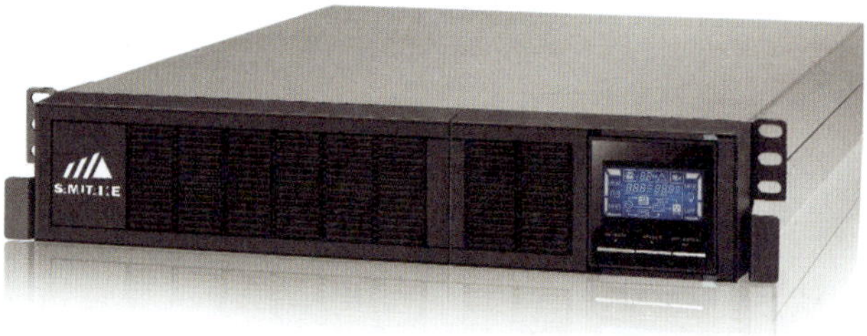

图 3.2-10　不间断供电电源装置(UPS)

④线缆布设

上述各设备安装完成后，在利用车载移动测量系统进行线路扫描时，技术人员一般位于轨道车内通过电脑对车载移动测量系统进行控制，此时，需要将网线、电缆等沿铁路平板车边缘引到轨道车内。为防止线缆飘出铁路平板车，需利用扎丝间隔 1～2 m 将线路固定在铁路平板车的地板压条上，然后通过轨道车窗引入轨道车内，如图 3.2-11 和图 3.2-12 所示。

图 3.2-11　将线缆通过扎丝固定在地板压条上

图 3.2-12　轨道车窗引线

2. 里程编码计的安装

里程编码计主要作用是精确计算车载移动测量系统的行驶里程。将 DMI 安装在火车车轮上，统计车轮的旋转次数，再根据火车车轮的周长计算行驶里程。目前，有两种 DMI 的安装方案，具体安装方案如下：

(1)轮轴盖式安装方法

为了实现 DMI 与火车车轮转动精准同步,需要将 DMI 安装至列车传动轴外侧。首先,拆除检修车传动轴外侧保护盖(图 3.2-13 中红色部分);其次,通过特制固定螺栓,将集成 DMI 的金属保护盖安装至车辆传动轴外侧。

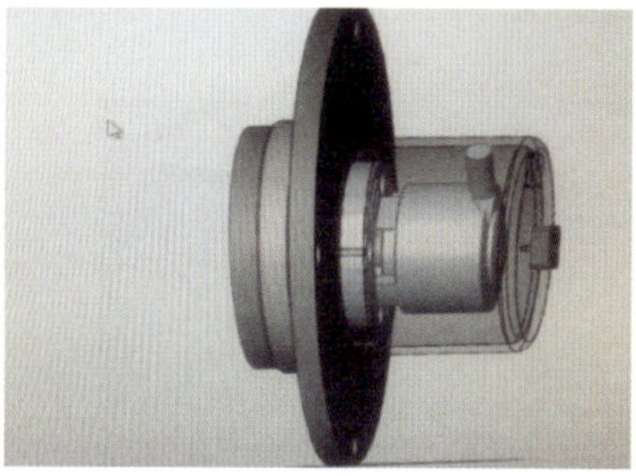

图 3.2-13 车辆编码器安装示意图

该方案优点是能保证 DMI 与车轮的高精度同步转动,并且安装快捷。其缺点是需要临时拆除轨道车的轮轴盖,在密封不严或裸漏情况下,火车车轮容易发生润滑剂溢出或灰尘进入等状况(图 3.2-14),易损害车轮的使用寿命;车轮权属部门对此安装方案审核相对严格。

图 3.2-14 车辆编码器安装效果图

(2)支架式安装方法

加工特定的安装支架,该支架可直接固定在火车轮对上,再将车轮编码器悬空安装至支架上,里程编码计与火车轮对之间通过柔性绳索连接。该安装方案如图 3.2-15 所示,安装过程不需拆卸火车车轮上任何部件。

该方案优点是不需要拆卸平板车上的任何设备,不会对火车车轮造成损坏。其缺点是该安装方案的 DMI 与轮轴同步精度稍低,特别是车轮运动前和运动后会发生 2 次滑轮,导致 DMI 的同步精度进一步降低;同时该安装方案的步骤比较繁琐。

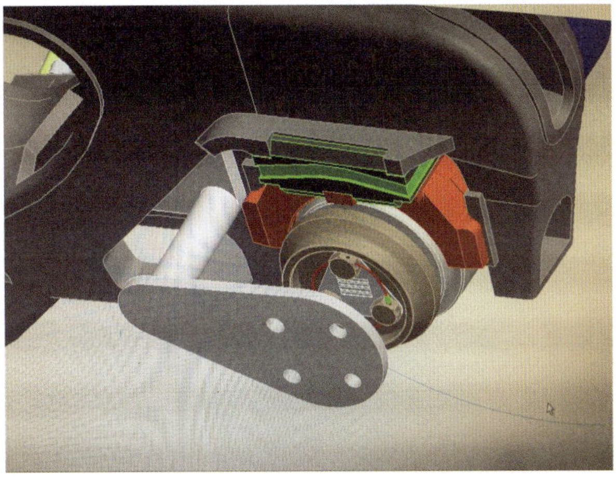

图 3.2-15 车辆编码器安装示意图

3.2.2 实施流程

车载移动测量系统获取数据的简单步骤如下：

1. 架设基准站

根据实际测量的需求，在合适的控制点上架设 GNSS 基准站。基准站需具有精确的三维坐标，且测量区域与基准站之间的距离宜小于 10 km，基准站架设应严格对中、整平，同时需按照第 3.1.2 节要求量测天线高。

2. 系统初始化

在 GNSS 基准站开机后，车载移动测量设备开机，在开阔的地方能够接收不少于 6 颗卫星信号后，开启 POS 数据记录，此时将设备静置 5～10 min，获取惯性测量装置稳定的状态信息。惯导采用静置方式初始化。早期惯导的初始化多采用绕"8"字，但是在铁路上作业，并不具备绕"8"字的条件。随着技术的进步，新型惯导具备自寻北功能，采用静置方式就可以完成初始化。

3. LiDAR 点云数据获取

设备静置结束后，开启激光扫描仪沿线路进行扫描，扫描过程中，同步记录 POS 数据，在遇到长大隧道等不具备 GNSS 观测条件的线路时，需在隧道进出口等对空条件较好的地带将扫描设备静置 5～10 min，以获取惯性导航装置稳定的状态信息，进入隧道后加快行车速度，尽快通过隧道。

4. 关闭系统

系统数据采集结束后，关闭激光扫描仪和数码相机，将机车行驶至开阔的区域，确保 GNSS 接收机能够接收不少于 6 颗卫星信号，将设备静置 5～10 min，与 IMU 的初始化过程相同，主要是为了组合导航数据处理时可以进行双向平滑解算，提高轨迹解算的精度，最后分别关闭 IMU、GNSS、系统总电源。

3.2.3 采集案例

本节以 Optech Lynx HS600 车载移动三维激光扫描系统为例，介绍移动测量数据的采集过程。在进行外业数据采集时，需要用到两个软件，分别为 LV-POSView 和 Lynx Survey，下面分别简述两个软件的操作流程，以此来详细说明车载移动三维激光扫描系统的外业数据采集过程。

1. POS 数据采集

将 LV-POSView 软件安装于外业操作电脑上，首先进行网络设置，设置步骤如下：

(1)打开计算机设备管理器中的“网络适配器”，右键点击“Intel(R) Ethernet Connection (5) I219-LM”属性，将“高级”选项中的“巨帧数据包”的值更改为“9014 字节”，如图 3.2-16、图 3.2-17 所示。

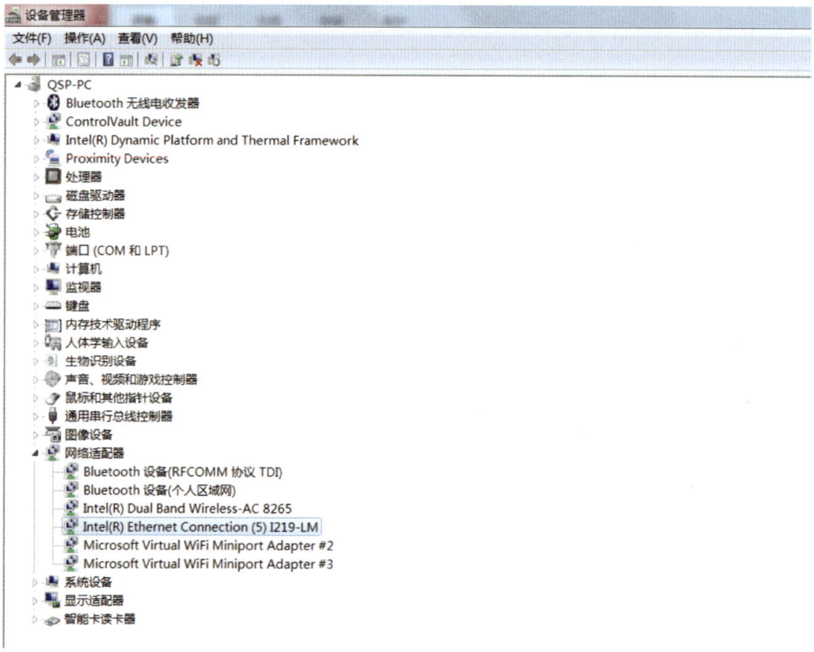

图 3.2-16 设备管理器界面

(2)将本地连接属性中的 Internet 协议版本 4(TCP/IPv4)属性使用下面的 IP 地址：

IP 地址(I)：192.9.203.80；

子网掩码(U)：255.255.255.0。

Internet 协议版本 4 属性设置如图 3.2-18 所示。

(3)在本地计算机地址栏中输入“ftp://192.9.203.78/”，在空白处点击右键，选择“登录”，输入用户名“guest”及密码“applanix”即可登录。如果登录成功则说明上述网络设置正

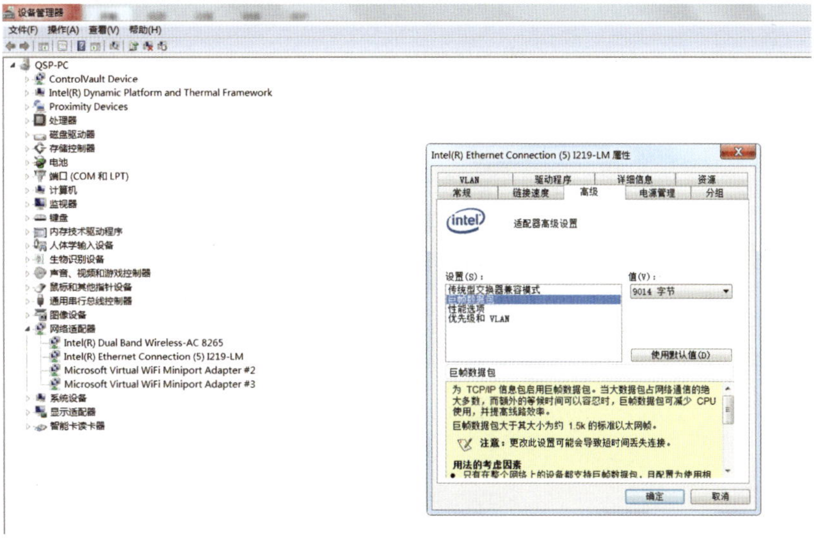

图 3.2-17　巨帧数据包设置界面

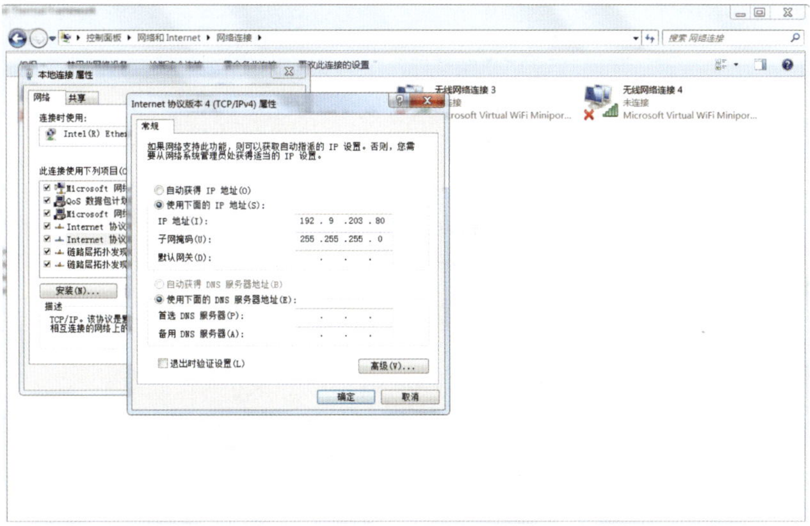

图 3.2-18　Internet 协议版本 4(TCP/IPv4)属性设置界面

确，如图 3.2-19 和图 3.2-20 所示。

设置完成后，打开 LV-POSView 软件，软件主页面如图 3.2-21 所示，然后进行参数的设置。

软件参数设置流程如下：

(1)软件连接方式有两种——连接模式和监测模式，在进行参数设置时需

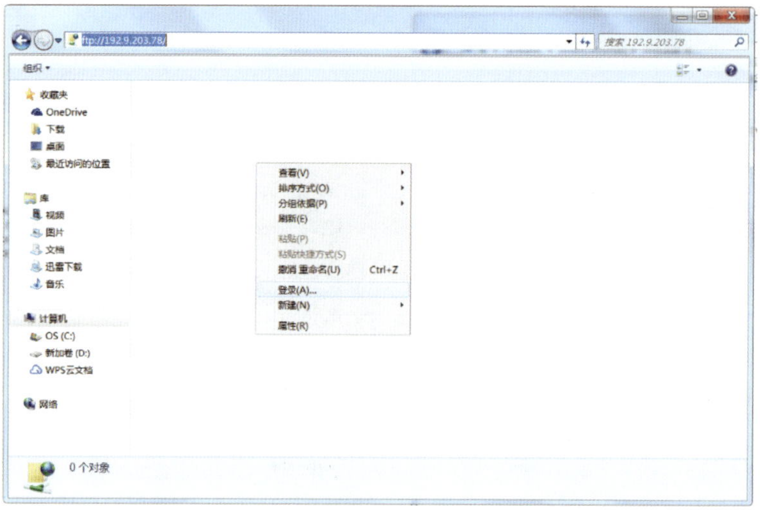

图 3.2-19　登录界面

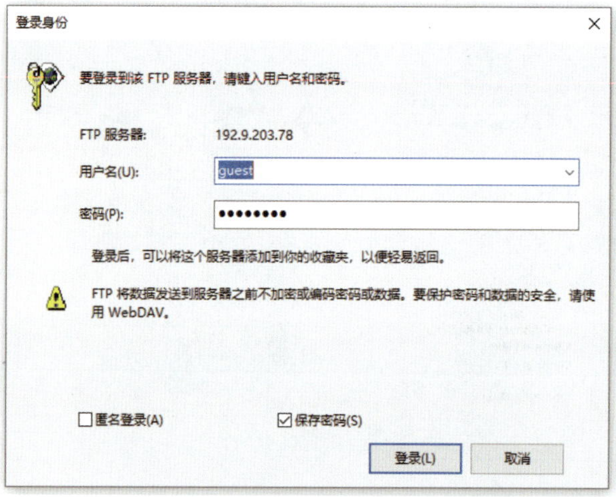

图 3.2-20　输入用户名、密码界面

选择“Tools-Connect”或者点击，即可将软件与设备连接。

（2）选择“Settings-Installation-Lever Arms & Mounting”，打开“Lever Arms & Mounting Angles”页面，如图 3.2-22 所示。

按照 Optech 说明书 *Optech Lynx HS-600 Installation Guide RevA*“APPENDIX D: HARDWARE INSTALLATION DRAWINGS”一节中各杆臂参数对照表找到相应安装方式的参数，填写“Ref. to Primary GPS Lever Arm”一栏中，其他项全部填写 0，设置完成后点击“Apply”。

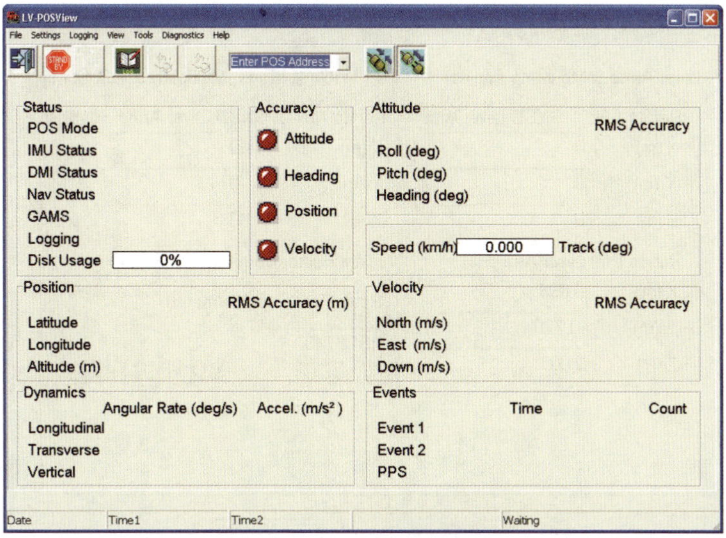

图 3.2-21　LV-POSView 软件界面

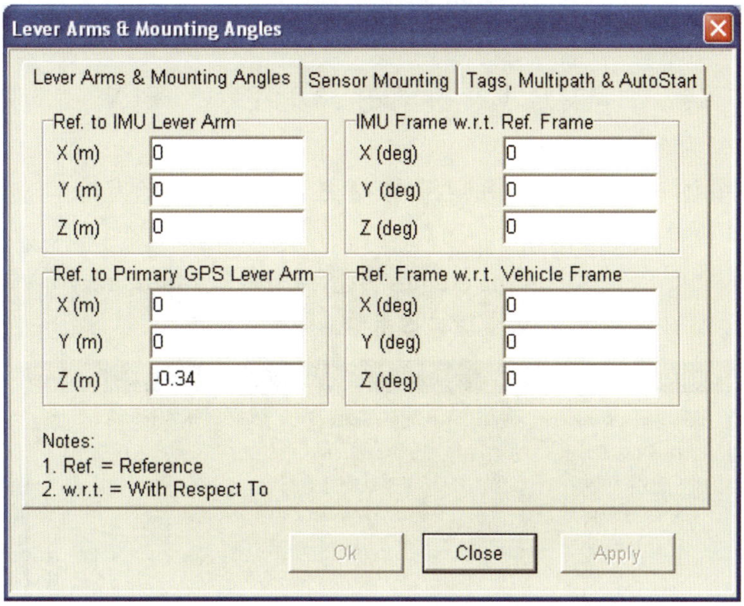

图 3.2-22　"Lever Arms & Mounting Angles"界面

(3)在"Lever Arms & Mounting Angles"页面中选择"Sensor Mounting"界面，如图 3.2-23 所示。

在填写此界面的参数之前，需要量取里程编码计中心至惯导中心三个分量参数，以惯导中心为参考原点，按照右手坐标系的方式计算三个分量的值，注意正负号，填写至"Ref. to DMI Lever Arm"中。

量取 DMI 安装部位的车轮直径 d，并按照如下公式计算 DMI Scale Factor 参数：

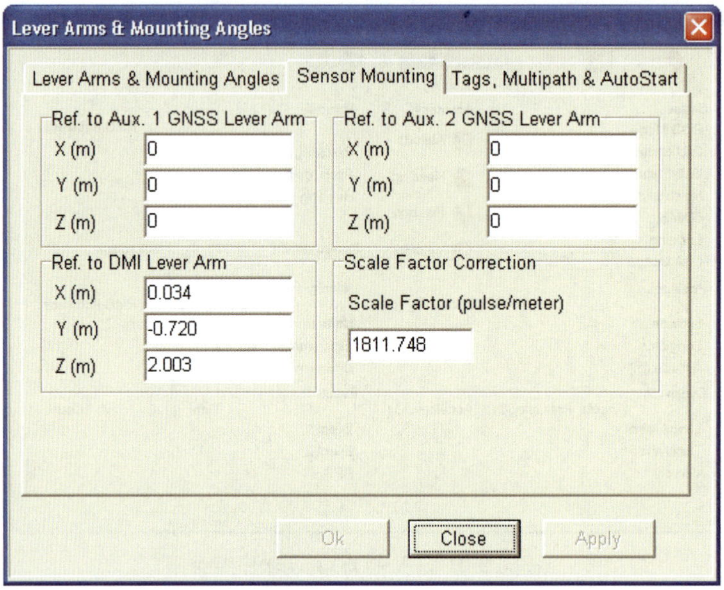

图 3.2-23　Sensor Mounting 界面

$$\text{DMI Scale Factor}=\frac{4n}{d\pi} \quad (3.2\text{-}1)$$

式中，$n=1\,024$；d 为车轮直径，m。

如果 DMI 安装于车体前进方向的右侧，则参数符号为正；左侧为负。

以上设置完成后点击“Apply”。

(4)在“Lever Arms & Mounting Angles”中选择“Tags, Multipath & Autostart”界面，并进行如图 3.2-24 所示设置，设置完成后点击“Apply”。

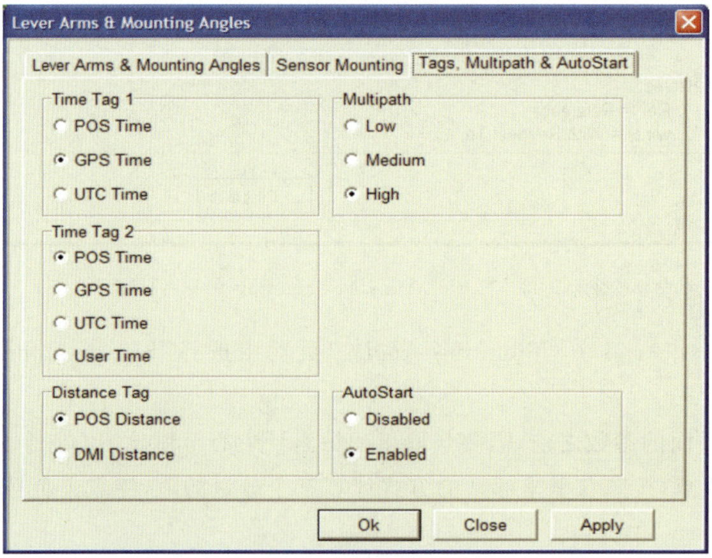

图 3.2-24　“Tags, Multipath & Autostart”界面

(5)选择“Settings”＞“Installation”＞“GNSS Receiver”，打开设置界面，如图 3.2-25 所示。按照图 3.2-26 进行主天线和副天线的设置。

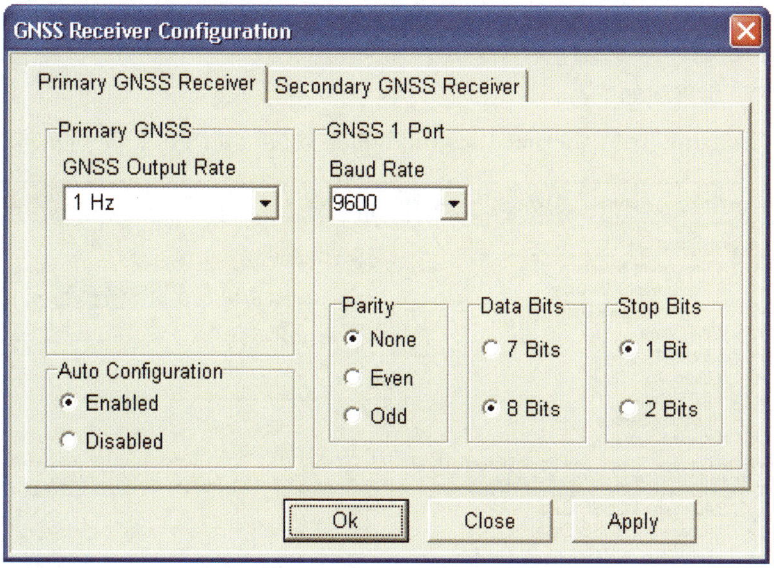

图 3.2-25　GNSS Receiver 设置界面

(6)选择“Settings”＞“Installation”＞“GAMS Parameter Setup”，打开设置界面，如图 3.2-26 所示，并按照图片中的参数进行相关设置。

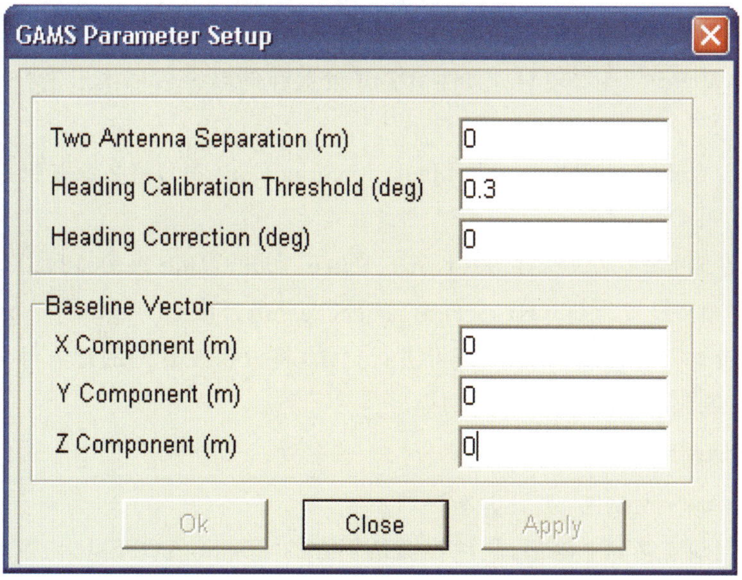

图 3.2-26　GAMS Parameter Setup 界面

将“Baseline Vector”全部设置为 0，点击“Apply”并确定。

正常情况下,需要设备自动解算,但如果 Heading RMS 值降不到 0.1 以下,设备无法进行自动解算。在确定无法自动解算时,可在设备安装完成后,用全站仪等设备测量出主副天线的基线分量,并填写至“Baseline Vector”中。

以上设置完成后,即可进行 POS 数据的采集工作。

POS 数据采集流程如下:

(1)点击“Logging”>“Ethernet Logging”,将参数按照如图 3.2-27 所示进行设置。

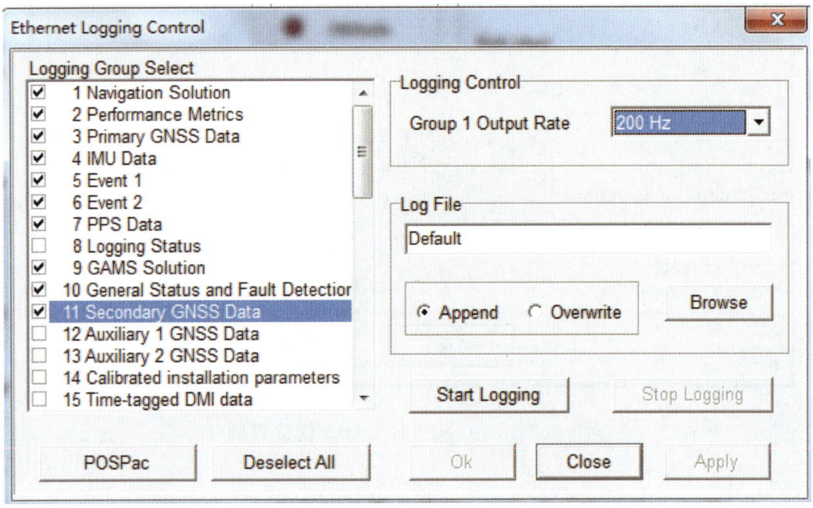

图 3.2-27　Ethernet Logging 设置

将对话框左侧的 1～7、9～11、99、10001、10006、10009、10011、10012、20000 项选中,其他不选,将采样频率设置为 200 Hz,文件命名并设置存储路径后依次点击“Start Logging”“Apply”并确定。

(2)选择“Logging”>“Removable Media Logging Control”,将参数按照图 3.2-28 所示进行设置。

将对话框左侧的 1～7、9～11、99、10001、10006、10009、10011、10012、20000 项选中,其他不选,将采样频率设置为 200 Hz,文件命名后依次点击“Start Logging”“Apply”并确定。

上述两项设置完成后,POS 数据即可进行记录,将设备在开阔的地方静置 5～10 min,完成 IMU 的初始化后,即可开启激光扫描。

2. 点云数据获取

打开 Lynx Survey 软件,如图 3.2-29 所示。

设备通过网线连接到电脑后,软件界面最下方的 Logging、GPS/INS 等前面的指示灯均变为绿色为正常状态。

点击左上角的“Start”开启扫描仪进行扫描,停车时可点击“Stop”关闭扫描仪。

扫描开始后,在“Point Cloud”界面可以实时查看扫描的点云。

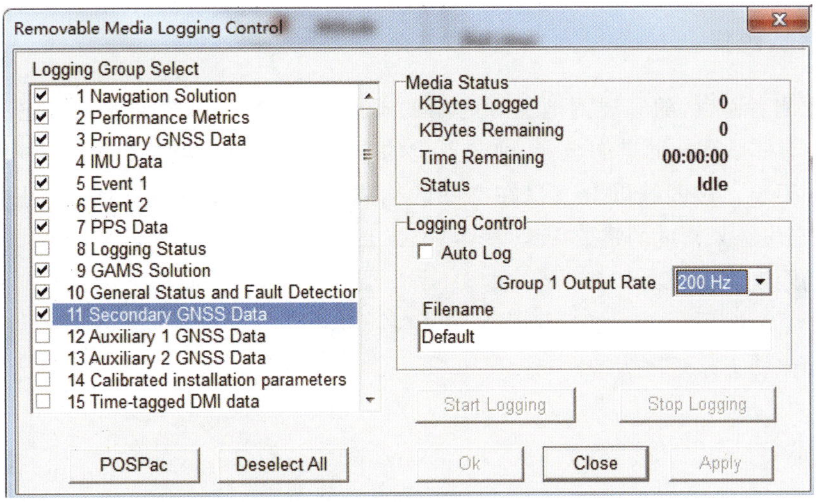

图 3.2-28　Removable Media Logging Control 设置

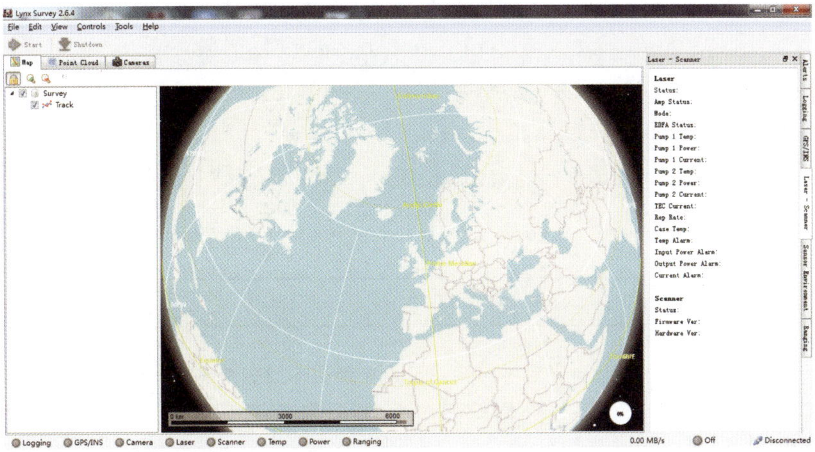

图 3.2-29　Lynx Survey 软件界面

3. 结束测量

在本次扫描任务完成后，首先在 Lynx Survey 软件中停止扫描，将机车运行到开阔的地方，设备静置 5～10 min；然后在 LV-POSView 软件中结束“Ethernet Logging”和“Removable Media Logging”；再返回 Lynx Survey 软件中，点击软件左上角的“Shut Down”。

3.3 相关理论

车载移动测量系统进行数据采集时，需要多种传感器协同工作，涉及多传感器时间同步控制、车载动态高精度定位测姿以及多传感器数据融合等多项关键技术，本节将对以上关键技术进行介绍，以便读者能够加深对车载移动测量系统的了解。

3.3.1 站点选择

对于观测者而言，随着观测地点和时间的不同，可见的卫星数将发生变化。为了保证GNSS系统能够解算地面点的坐标，确定点位的空间位置，至少需要四个同步观测值，即需要至少四颗卫星。这四颗以上卫星在空间的构成形成定位星座，它们的空间几何位置分布，是影响定位结果精度的重要因素(彭家峭，2012)。

测码伪距误差方程为

$$\boldsymbol{V}_i=\boldsymbol{A}_i\delta\boldsymbol{Z}_i+\boldsymbol{L}_i \tag{3.3-1}$$

位置误差协方差矩阵为

$$\delta\boldsymbol{Z}_i=[\delta X_i \quad \delta Y_i \quad \delta Z_i \quad \delta\rho_i] \tag{3.3-2}$$

$$\boldsymbol{V}_i=[v_i(t_1) \quad v_i(t_2) \quad \cdots \quad v_i(t_n)]^{\mathrm{T}} \tag{3.3-3}$$

$$\boldsymbol{a}_i(t)=\begin{bmatrix} l_i^1(t) & m_i^1(t) & n_i^1(t) & -1 \\ l_i^2(t) & m_i^2(t) & n_i^2(t) & -1 \\ \vdots & \vdots & \vdots & \vdots \\ l_i^n(t) & m_i^n(t) & n_i^n(t) & -1 \end{bmatrix} \tag{3.3-4}$$

$$\boldsymbol{l}_i(t)=[L_i^1(t) \quad L_i^2(t) \quad \cdots \quad L_i^n(t)]^{\mathrm{T}} \tag{3.3-5}$$

按照最小二乘法，求解得

$$\delta\boldsymbol{Z}_i=-[\boldsymbol{a}_i^{\mathrm{T}}(t)\boldsymbol{a}_i(t)]^{-1}[\boldsymbol{a}_i^{\mathrm{T}}(t)\boldsymbol{l}_i(t)] \tag{3.3-6}$$

若记

$$\boldsymbol{A}_i=\begin{bmatrix} a_i(t_1) \\ a_i(t_2) \\ \vdots \\ a_i(t_n) \end{bmatrix} \tag{3.3-7}$$

$$\boldsymbol{L}_i=\begin{bmatrix} l_i(t_1) \\ l_i(t_2) \\ \vdots \\ l_i(t_n) \end{bmatrix} \tag{3.3-8}$$

则

$$\delta\boldsymbol{Z}_i=-(\boldsymbol{A}_i^{\mathrm{T}}\boldsymbol{A}_i)^{-1}(\boldsymbol{A}_i^{\mathrm{T}}\boldsymbol{L}_i) \tag{3.3-9}$$

权系数矩阵 $\boldsymbol{Q}_Z$：

$$\boldsymbol{Q}_Z=[\boldsymbol{a}_i^{\mathrm{T}}(t)\boldsymbol{a}_i(t)]^{-1}=(\boldsymbol{A}_i^{\mathrm{T}}\boldsymbol{A}_i)^{-1} \tag{3.3-10}$$

在空间直角坐标系中，伪距绝对定位的权系数矩阵为

$$\boldsymbol{Q}_Z=\begin{bmatrix} q_{11} & q_{12} & q_{13} & q_{14} \\ q_{21} & q_{22} & q_{23} & q_{24} \\ q_{31} & q_{32} & q_{33} & q_{34} \\ q_{41} & q_{42} & q_{43} & q_{44} \end{bmatrix} \tag{3.3-11}$$

假设在大地坐标系中，相应点位坐标的权系数阵为

$$Q_B=\begin{bmatrix} q'_{11} & q'_{12} & q'_{13} \\ q'_{21} & q'_{22} & q'_{23} \\ q'_{31} & q'_{32} & q'_{33} \end{bmatrix} \tag{3.3-12}$$

存在转换参数 $\boldsymbol{R}$，使大地坐标（$\boldsymbol{B},\boldsymbol{L},\boldsymbol{H}$）转换为平面坐标（$\boldsymbol{N},\boldsymbol{E},\boldsymbol{U}$），转换参数 $\boldsymbol{R}$ 可以记作

$$\boldsymbol{R}=\begin{bmatrix} -\sin B\cos L & -\sin B\sin L & \cos B \\ -\sin L & \cos L & 0 \\ \cos B\cos L & \cos B\sin L & \sin B \end{bmatrix} \tag{3.3-13}$$

$$\boldsymbol{Q}_B=\boldsymbol{R}\boldsymbol{Q}'_Z\boldsymbol{R}^{\mathrm{T}} \tag{3.3-14}$$

$$\boldsymbol{Q}'_Z=\begin{bmatrix} q_{11} & q_{12} & q_{13} \\ q_{21} & q_{22} & q_{23} \\ q_{31} & q_{32} & q_{33} \end{bmatrix} \tag{3.3-15}$$

由权系数矩阵 $\boldsymbol{Q}'_Z$ 主对角线的相应元素 q_{ii} 定义精度因子 DOP，σ_0 为伪距测量中误差，则解的精度可表示为

$$m_Z=\mathrm{DOP}\cdot\sigma_0 \tag{3.3-16}$$

代入 DOP 值即得

$$m_Z=\sigma_0\sqrt{q_{ii}} \tag{3.3-17}$$

由式(3.3-17)可见，影响 GNSS 用户位置解算误差的因素，除了 GNSS 信号的测距误差，还有定位卫星的几何结构，即几何精度因子(geometric dilution of precision，GDOP)。如果卫星空间几何分布状态已经确定，则点位坐标权系数矩阵中的各元素分别代表不同参数的定位精度和其相关性信息。所以，利用这些元素的变化组合，可以对卫星导航定位的几何精度衰减因子或者几何精度增强因子从卫星星座空间几何构型方面进行分析，研究空间分布对定位精度的影响。这些影响主要可以从平面位置精度因子(HDOP)、高程精度因子(VDOP)、三维空间位置精度因子(PDOP)、接收机钟差精度因子(TDOP)、综合三维空间位置精度因子和接收机钟差精度因子的几何精度因子(GDOP)等几方面讨论。

$$\mathrm{HDOP}=\sqrt{q'_{11}+q'_{22}} \tag{3.3-18}$$

$$\mathrm{VDOP}=\sqrt{q'_{33}} \tag{3.3-19}$$

$$\mathrm{PDOP}=\sqrt{q_{11}+q_{22}+q_{33}} \tag{3.3-20}$$

$$\mathrm{TDOP}=\sqrt{q_{44}} \tag{3.3-21}$$

$$\mathrm{GDOP}=\sqrt{q_{11}+q_{22}+q_{33}+q_{44}}=\sqrt{\mathrm{PDOP}^2+\mathrm{TDOP}^2} \tag{3.3-22}$$

位置误差用公式表示为

$$\Delta X=\sigma\cdot\mathrm{GDOP} \tag{3.3-23}$$

式中，ΔX 为位置误差；σ 为用户距离误差。

大量统计表明，卫星高度角越大，则 GDOP 值越小，卫星分布越均匀，定位精度越高。由于测站和四颗观测卫星形成的六面体体积越大，所测卫星在空间的分布范围也越大，GDOP 值越小，表明精度越高。此外，可见星的数量与 GDOP 的大小存在关系式：

$$\mathrm{GDOP} \geqslant \sqrt{\frac{10}{k}} \tag{3.3-24}$$

式中，k 为卫星数量。即可见卫星越多，GDOP 值越小，定位精度越高。

GDOP 与测站和卫星的空间几何构图有关系，还与参与计算的卫星数目有关。较高的截止角可能造成卫星测站构成的几何图形强度欠佳，使观测卫星数目减少；而较低的截止角可能增强卫星几何图形强度，使观测卫星数目增多，增加多余观测量。

因而，在测距精度已经确定的情况下，为了有效提高观测精度，需选择合适的截止高度角，控制卫星几何图形和几何精度因子。

研究表明，卫星截止高度角越小，对高程方面的定位精度影响越大，主要影响是对流层延迟（徐晶晶，2020）。不同卫星截止高度角和基线垂直方向精度的影响系数见表 3.3-1。

表 3.3-1　不同卫星截止高度角和基线垂直方向精度的影响系数的关系

截止高度角	30°	25°	20°	15°	10°	8°	5°	3°	1°	0.1°
影响系数	2	2.37	2.93	3.87	5.76	7.19	11.48	19.12	57.33	573.25

从表 3.3-1 可以看出，当卫星截止高度角小于 15°时，基线垂直方向精度的影响系数明显增大，垂直方向定位精度随之大大降低。

基于以上分析，选择作为基准站的点位应便于安置 GNSS 接收机，周围视野开阔，地面高度角 15°内不应有成片的障碍物，便于 GNSS 卫星信号的接收。点位应选择在交通方便，且利于安全作业的地方。为了最大限度地降低多路径效应的影响，点位附近不应有大面积水域或其他强烈干扰卫星信号接收的物体（如金属广告牌等），点位须远离大功率无线电发射源（如电视台、电台、微波站等），远离高压输电线，其距离均不得小于 200 m。

3.3.2 观测仪器

在进行 GNSS 卫星信号处理时，电离层改正公式（徐绍铨，2008）为

$$d_{\mathrm{ion}} = -C\frac{40.28}{f^2}\int_{S'} N_{\mathrm{e}}\,\mathrm{d}s \tag{3.3-25}$$

式中，d_{ion}为电离层改正值；C 为真空中的光速；f 为卫星信号的频率；N_{e} 为电子密度，电子数/m³；$\int_{S'} N_{\mathrm{e}}\,\mathrm{d}s$ 为沿着信号传播路径 S' 对电子密度 N_{e} 进行积分，即电子总量。

对于 GNSS 信号，卫星信号传播距离改正在天顶方向最大可达 50 m，在接近地平方向（卫星截止高度角为 20°）可达 150 m，因此必须细致加以改正，否则会严重影响观测值的精度。

由式（3.3-25）可知，电磁波通过电离层所产生的折射改正数与电磁波频率 f 的平方成反比。如果分别用两个频率 f_1 和 f_2 来发射卫星信号，这两个不同频率的信号将沿着同一

路径到达接收机。$\int_{S'} N_e \mathrm{d}s$ 的值虽然无法准确知道，但对于这两个不同频率都是相同的。若令 $-C \cdot 40.28\int_{S'} N_e \mathrm{d}s = A$，则 $d_{ion}=\dfrac{A}{f^2}$。

GPS 卫星采用两个载波频率，其中 $f_1=1\,575.42\,\mathrm{MHz}$，$f_2=1\,227.60\,\mathrm{MHz}$，将调制在这两个载波上的 P 码分别称为 P_1 和 P_2，于是由式(3.3-25)得

$$\begin{cases} S=\rho_1+A/f_1^2 \\ S=\rho_2+A/f_2^2 \end{cases} \tag{3.3-26}$$

式中，ρ_1、ρ_2 分别为 P_1、P_2 码测得的伪距。

将两式相减有

$$\Delta\rho=\rho_1-\rho_2=\frac{A}{f_2^2}-\frac{A}{f_1^2}=\frac{A}{f_1^2}\left(\frac{f_1^2-f_2^2}{f_2^2}\right)=d_{ion1}\cdot\left[\left(\frac{f_1}{f_2}\right)^2-1\right]=0.646\,9d_{ion1} \tag{3.3-27}$$

所以有

$$\begin{cases} d_{ion1}=1.545\,73(\rho_1-\rho_2) \\ d_{ion2}=2.545\,73(\rho_1-\rho_2) \end{cases} \tag{3.3-28}$$

由于用调制在两个载波上的 P 码测距时，除电离层折射的影响不同外，其余影响都是相同的，所以 $\Delta\rho$ 实际上就是 P_1 和 P_2 码测得的伪距之差，即 $\Delta\rho=(\tilde{\rho}_1-\tilde{\rho}_2)$。因此，若用户采用双频接收机进行伪距测量，利用电离层折射和信号频率有关的特性，由两个伪距观测值就能求得电离层折射改正量。

$$\begin{cases} S=\rho_1+d_{ion1}=\rho_1+1.545\,73\Delta\rho=\rho_1+1.545\,73(\tilde{\rho}_1-\tilde{\rho}_2) \\ S=\rho_2+d_{ion2}=\rho_2+2.545\,73\Delta\rho=\rho_2+2.545\,73(\tilde{\rho}_1-\tilde{\rho}_2) \end{cases} \tag{3.3-29}$$

双频载波相位测量观测值 φ_1 和 φ_2 的电离层折射改正与上述分析方法相似，但和伪距测量的改正有两点不同：一是电离层折射改正的符号相反；二是要引入整周未知数 N_0。

基于以上分析，地面基站选用的 GNSS 接收机应与车载 GNSS 接收机性能相匹配，宜为双频接收机，具有良好的抗干扰能力。

正如第 3.3.1 节分析的，卫星数量能够影响 GDOP 值的大小，进而影响点位的定位精度，所以宜选用除 GPS 卫星外多星座的接收机，增加接收机可观测的卫星数量，提高接收机的定位精度，并且应使用标称精度不低于 $5\,\mathrm{mm}+1\times10^{-6}d$（$d$ 为基线长度）的 GNSS 接收机进行测量。

3.3.3 基站布设

根据 GNSS-PPK 定位原理，在基准站和流动站（车载 GNSS 接收机）距离较近时，可以忽略基准站和流动站在对流层、电离层及卫星星历误差方面的影响；但基准站与流动站距离较远时，以上三种误差源会对定位精度产生较大影响。

有学者对采用 PPK 定位时，基准站与流动站的距离对定位精度产生的影响做了详细研

究，统计结果见表 3.3-2。

表 3.3-2　PPK 测量精度统计结果

流动站序号	流动站与基准站距离/km	观测次数	中误差最大值/mm			中误差平均值/mm		
			北方向	东方向	高程方向	北方向	东方向	高程方向
1	0.5	30	9.7	10.8	17.4	8.9	10.5	15.5
2	2.2	30	12.4	17.9	22.2	9.2	12.1	18.1
3	5.1	30	16.2	11.2	20.1	12.2	8.5	15.6
4	9.8	30	9.0	17.1	21.4	8.3	13.4	19.4
5	12.1	30	9.8	12.1	23.1	8.9	11.8	21.6
6	17.2	30	29.1	20.6	35.2	19.2	13.9	26.6
7	25.1	30	44.2	36.1	77.0	29.3	31.8	66.3
8	29.4	30	31.3	30.8	76.8	30.9	29.9	69.4
9	39.6	16	55.2	37.7	67.8	45.5	31.7	58.1
10	52.4	12	53.1	42.9	71.4	51.2	36.3	64.3

从表 3.3-2 各测站的精度统计数据来看，在流动站获得固定解的情况下，平面坐标和高程的测量精度都能达到厘米级，但高程精度明显低于平面坐标的精度，这与 GNSS 系统的标称精度是一致的(宋黎民等，2019)。流动站距离基准站越远，测量结果的精度越低。

PPK 定位精度与流动站和基准站距离相关性如图 3.3-1 所示。

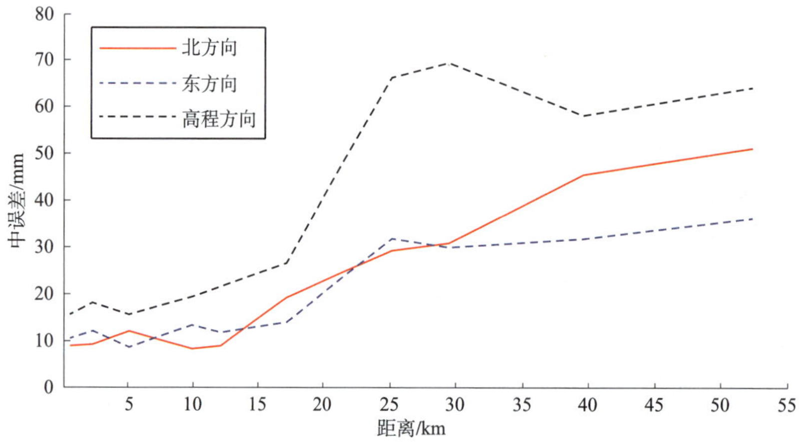

图 3.3-1　PPK 定位精度与流动站和基准站距离相关性

从图 3.3-1 可以看出，流动站和基准站相距 15 km 以内时，点位平面坐标精度优于 15 mm，高程精度优于 25 mm，其表明，流动站和基准站的电离层、对流层效应以及卫星的星历误差引起的伪距误差具有较强的相关性，流动站和基准站的距离不是影响点位精度的主要因素。当流动站和基准站的距离大于 15 km 时，点位平面和高程精度明显降低，其表明，流动站和基准站在电离层和对流层效应上具有明显的差别，卫星的星历误差引起的伪距误差的相关性也同时减小，电离层、对流层效应以及卫星的星历误差引起的伪距误差成为影响定位精度的主要因素，各流动站定位精度随距离增加明显降低。

基于以上分析，基准站与流动站的距离应小于15 km，才能保证流动站的定位精度。在利用车载移动测量系统进行长距离作业时，为了提高流动站定位精度，以及防止中间任意一台基准站出现电量不足、卫星信号不强导致数据不能利用的情况发生，在进行基准站布设时，各基准站的间距宜小于10 km，并且基准站应布设于稳定的精测网控制点上，为流动站坐标解算提供精确的基准坐标。

第4章 数据解算

车载移动测量系统采集到的数据，主要分为两个部分：一部分为POS数据，分别包括惯性测量单元数据、里程编码计数据、GNSS接收机导航数据，用于精确定位车辆在行驶过程中的位置；另一部分为传感器采集的数据，包括激光扫描仪和高清数码相机在车辆行驶过程中采集的点云信息和影像信息。配合车载移动测量的辅助数据包括基准站GNSS接收机数据、线路周边已知控制点数据。

激光扫描仪采集到的数据为目标物体与传感器之间相对位置下的二维形状数据，GNSS接收机所采集的数据为三维世界坐标下接收机空间位置的三维坐标，而IMU传感器所采集的数据为车载移动平台在某一时刻的姿态信息。这些都不是目标地物的三维信息，但是通过分析这些采集的数据，可以发现其之间存在关联，即都与车载移动平台有关。如果再配合设备空间检校信息和时间匹配信息，就可以得到目标物体的三维空间信息。另外，在采集过程中，为了保证采集数据的完整性，所有数据基本上都是原始的测量数据，客观上需要先进行转换，然后将它们按照几何关系进行处理。

4.1 常用坐标系及转换

物体的位置、方位、运动等参数对于物体本身而言并无意义，需要相对某种形式的参考系来描述。参考系由一个原点和一组轴系来定义。常见的原点定义包括地球的中心、太阳系中心或者当地的地标点。常用的轴系定义包括北向、东向和垂向，地球的旋转轴和赤道平面内的向量，当地路网网格等。参考系的原点和轴系一起构成了坐标系。对于三维坐标系一般有两种定义习惯，即左手坐标系和右手坐标系，如图4.1-1所示。

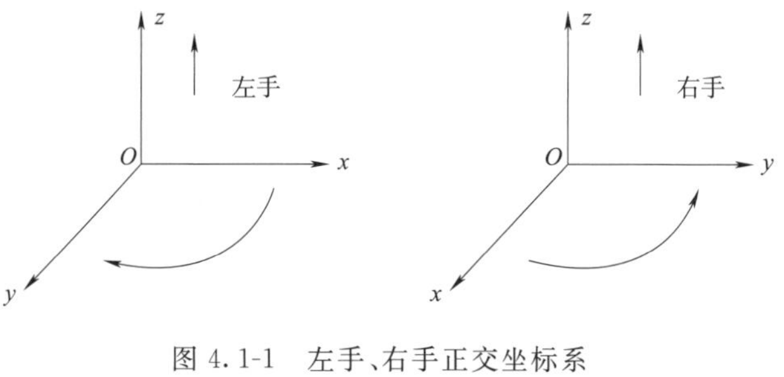

图4.1-1　左手、右手正交坐标系

组合导航解算时，首先需要定义坐标系，只有这样才能准确地描述载体的运动状态。此外，IMU的导航形式根据选择的坐标系也会有所不同。IMU常用的坐标系主要有惯性坐标系、地球坐标系、导航坐标系和载体坐标系，如图4.1-2所示。

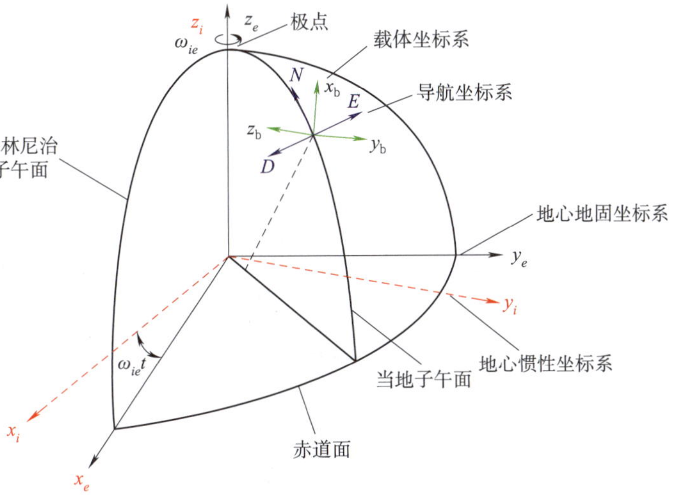

图 4.1-2　各坐标系间的相互关系

4.1.1　坐标系定义

1. 惯性坐标系（i 系）

惯性坐标系是地心坐标系，原点在地球的质心，其 z 轴平行于地球的自转轴或恒星方向，x 轴沿赤道平面指向春分点，y 轴与其他两个轴构成右手坐标系。它相对于恒星是不旋转的，这意味着坐标系没有加速度。惯性传感器的测量是以它作为参考基准的，由于它的参数表达不够直观，故很少在实际中使用。

2. 地球坐标系（e 系）

地球坐标系也称地心地固坐标系，以地球为中心，其 z 轴的定义与惯性坐标系一样，x 轴指向格林尼治子午线和赤道的交点，y 轴与其他两个轴构成右手坐标系。地球绕 z 轴的自转角速度近似为

$$\omega_{ie}=2\pi\frac{1+365.25}{365.25\times24\times60\times60}\ \text{rad/s}\approx7.292\times10^{-5}\ \text{rad/s} \tag{4.1-1}$$

3. 导航坐标系（n 系）

导航坐标系也称当地水平坐标系，在导航计算中通常使用它来描述载体的运动。按照坐标轴的指向可以分为东—北—天和北—东—地两种坐标系。东—北—天坐标系 x 轴指东，y 轴指北，z 轴指天。北—东—地坐标系 x 轴指北，y 轴指东，z 轴指地。

4. 载体坐标系（b 系）

载体坐标系是一种正交的坐标系，它的轴与 IMU 的轴重合。载体坐标系可以有不同定义，常用的有前右下坐标系和右前上坐标系两种。前右下坐标系对应北—东—地导航坐标系，原点位于运动载体的质心，x 轴指向载体运动的正前方，y 轴指向载体运动的右方，z 轴指向载体运动的下方。右前上坐标系对应东—北—天导航坐标系，原点位于运动载体的

质心，x 轴指向载体运动的右方，y 轴指向载体运动的正前方，z 轴指向载体运动的上方。对于角运动来说，载体坐标系的轴也被称为翻滚、俯仰和航偏轴（图 4.1-3）。其中，横滚角以载体右翻滚为正，俯仰角以载体上抬为正，航偏角以载体右偏航为正。

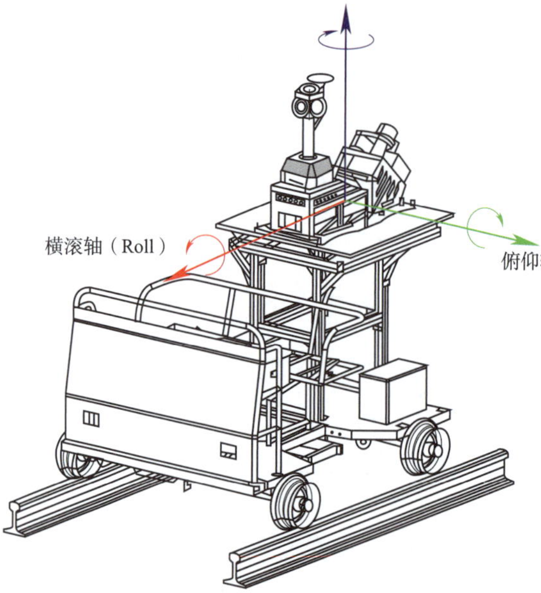

图 4.1-3　东—北—天坐标系俯仰角(Pitch)、航偏角(Yaw)和横滚角(Roll)示意图

4.1.2　坐标系转换

1. *i* 系和 *e* 系的转换

由惯性坐标系和地球坐标系的定义可知，它们的原点和 z 轴一致，因此其转化关系相对简单，只需绕 z 轴旋转一定角度即可。假设初始时刻为 t_0，当前时刻为 t，则其旋转矩阵可以表示为

$$\boldsymbol{C}_i^e = \begin{bmatrix} \cos\omega_{ie}\Delta t & \sin\omega_{ie}\Delta t & 0 \\ -\sin\omega_{ie}\Delta t & \cos\omega_{ie}\Delta t & 0 \\ 0 & 0 & 1 \end{bmatrix} \tag{4.1-2}$$

$$\boldsymbol{C}_e^i = \begin{bmatrix} \cos\omega_{ie}\Delta t & -\sin\omega_{ie}\Delta t & 0 \\ \sin\omega_{ie}\Delta t & \cos\omega_{ie}\Delta t & 0 \\ 0 & 0 & 1 \end{bmatrix} \tag{4.1-3}$$

式中，ω_{ie} 为地球自转角速度；$\Delta t = t - t_0$。

2. *e* 系和 *n* 系的转换

地球坐标系与导航坐标系的相对姿态是由其载体坐标系的大地纬度和经度确定的。GNSS 测量通常在地球坐标系中进行，通过两次旋转，导航坐标系中的测量值可以转换为地球坐标系中的测量值。第一次绕 z 轴旋转，将 y 轴与导航坐标系的东向对齐；第二次绕 y 轴旋转，将 z 轴与新的下向对齐。因此旋转矩阵可以表示为

$$\boldsymbol{C}_e^n=\begin{bmatrix}-\cos\lambda\sin\varphi & -\sin\lambda\sin\varphi & \cos\varphi\\ -\sin\lambda & \cos\lambda & 0\\ -\cos\lambda\cos\varphi & -\sin\lambda\cos\varphi & -\sin\varphi\end{bmatrix}\tag{4.1-4}$$

$$\boldsymbol{C}_n^e=\begin{bmatrix}-\cos\lambda\sin\varphi & -\sin\lambda & -\cos\lambda\cos\varphi\\ -\sin\lambda\sin\varphi & \cos\lambda & -\sin\lambda\cos\varphi\\ \cos\varphi & 0 & -\sin\varphi\end{bmatrix}\tag{4.1-5}$$

式中，λ 为经度；φ 为纬度。旋转矩阵是正交的，因此地球坐标系的测量值和导航坐标系的测量值具有转置关系。

3. n 系和 b 系的转换

在惯性导航中，导航坐标系和载体坐标系的转换是非常重要的。其中，旋转的顺序很重要，因为不同的顺序会导致不同的旋转。通过分别绕 x 轴、y 轴和 z 轴依次旋转得到的矩阵称为方向余弦矩阵(direction cosine matrix，DCM)。DCM 可以表示为

$$\boldsymbol{C}_n^b=\boldsymbol{C}_3\boldsymbol{C}_2\boldsymbol{C}_1=\begin{bmatrix}\cos\psi & \sin\psi & 0\\ -\sin\psi & \cos\psi & 0\\ 0 & 0 & 1\end{bmatrix}\begin{bmatrix}\cos\theta & 0 & -\sin\theta\\ 0 & 1 & 0\\ \sin\theta & 0 & \cos\theta\end{bmatrix}\begin{bmatrix}1 & 0 & 0\\ 0 & \cos\phi & \sin\phi\\ 0 & -\sin\phi & \cos\phi\end{bmatrix}\tag{4.1-6}$$

式中，ϕ 为横滚角；θ 为俯仰角；ψ 为航偏角。

因为 DCM 是正交的，从载体坐标系到导航坐标系的旋转很容易从它的转置计算出来。

$$\boldsymbol{C}_b^n=(\boldsymbol{C}_n^b)^{-1}=(\boldsymbol{C}_n^b)^{\mathrm{T}}=\boldsymbol{C}_1^{\mathrm{T}}\boldsymbol{C}_2^{\mathrm{T}}\boldsymbol{C}_3^{\mathrm{T}}\tag{4.1-7}$$

4.2　基准站数据解算

4.2.1　动态差分

1. 差分定位技术

差分 GPS 技术是为提高定位精度发展而来，称为 DGPS(differential global positioning system)，也称为相对定位。自 20 世纪 80 年代出现以来，随着通信技术和信号处理技术的发展，差分 GPS 技术不断得到深入研究和拓展应用，RTK(real time kinematic)就是其中比较有代表性的技术之一。其基本原理是根据卫星误差和大气误差具有空间和时间相关性的特点，在相同时刻和地域内的接收机对卫星有相近的误差，因而可利用基准站接收机对卫星的测量误差(又称“差分校正量”)来修正流动站对卫星的观测值，从而提高定位精度，如图 4.2-1 所示。

GPS 测量结果中不可避免地存在各种误差，主要包括与 GPS 卫星有关的误差(卫星星历误差、卫星钟差)、与信号传播有关的误差(电离层误差、对流层误差、多路径误差)和与接

收设备有关的误差(接收机钟差、观测误差、天线相位中心位置误差)三类。这些误差对观测值的影响具有一定的相关性,因此利用观测值的不同线性组合进行差分定位,可有效消除或削弱上述误差的影响,提高 GPS 定位精度,同时消除了多余参数也可方便 GPS 数据平差工作。

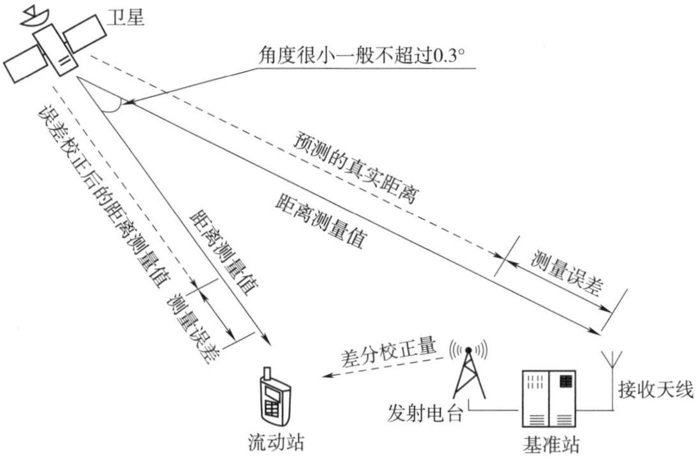

图 4.2-1　差分定位原理

根据 GPS 基准站发送的信息内容可将差分 GPS 定位分为位置差分、伪距差分和载波相位差分三类。上述三类方法工作原理基本相同,即都是由基准站发送改正数,由流动站接收并对自身观测结果进行改正,但其传输的信息内容和定位精度存在差异。

位置差分中,基准站观测到四颗以上卫星后便可进行三维定位,解算出自身坐标。受多种因素的综合影响,解算坐标和自身已知坐标会存在误差。基准站通过数据链向流动站将坐标改正数发送出去,流动站接收后对自身坐标进行改正即可消除与基准站之间的公共误差,从而提高定位精度。此种方式的前提是基准站和流动站观测同一组卫星,因此在基准站和流动站距离 100 km 范围内适用。

伪距差分中,基准站发送的数据是伪距的改正值,流动站接收后修正自身的伪距观测值,进而解算出自身坐标。与位置差分不同的是,流动站只需选取四颗以上卫星伪距的改正值即可实现差分定位,不必同基准站必须保持观测同一组 GPS 卫星。由于伪距差分中的改正量没有经过坐标转换,精度相比于位置差分方式要高,但基准站和流动站之间的距离对定位精度也存在决定性影响。

载波相位差分中,基准站通过数据链将载波相位测量值实时发送给流动站,流动站将自身载波相位观测值和基准站载波相位观测值经过差分运算组成差分测量值,求解初始整周模糊度和基线向量,完成高精度定位。在 GPS 定位技术中,伪距码测量和载波相位测量是最基本的两种测量方式。利用粗测距码(C/A 码)得到伪距的方法应用较早,但定位精度差(约为 3 m);精测距码(P 码)定位精度虽然较高,但只有美国政府批准的军方和选定的政府部门才能使用。与伪距测量相比,载波相位测量是测量载波相位的变化达到测距的目的,定位精度在理论上可达到厘米级甚至毫米级,而且不受精码(P 码或 Y 码)保密的限制。因此,载波相位差分技术已成为当今 GPS 高精度定位的主要方法。

2. 载波相位观测值的线性组合

载波相位差分定位技术通过对来自基准站接收机和流动站接收机的载波相位观测值

进行线性组合来消除测量值中的公共误差，获得流动站相对基准站之间的坐标偏移量，常用的模型有单差、双差和三差三种。单差模型只涉及两个接收机在单个时刻对同一颗卫星的测量值，是接收机对同一颗卫星测量值的一次差分，可以消除卫星钟相对于 GPS 接收机的钟差，同时也可减弱卫星星历误差、大气折射误差等影响，但不能消除接收机钟差。双差模型在单差基础上继续在接收机和卫星间求二次差，在本质上与单差方程进行差分定位一致，但是双差方程中未知参数较少，解算过程相对简单，采用一般的计算机即可胜任数据处理工作，同时除可有效消减电离层误差和对流层误差外，更能有效消除接收机钟差，所以也是载波相位差分定位中采用最多的。三差模型能消除载波相位测量值中的所有误差和整周模糊度，但是由于差分噪声增强，相互独立的差分测量值数目减少以及差分观测方程中的精度因子值变差，故定位精度未必有双差模型表现优秀，通常被用于解决整周跳变的探测与修复、整周模糊度的确定等问题。单差、双差和三差示意如图 4.2-2～图 4.2-4 所示。

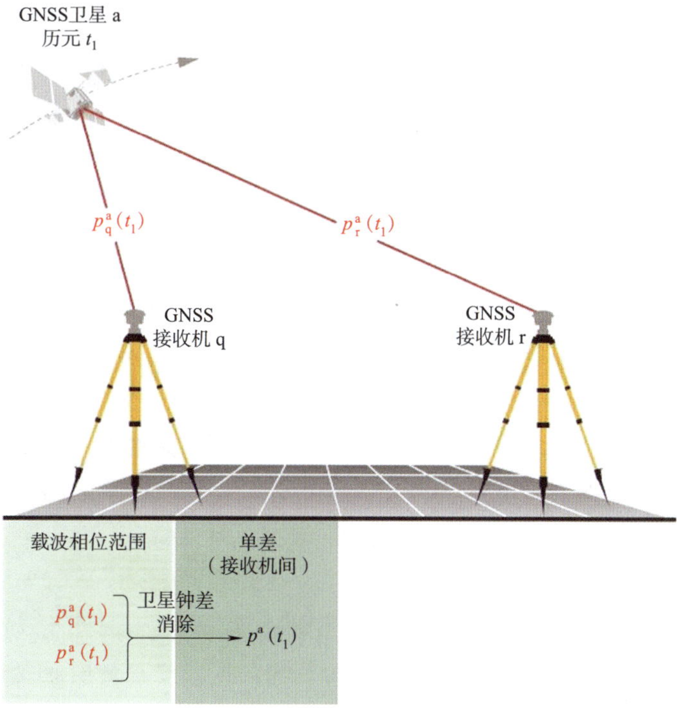

图 4.2-2　单差示意图

3. 载波相位差分定位技术

车载移动测量系统中使用载波相位差分技术进行高精度定位，其位置参数是由一个或多个基准站 GPS 接收机与车载 GPS 接收机连续同步观测并根据动态相对定位原理获取的。

根据相对定位过程中接收机的运动状况不同，可以将 GPS 载波相位定位分为静态定位和动态定位。GPS 静态定位是用于测量相对于地固坐标系静止不动的用户接收机位置。由于用户接收机天线静止不动，其位置可以通过多个历元、多个时段的观测数据来求解，一

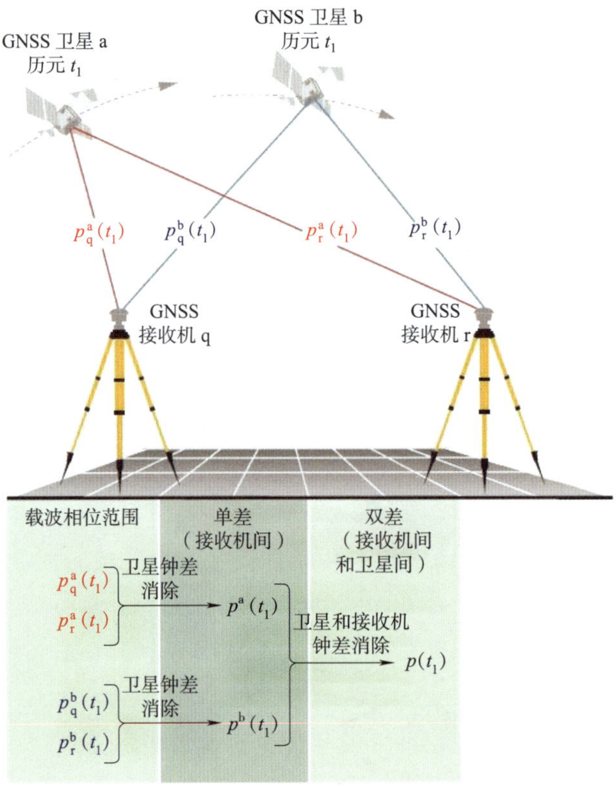

图 4.2-3　双差示意图

般而言静态定位精度比动态定位精度高（毫米级），但前提是需要较长的观测时间，从而极大地限制了其应用。GPS 动态定位，即将一台或多台接收机安置在固定观测站上，另一台或多台接收机安置在运动的载体上，在运动中与固定观测站接收机进行同步观测来确定运动载体相对固定观测站的瞬时位置。GPS 动态定位虽然在测量精度上略逊于静态定位，但因其具有用户多样性、速度多异性、定位实时性、数据短时性、精度要求多变性等特点，在用户数量和应用范围等方面都具有领先地位。

根据定位时效或数据处理方式的不同，GPS 动态差分定位技术可分为实时处理和事后处理。前者由基准站通过无线电将载波相位的观测数据或修正量实时发送给流动站对其接收机相位进行改正后定位，RTK 技术即采用此种方法。后者无需建立实时 DGPS 数据传输链，由用户在整个观测过程完成后，将基准站接收机和流动站接收机观测数据进行后处理解算获得改正值，进而获得流动站接收机的三维空间坐标，车载移动测量系统采用此种方法进行定位。

4.2.2　格式转换

接收机在野外进行观测后，通常将所采集的数据记录在接收机的内部存储器或者可移动的存储介质中。在完成观测后，需要将数据传输到计算机中进行处理分析。这一过

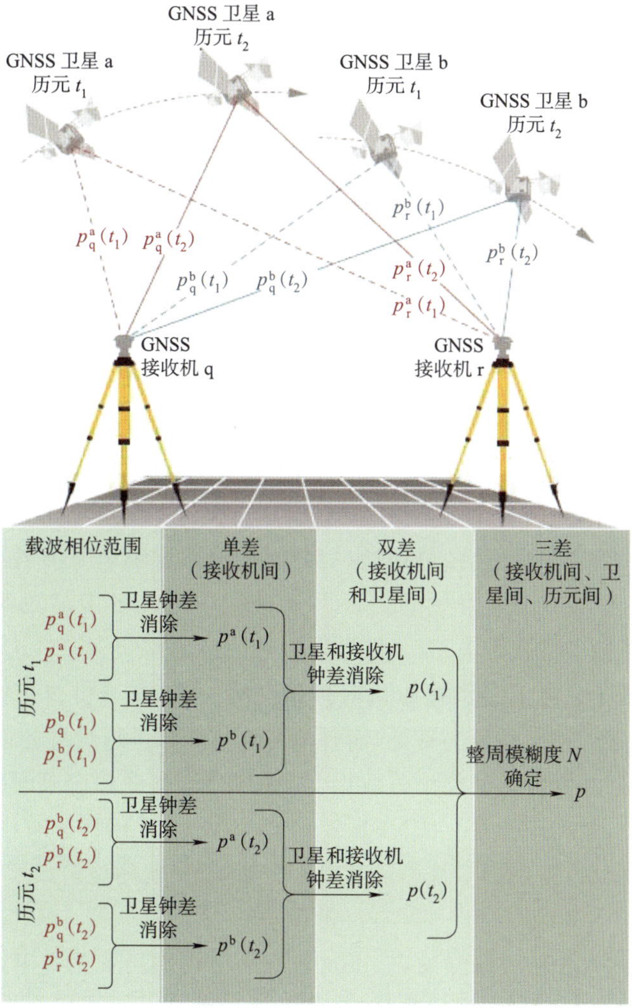

图 4.2-4　三差示意图

程通常利用接收机厂商所定义的专有格式以二进制文件的形式进行存储。一般来说，不同接收机厂商所定义的专有格式各不相同，甚至同一厂商不同型号仪器的专有格式也有差别。专有格式存储效率高，信息丰富齐全，在同一项目中如果采用了不同接收机，由于数据处理分析软件可识别格式有限，会导致接收机数据处理非常繁重且复杂。为简化 GNSS 数据处理过程，使处理软件通用化，GNSS 原始观测数据首先需转换为 RINEX 标准数据格式。

RINEX(receiver independent exchange format，接收机通用数据交换格式)是一种在 GNSS 测量应用中普遍采用的标准数据格式。该格式采用文本文件存储数据，数据记录格式与接收机的制造厂商和具体型号无关。RINEX 格式由瑞士伯尔尼大学天文学院(Astronomical Institute，University of Bern)的 Werner Gurtner 于 1989 年提出，经历数次修订更新，已经开发出 RINEX 1. x、RINEX 2. x 和 RINEX 3. x 三种主要格式的版本，其中 3. x 版本目前使用最为广泛。现在，几乎所有的 GNSS 数据分析处理软件都能够直接读取 RINEX 格式数据，在这种情况下，一种软件能够处理不同类型接收机所采集的观测数据。车载移动测量系统数据采集完成后，需要将从基准站接收机中拷贝的二进制格式观测数据转换为通用的 RINEX 格式数据，再采用相关软件进行后续数据处理。

基站数据的预处理作为车载移动测量系统数据处理流程的第一步，该过程中 RINEX 格式数据转换的正确性直接关系着后续处理流程结果的正确与否，因此需要数据处理人员对 RINEX 格式数据有基本的了解，在进行下一步处理前对其进行初步的人工质检。RINEX 格式数据在其历史中使用较为广泛的是 RINEX 2. x 和 RINEX 3. x 两个主版本，每个版本在其应用过程中又历经数次修订衍生出多个小版本。以下仅就 RINEX 2. x 和 RINEX 3. x 两个主版本的主要内容分别展开介绍。

1. RINEX 2. x

RINEX 2. x 版本定义了 6 种类型的数据文件，它保证不同计算机系统间可以很容易地进行数据交换。这 6 种类型的文件分别是观测数据文件、导航电文文件（存放 GPS 卫星数据）、气象数据文件、GLONASS 导航电文文件（存放 GLONASS 卫星数据）、GEO 导航电文文件[存放在增强系统中搭载有类 GPS 信号发生器的地球同步卫星（GEO）的数据]以及卫星和接收机文件（用于存放卫星和接收机时钟信息）。通常在项目应用中，观测数据文件、导航电文文件和气象数据文件最为常见，而且前两类数据在进行数据处理时是必需的。

为方便用户仅通过文件名就能区分数据文件的归属、类型和记录时间，RINEX 格式对于数据文件的命名有其特殊要求。RINEX 2. x 文件的命名采用“8+3”格式，即采用 8 字符主文件名表示文件归属，采用 3 字符扩展名表示文件类型，具体规定如下：

ssssdddf. yyt

其中，ssss 为以 4 个字符表示的测站名；ddd 为第一个观测历元的年积日（如 1 月 1 日为 001）；f 为一天内文件的序号数，取值为 0～9，若 f 为 0 则表示当天所有的观测数据文件，需要注意的是，文件序号是以当天内整个项目的同步观测时段计数，而不是以某台接收机的观测时段数单独计数；yy 为以 2 个字符表示的年份，80～99 表示 1980～1999 年，00～79 表示 2000～2079 年；t 为文件类型（O—观测数据文件，N—导航数据文件，M—地面气象数据文件，G—GLONASS 导航数据文件，H—GEO 导航电文文件，C—钟文件）。

RINEX 文件采用 ASCII 码文本形式进行存储，可以使用任何标准文本编辑器查阅和编辑，其格式按照节、记录（行）、字段和列的方式进行逐级组织，每个文件都由一个文件头（HEADER SECTION）和一个数据记录（DATA SECTION）两部分组成。

在数据格式方面，文件头位于文件首部，包含整个文件的全局信息，其中第 61～80 列为字段标识符，说明记录内容，通常用简明的英文全称或缩略语表示，若有多项记录内容，则以“/”分隔。文件头以“END OF HEADER”标签行表示结束。数据记录则根据文件头信息的不同对应不同的数据格式。整个文件中每个记录占一行，列宽不超过 80 字符。当一个记录超过 80 字符时，可以续行，但各字段在行中所处的位置及宽度有严格格式要求，不能错位。

在数据内容方面，观测值文件的文件头存放有文件的创建日期、单位名称、测站名称、天线信息、测站近似坐标、观测值数量及类型、观测历元间隔等信息。导航电文的文件头存放有文件创建日期、单位名称及其他一些相关信息，气象数据文件的文件头则存放有文件创建日期、观测值类型、传感器信息和气象传感器的近似位置以及其他一些相关信息。数据记录部分紧跟在文件头后面，随文件类型的不同，存放的数据内容和格式也不尽相同。观测值文件中存放的是观测过程中每一观测历元所观测到的卫星及载波相位、伪距和多普勒等类型的观测数据，其观测值类型与接收机采集的数据类型和格式转换时设置的参数有关。导航电文文件中存放的是观测卫星的钟差改正模型参数和卫星轨道数据等。由于广播星历每 2 h 更新一次，因此，在导航电文文件中可能会出现某颗卫星具有多个不同参考时刻钟差模型改正参数和轨道数据的情况。气象数据文件中存放的是观测过程中每隔一段时间在测站天线附近所测定的温度、相对湿度和气压等数据。

图 4.2-5～图 4.2-7 分别给出了 RINEX 2.x 版本格式的观测值文件、GPS 导航电文文件和气象数据文件的结构说明。

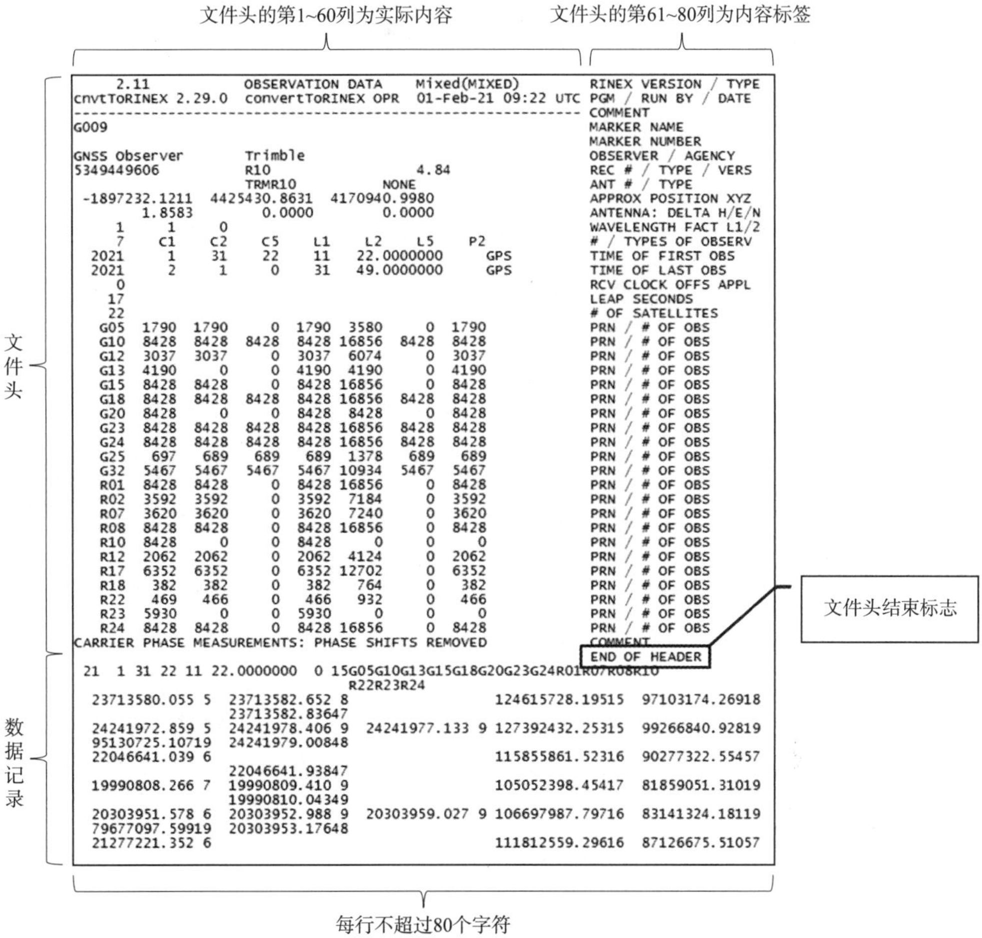


```
     2.11           OBSERVATION DATA    Mixed(MIXED)        RINEX VERSION / TYPE
cnvtTORINEX 2.29.0  convertTORINEX OPR  01-Feb-21 09:22 UTC PGM / RUN BY / DATE
------------------------------------------------------------ COMMENT
G009                                                        MARKER NAME
                                                            MARKER NUMBER
GNSS Observer       Trimble                                 OBSERVER / AGENCY
5349449606          R10                 4.84                REC # / TYPE / VERS
                    TRMR10              NONE                ANT # / TYPE
  -1897232.1211  4425430.8631  4170940.9980                 APPROX POSITION XYZ
        1.8583        0.0000        0.0000                  ANTENNA: DELTA H/E/N
     1     1     0                                          WAVELENGTH FACT L1/2
     7    C1    C2    C5    L1    L2    L5    P2            # / TYPES OF OBSERV
  2021     1    31    22    11   22.0000000     GPS         TIME OF FIRST OBS
  2021     2     1     0    31   49.0000000     GPS         TIME OF LAST OBS
     0                                                      RCV CLOCK OFFS APPL
    17                                                      LEAP SECONDS
    22                                                      # OF SATELLITES
   G05  1790  1790     0  1790  3580     0  1790            PRN / # OF OBS
   G10  8428  8428  8428  8428 16856  8428  8428            PRN / # OF OBS
   G12  3037  3037     0  3037  6074     0  3037            PRN / # OF OBS
   G13  4190     0     0  4190  4190     0  4190            PRN / # OF OBS
   G15  8428  8428     0  8428 16856     0  8428            PRN / # OF OBS
   G18  8428  8428  8428  8428 16856  8428  8428            PRN / # OF OBS
   G20  8428     0     0  8428  8428     0  8428            PRN / # OF OBS
   G23  8428  8428  8428  8428 16856  8428  8428            PRN / # OF OBS
   G24  8428  8428  8428  8428 16856  8428  8428            PRN / # OF OBS
   G25   697   689   689   689  1378   689   689            PRN / # OF OBS
   G32  5467  5467  5467  5467 10934  5467  5467            PRN / # OF OBS
   R01  8428  8428     0  8428 16856     0  8428            PRN / # OF OBS
   R02  3592  3592     0  3592  7184     0  3592            PRN / # OF OBS
   R07  3620  3620     0  3620  7240     0  3620            PRN / # OF OBS
   R08  8428  8428     0  8428 16856     0  8428            PRN / # OF OBS
   R10  8428     0     0  8428     0     0     0            PRN / # OF OBS
   R12  2062  2062     0  2062  4124     0  2062            PRN / # OF OBS
   R17  6352  6352     0  6352 12702     0  6352            PRN / # OF OBS
   R18   382   382     0   382   764     0   382            PRN / # OF OBS
   R22   469   466     0   466   932     0   466            PRN / # OF OBS
   R23  5930     0     0  5930     0     0     0            PRN / # OF OBS
   R24  8428  8428     0  8428 16856     0  8428            PRN / # OF OBS
CARRIER PHASE MEASUREMENTS: PHASE SHIFTS REMOVED            COMMENT
                                                            END OF HEADER
 21  1 31 22 11 22.0000000  0 15G05G10G13G15G18G20G23G24R01R07R08R10
                                R22R23R24
  23713580.055 5  23713582.652 8                 124615728.19515  97103174.26918
                  23713582.83647
  24241972.859 5  24241978.406 9  24241977.133 9 127392432.25315  99266840.92819
  95130725.10719  24241979.00848
  22046641.039 6                                 115855861.52316  90277322.55457
                  22046641.93847
  19990808.266 7  19990809.410 9                 105052398.45417  81859051.31019
                  19990810.04349
  20303951.578 6  20303952.988 9  20303959.027 9 106697987.79716  83141324.18119
  79677097.59919  20303953.17648
  21277221.352 6                                 111812559.29616  87126675.51057
```

图 4.2-5　观测数据文件结构

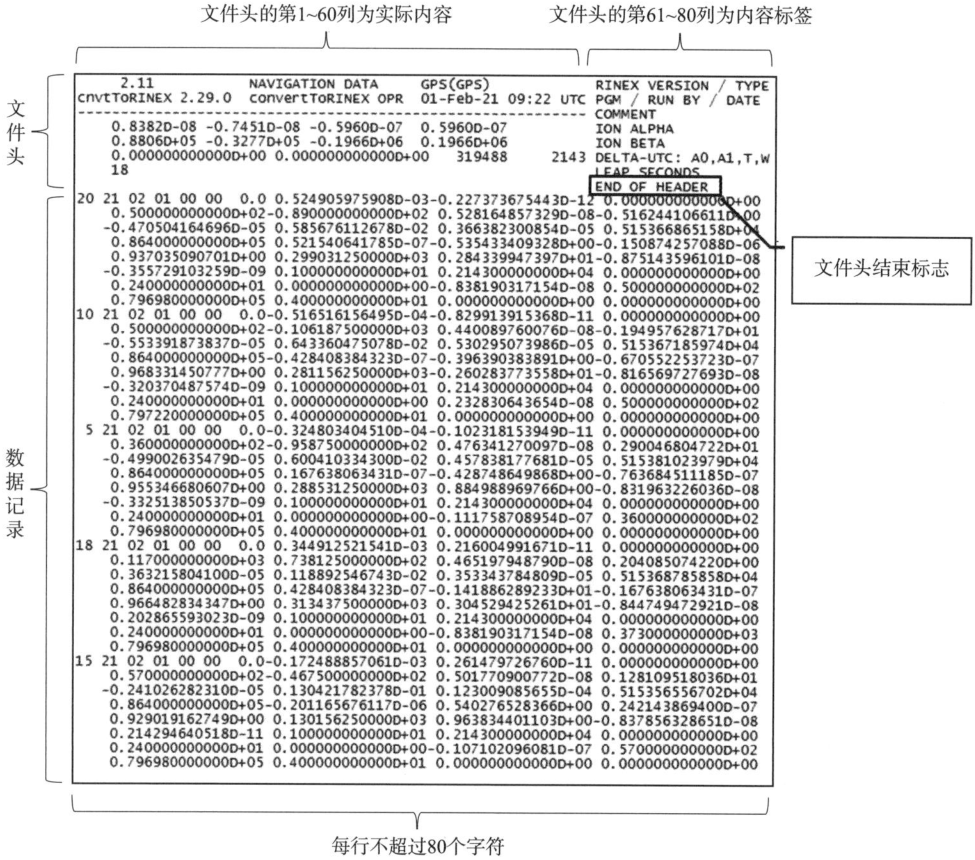

图 4.2-6 导航电文文件结构

现采用列表的方式对 RINEX 2.x 版本中常见并且广泛使用的 GPS 观测数据文件和导航数据文件中的第 1～60 列存放数据的格式进行详细说明。需要声明的是，此处格式说明采用如下形式：

$$[r]fw.[m]$$

其中，r 表示重复因子，代表后面内容的重复次数，此项是可选的；f 表示数据类型符，包括有 X—空格，A—字符型，I—整型，F—单精度浮点型，D—双精度浮点型，此项是必需的；w 表示字段宽度，此项是必需的；m 表示字段中最少的数字或字符，当数据类型为浮点型时，表示小数位数，此项是可选的。举例说明，“F7.3，12X，A3，16X”表示此行内容从第一列开始依次为宽度为 7、小数点后 3 位的单精度浮点数，12 个空格，宽度为 3 的字符串和 16 个空格；“6(2X，A2，I3)”表示此行内容从第一列开始，将 2 个空格、宽度为 2 的字符串、宽度为 3 的整数这些内容重复 6 次。GPS 观测数据文件的文件头格式说明见表 4.2-1。

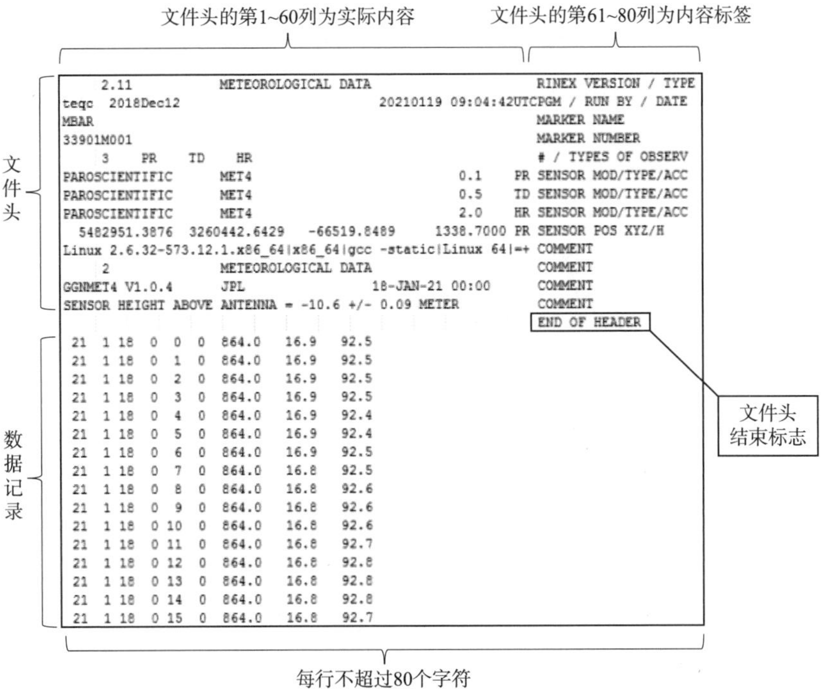

图 4.2-7　气象数据文件结构

表 4.2-1　GPS 观测数据文件的文件头格式说明

文件头标签	说　明	格　式
RINEX VERSION/TYPE	(1)RINEX 版本号 (2)文件类型 (3)观测数据所属卫星系统(G—GPS,R—GLONASS,C—BDS,M—混合系统)	F9.2,11X A1,19X A1,19X
PGM/RUN BY/DATE	(1)创建本数据文件采用的程序名称 (2)创建本数据文件单位的名称 (3)创建本数据文件的日期	A20 A20 A20
COMMENT	注释行	A60
MARKER NAME	天线标志名称(点名)	A60
MARKER NUMBER	天线标志编号(点号)	A20
OBSERVER/AGENCY	观测员姓名/观测单位名称	A20,A40
REC#/TYPE/VERS	接收机序列号、类型和版本号	3A20
ANT#/TYPE	天线序列号及类型	2A20
APPROX POSITION XYZ	标志的近似位置(WGS-84 坐标系)	3F14.4
ANTENNA:DELTA H/E/N	(1)天线高指高于标志的天线下表面高度 (2)天线中心相对于标志在东向和北向上的偏心	3F14.4
WAVELENGTH FACT L1/2	(1)缺省的 L1 和 L2 载波的波长因子(1—全波,2—半波,0—接收机为单频仪器) (2)0 或空格	2I6 I6

续上表

文件头标签	说　明	格　式
WAVELENGTH FACT L1/2	(1)L1 和 L2 载波的波长因子(1—模糊度周数完整;2—模糊度为半周数;0—接收机为单频仪器) (2)后面所列出的具有有效波长因子的卫星数 (3)PRN 列表(带有系统标识的卫星号)	2I6 I6 7(3X,A1,I2)
# TYPES OF OBSERV	(1)在本数据文件中存储的不同观测值类型的数量 (2)观测值类型列表 (3)若超过 9 种观测值类型,则使用续行	I6 9(4X,A2) 6X,9(4X,A2)
INTERVAL	观测值的历元间隔,单位为秒	F10.3
TIME OF FIRST OBS	(1)数据文件中第一个观测记录的时刻(年,月,日,时,分,秒) (2)时间系统:GPS 表示 GPS 时,GLO 表示 UTC	5I6,F13.7 5X,A3
TIME OF LAST OBS	(1)数据文件中最后一个观测记录的时刻(年,月,日,时,分,秒) (2)时间系统:与 TIME OF FIRST OBS 相同	5I6,F13.7 5X,A3
RCV CLOCK OFFS APPL	历元时标、伪距码和载波相位是否使用实时确定接收机钟差进行改正:1—是,0—否,缺省值—0	I6
LEAP SECONDS	自 1980 年 1 月 6 日以来的跳秒数	I6
# OF SATELLITES	在文件中存储有观测值的卫星数量	I6
PRN/ # OF OBS	(1)在 # TYPES OF OBSERV 记录中所指出的每一行观测值类型所涉及的 PRN(卫星号)及其观测值的数量 (2)如果观测值的数量超过 9 个,则续行	3X,A1,I2,9I6 6X,9I6
END OF FILE	文件头的最后一个记录	60X

在 RINEX 格式 GPS 观测值文件中的数据记录部分,按照历元依次存放观测数据或在观测过程中发生事件的信息。每个历元的数据包含两部分:第一部分为“历元/卫星或事件标志”,用于存放该观测历元的时刻、在该历元观测的卫星数量及其列表或表明事件性质的标志,通常在该历元数据的第一行;第二部分为“观测值”,用于存放在该历元所采集的所有观测值,所占行数与在该历元观测卫星的数量有关。GPS 观测数据文件的数据记录格式说明见表 4.2-2。

表 4.2-2　GPS 观测数据文件的数据记录格式说明

观测值记录	说　明	格　式
历元/卫星或事件标志	(1)观测历元时刻: 年 月,日,时,分 秒 (2)历元标志:0—正常,1—当前历元与前一历元间发生电源故障,大于 1 为事件标志 (3)当前历元所观测到的卫星数 (4)当前历元观测卫星的 PRN 列表 (5)接收机时钟偏差 (6)如果卫星数超过 12 颗则续行 (7)若历元标记为 2～6,则有:2—天线开始移动;3—新设站(动态数据结束);4—后面是类似于文件头的信息,记录特殊情况;5—外部事件;6—后面为探测并已被修复的周跳记录(此项可选)	 1X,I2.2 4(1X,I2) F11.7 2X,I1 I3 F12.9 32X 12(A1,I2)

续上表

观测值记录	说　明	格　式
观测值	(1)观测值 (2)LLI(Loss of Lock Indicator,失锁标志符) (3)信号强度 说明:在 RINEX 格式中,用 1～9 表示信号强度由弱到强	m(F14.3, I1, I1)

需要说明的是,表 4.2-2 中格式部分的 m 表示观测值类型数。在文件头"# TYPES OF OBSERV"中所列出的所有观测值类型,都需要按照其顺序在观测值部分出现,并且需要按照"历元/卫星"记录中给出的卫星顺序排列。五个观测值占位 80 个字符,若观测值类型超过 5 个,则超出的观测值可续行在下一个记录中。GPS 导航电文文件的文件头格式说明和数据记录格式说明分别如图 4.2-3、图 4.2-4 所示。

表 4.2-3　GPS 导航电文文件的文件头格式说明

文件头标签	说　明	格　式
RINEX VERSION/TYPE	(1)RINEX 格式的版本号 (2)文件类型	F9.2,11X A1,19X
PGM/RUN BY/DATE	(1)创建本数据文件采用的程序名称 (2)创建本数据文件的单位名称 (3)创建本数据文件的日期	A20 A20 A20
COMMENT	注释行(可选项)	A60
ION ALPHA	历书中的电离层参数 A0～A3(可选项)	2X,4D12.4
ION BETA	历书中的电离层参数 B0～B3(可选项)	2X,4D12.4
DELTA-UTC:A0,A1,T,W	用于计算 UTC 时间的历书参数(可选项): (1)A0,A1:多项式系数 (2)T:UTC 数据的参考时刻 (3)W:UTC 参考周数	 3X,2D19.I2 I9 I9
LEAP SECONDS	由于跳秒而造成的时间差(可选项)	I6
END OF HEADER	文件头的最后一个记录	60X

表 4.2-4　GPS 导航电文文件的数据记录格式说明

文件头标签	说　明	格　式
PRN 号/历元/卫星钟	(1)卫星的 PRN 号 (2)历元:OC(卫星钟的参考时刻) 　年 　月,日,时,分 　秒 (3)卫星钟的偏差(s) (4)卫星钟的漂移(s/s) (5)卫星钟的漂移速度(s/s^2)	I2 1X,I2.2 4(1X,I2) F5.1 3D19.12
广播轨道-1	(1)IODE (2)C_{rs}(m) (3)Δn(rad/s) (4)M_0(rad)	3X,4D19.12

续上表

文件头标签	说　明	格　式
广播轨道-2	(1)C_{ac}(rad) (2)e 轨道偏心率 (3)C_{us}(rad) (4)sqrt(A)($m^{1/2}$)	3X,4D19.12
广播轨道-3	(1)TOE 星历的参考时刻(GPS 周内的秒数) (2)C_{ic}(rad) (3)Ω(rad) (4)C_{is}(rad)	3X,4D19.12
广播轨道-4	(1)i_0(rad) (2)C_{rc}(m) (3)ω(rad) (4)Ω(rad/s)	3X,4D19.12
广播轨道-5	(1)i(rad/s) (2)L2 上的码 (3)PS 周数 (4)L2P 码数据标记	3X,4D19.12
广播轨道-6	(1)卫星精度(m) (2)卫星健康状态 (3)TGD(s) (4)IODC 钟的数据龄期	3X,4D19.12
广播轨道-7	(1)电文发送时刻(GPS 周秒) (2)拟合区间(h) (3)备用 (4)备用	3X,4D19.12

2. RINEX 3.x

RINEX 3.x 是最新的 RINEX 标准格式，与之前的版本相比，新的标准对之前的文件类型做了较大幅度的修改，精简了文件类型，对诸如 GPS 系统星历、GLONASS 系统星历等相似文件类型进行了合并，合并后仅包括三种类型的 ASCII 码文件。这三种类型的文件分别是观测数据文件(Observation data file)、导航电文文件(Navigation message file)、气象数据文件(Meteorological data file)。其中观测数据文件和导航电文文件经过扩展，既可包含 GPS、GLONASS、GALILEO、BDS、SBAS、QZSS 等多个卫星系统的单一数据，也可包含其混合数据。

最初"8+3"格式的 RINEX 文件命名约定是在微软磁盘操作系统(MS-DOS)时代定义的，现代操作系统通常支持 255 个字符的文件名。因此，RINEX 3.x 版本采用了新的文件命名约定，抛弃了以往在文件扩展中加入观测年份的特点，只包含 rnx 和 crx 两种扩展名。统一的后缀更易被操作系统、文本编辑器和数据处理人员识别，更具描述性、灵活性和扩展性。新的 RINEX 命名方式为

＜SITE＞＜RN＞＜CRC＞_＜S＞_＜YEARDOYHRMN＞_＜LEN＞_＜FRQ＞_＜ST＞.＜FMT＞

文件名中，＜SITE＞表示观测站点名；＜RN＞表示接收机编号；＜CRC＞表示 ISO

3166-1 标准的国家和地区代码，标识站点位置；<S>表示数据源，即数据来源于接收机（R）还是数据流（S）；<YEARDOYHRMN>表示观测开始时刻，其格式为年、年积日、时、分；<LEN>表示观测时段的长度；<FRQ>表示观测时的采样间隔或采样频率（星历文件无此项）；<ST>表示包含的卫星系统和数据类型，第一位表示卫星系统（M—多系统混合、G—GPS、R—GLONASS、C—BDS、E—GALILEO、J—QZSS、I—IRNSS、S—SBAS），第二位表示数据类型，即观测文件（O）、导航文件（N）或气象文件（M）；<FMT>表示扩展名，只包含 rnx 和 crx 两种，rnx 表示标准的 RINEX 文件，crx 表示压缩过的 Compact RINEX 格式。

例如，ALGO00CAN_R_20121601000_01H_01S_MO. rnx 表示数据是来自加拿大的 ALGO 站 0 号接收机，于 2012 年第 16 日 1 点开始观测的，时长 1 d，采样间隔为 1 s 的多系统混合观测数据；BJFS00CHN_S_20170420100_15M_01S_GO. rnx 表示数据是来自中国的 BJFS 站 0 号接收机的实时数据流，观测开始于 2017 年第 42 日 1 点，时长为 15 min，采样间隔 1 s 的 GPS 观测数据。

RINEX 3. x 版本定义的观测文件中，每个文件只能包含一个站点某一时段的数据，但依旧由文件头（HEADER SECTION）和数据记录部分（DATA SECTION）组成，与 RINEX 2. x 版本对比情况见表 4. 2-5 和表 4. 2-6。

表 4. 2-5 RINEX 观测文件版本特性对比

项目		RINEX 2. x	RINEX 3. x
文件头	相同点	首行为 RINEX 版本号；每行为 80 列，61～80 列为列标识符；从第 1 行开始，至“END OF HEADER”标识行结束；“COMMENT”标识注释行	
	不同点	观测类型标识为 TYPE OF OBSERV	观测类型标识为 OBS / TYPES
		观测类型采用 2 个字符标识	观测类型采用 3 个字符标识
		注释信息仅可出现在文件头部分	注释信息可以出现在信息区或数据区
		2 个字符表示年份	4 个字符表示年份
数据块	相同点	按“历元/卫星”记录中所给出的卫星排列顺序依次列出所有卫星的观测值	
	不同点	每行列宽不超过 80 个字符	每行列宽不限制
		—	第一部分为历元/卫星数标识，以“>”开头
			历元/卫星部分指明观测的时刻、卫星数量
			第二部分为观测值
			观测值部分首先标识卫星号，然后给出该卫星的各项观测值；观测值的顺序以文件头的信息为准
			若某一项观测值缺失，则数据部分为空白

表 4. 2-6 RINEX 导航文件版本特性对比

项目		RINEX 2. 0	RINEX 3. 0
文件头	相同点	每行为 80 列，61～80 列为列标识符；从第 1 行开始，至“END OF HEADER”标识行结束；“COMMENT”标识注释行	
	不同点	不同卫星系统的文件头格式有区别	不同卫星系统的文件头格式相同

续上表

项目		RINEX 2.0	RINEX 3.0
文件头	—	—	文件第一行增加了卫星系统标识
			注释信息可以出现在信息区或数据区
数据块	相同点	每行列宽不超过80个字符	
	—	—	可以从接收机导出，也可从互联网下载
			第一部分为卫星号、发布时刻、卫星钟参数
			之后以广播轨道1至7的方式给出卫星的轨道根数
			广播轨道每2 h更新一次

3. RINEX 转换工具

车载移动测量系统作业时，GNSS基准站采用的是测地型接收机。目前，常用于精密大地测量和精密工程测量工程中的测地型GNSS接收机主要有美国天宝(Trimble)、瑞士徕卡(Leica)、日本拓普康(Topcon)以及中国华测导航(CHCNAV)、南方测绘(SOUTH)、海达数云(HITARGET)等公司产品。不同厂商生产的接收机观测记录的原始数据分别采用了各自专有的编码方式，需要通过不同的转换软件将其转换为RINEX标准数据格式。

用于天宝GNSS原始观测数据格式转换的软件有Convert to RINEX和runpkr00两种。

Convert to RINEX是天宝官方一直在更新维护的程序，支持天宝GNSS数据DAT、T00、T01、T02、RT17、RT27等格式文件的转换，且转换的RINEX版本可以是2.10、2.11、3.02、3.03、3.04等格式，符合各GNSS数据处理软件的特定要求。转换时支持修改RINEX版本、天线类型、天线高等信息，过程操作简便，对于单个文件的转换具有明显优势。Convert to RINEX转换工具及参数说明分别如图4.2-8、表4.2-7所示。

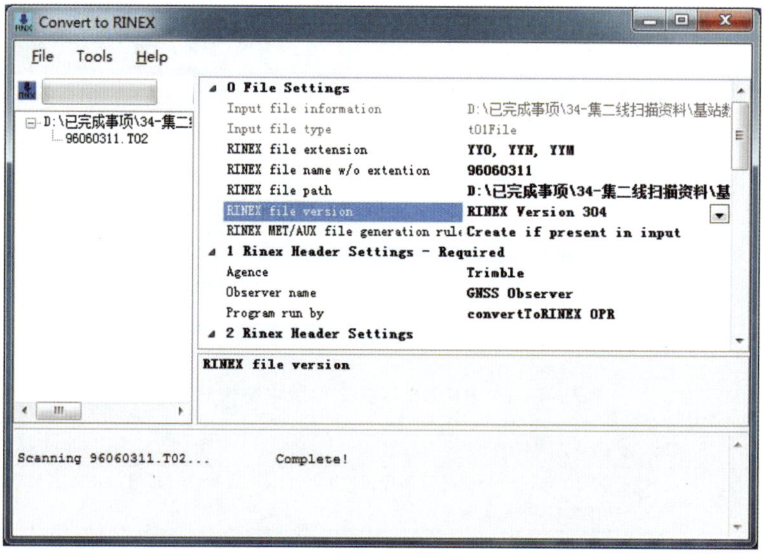

图4.2-8　Convert to RINEX转换工具

表 4.2-7　Convert to RINEX 参数说明

参数名	参数设置说明	参数名	参数设置说明
DatFile	将要转换文件名	AntType	写到"ANT ♯/TYPE."字段的天线类型
ObsFile	转换为 RINEX 的观测文件名	CorrToBase	设置 No 则天线高不改正到天线底部
NavFile	转换为 RINEX 的导航文件名	AntCorrect	设置 No 则不进行天线高改正
MetFile	转换为 RINEX 的气息文件名	AntOffset	天线高
RunBy	进行 RINEX 转换的人或单位	RcvrCode	接收机数字编码
Observer	GNSS 观测者	RcvrNumber	写到"REC ♯/TYPE/VER."字段的接收机序列号
Agency	GNSS 观测机构	RcvrType	写到"REC ♯/TYPE/VER."字段的接收机类型
RinexVersion	输出 RINEX 版本，默认 2.11	HdrMarkerName	测站名称
GenMetFile	设置"YES"则生成气象文件	HdrMarkerNumber	测站代码
AntCode	一个或两个字符的编码	HdrMarkerXYZ	测站近似坐标
AntNumber	写到"ANT ♯/TYPE."字段的天线序列号	KinStart	设置 YES 则表示天线开始运动

runpkr00 程序由天宝公司开发，没有图形操作界面，只能在命令行执行，且仅支持 Windows 操作系统。该程序主要完成天宝 GNSS 原始观测数据的解码，生成天宝 DAT 等格式的中间数据。通过 TEQC(Translate/Edit/QualityCheck/Coordinate)软件进一步处理 DAT 格式文件，即可完成 RINEX 格式的转换。TEQC 是由 UNAVCO 研制的为地学研究 GNSS 监测站数据管理服务的公开免费软件，适用于目前较常用的多数 GNSS 接收机。但是该软件仅支持有限的版本作为输入(限于 2.11 及更早版本)，且仅支持输出 2.11 版本格式。此外，该软件同样没有图形操作界面，对初学用户的友好性不高，随着开发者 Louis H. Estey 博士的退休，UNAVCO 于 2019 年 2 月 28 日宣布不再对该软件提供维护。

华测导航公司自研的 GNSS 数据处理软件 Compass，可支持 Trimble、Leica、Ashtech 等多种主流品牌 GNSS 格式数据转换为 RINEX 文件。ToRINEX4 支持将南方测绘测地型卫星接收机的 STH 格式数据转换为 RINEX 文件，如图 4.2-9 所示。海达数云公司推出的基线处理软件"HGO 数据处理软件包"可将海达数云测地型卫星接收机观测的 ZHD 格式数据转换为 RINEX 文件，如图 4.2-10 所示。

GFZRNX 程序是由德国波茨坦地学研究中心(GFZ)开发的用于 GNSS 数据预处理的程序，支持 Windows/Linux/MacOS 等常见的操作系统。目前提供的功能有 RINEX 格式检查与修复、格式转换、文件分割与拼接、文件头信息编辑与导出、数据编辑(卫星筛选等)、文件差异比较以及数据质量分析等，但是仅支持将 RINEX 文件转换到 2.11 或 3.04 版本。

RINEX Converter 是美国 Ashtech 公司开发的一款用于将 RINEX 数据在各版本之间进行转换的程序，适用于微软操作系统，其支持的 RINEX 版本号有 2.10、2.11、2.12、3.00

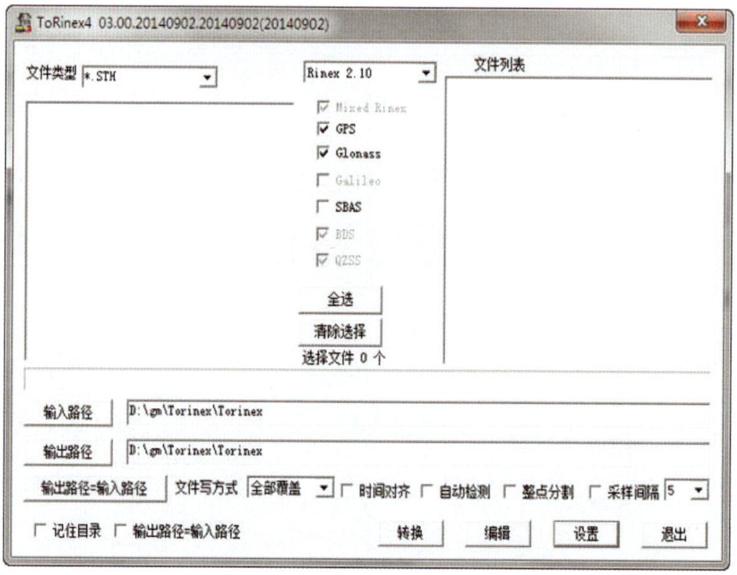

图 4.2-9　ToRINEX4 转换工具

图 4.2-10　HGO 软件 RINEX 转换工具

以及 3.01，如图 4.2-11 所示。

RTKCONV 是 RTKLib 软件中一个 GNSS 数据格式转换程序，支持 RTCM、BINEX 等数据流以及 Javad、u-blox、NovAtel 等接收机厂商的自定义格式数据，如图 4.2-12 所示。

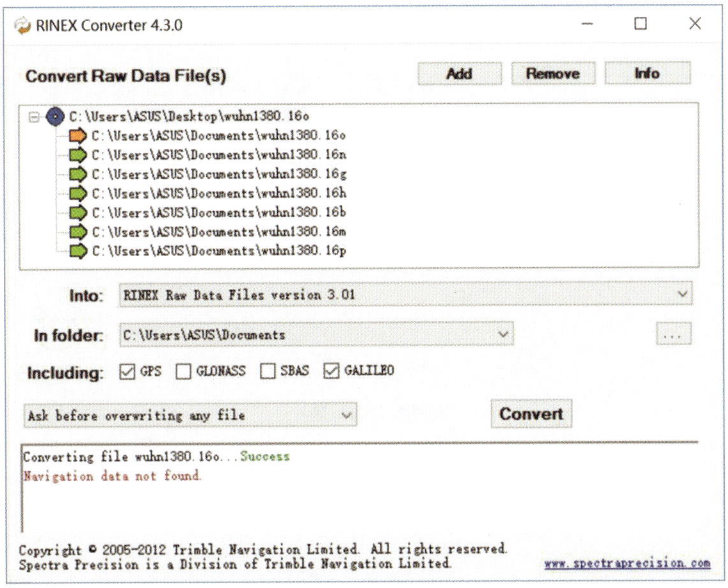

图 4.2-11　RINEX Converter 转换工具

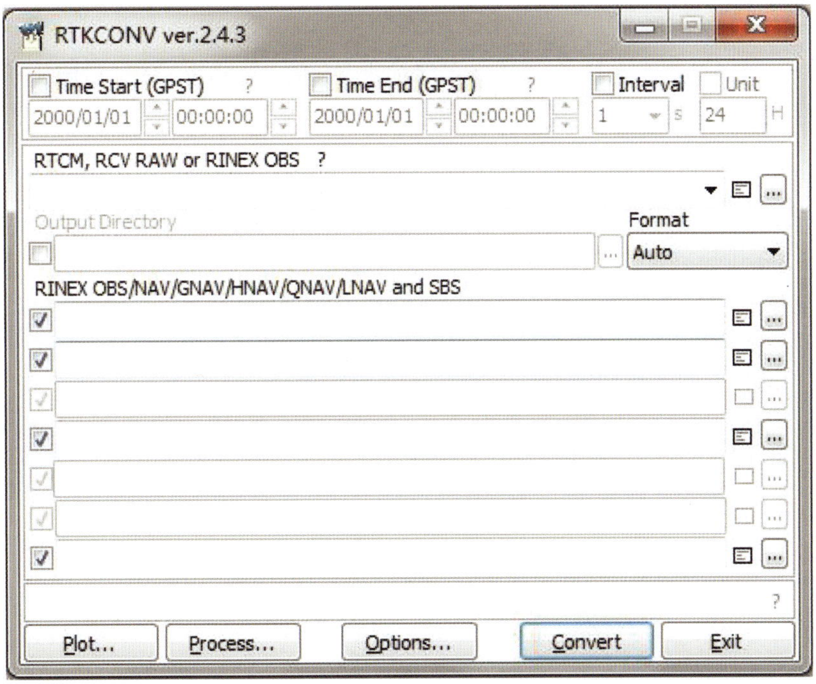

图 4.2-12　RTKCONV RINEX 转换工具

GNSS Converter 是由 GPS Solutions 网站提供的一个在线 RINEX 版本转换工具，使用前需要在该网站进行账户注册，如图 4.2-13 所示。按照系统引导登录后即可到达使用界面，上传待处理的 RINEX 文件，设置输出文件版本号、文件命名方式及文件头等信息后，即可完成版本转换和下载。

图 4.2-13　GNSS Converter RINEX 在线转换

4.2.3　周跳探测

基线解算时卫星轨道参数、周跳探测与修复、整周模糊度的解算、海洋摄动、对流层延迟估算、电离层影响、参数约束条件等会影响其解算精度，基线解算精度的高低直接影响到观测成果的好坏。因此在进行基线解算之前需要先进行数据预处理，剔除观测值中的粗差，即进行整周模糊度的正确求解和周跳的探测与修复，这也是 GNSS 载波相位测量进行高精度定位的关键问题。

1. 整周模糊度

卫星信号在传播的过程中，从零相位的 S 点经过 A、B 点到达 R 点后，载波相位的范围只能在 $0\sim2\pi$，无论何时 A 点与 S 点均相距半个波长($\lambda/2$)，相位落后 π，而 B 点与 S 点同样相位落后 π，由于载波波长无从得知，只能确定 A 点与 B 点之间相距的整数个波长，这个未知的整数 N 即为整周模糊度。图 4.2-14 所示为整周模糊度的产生。

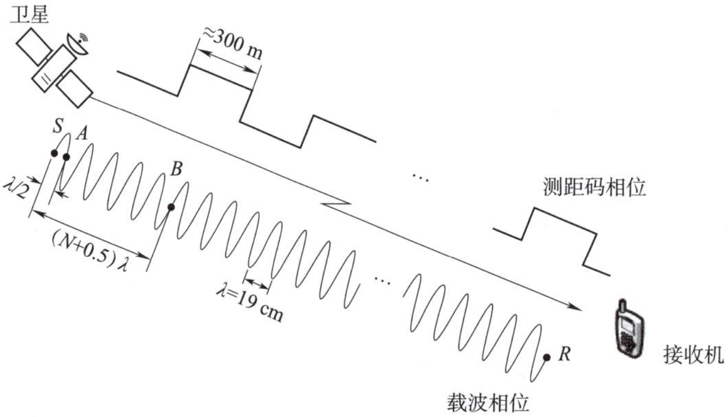

图 4.2-14　整周模糊度的产生

一旦正确解算出整周模糊度，载波相位观测值即可转换为高精度的站星距离测量值，进而实现厘米级精度的动态定位。常用于动态定位模糊度的解算方法有双频 P 码伪距法、最小二乘搜索法、模糊度函数法、模糊度协方差法。其中模糊度协方差法利用了多个历元的所有观测信息来确认模糊度的正确性，统计上最优，抗干扰性强，应用最为广泛。其原理是将模糊度作为未知参数，利用所有的观测值一起进行平差处理获得模糊度参数间相关关系的协方差阵，然后搜索使残差平方和最小的整周模糊度组合。根据目前大量应用实例表明 LAMBDA 搜索方法是至今求解整周模糊度最快的算法，可靠性也更高。其特点是采用整数高斯变换，降低整周模糊度之间的相关性改善了模糊度搜索空间的特性，使得模糊度的搜索速度更快、解算精度更高。其流程可分为以下四个步骤：

(1)采用最小二乘平差求解基线向量及模糊度的浮点解；

(2)使用整数高斯变换，降低整周模糊度的相关性，改善模糊度搜索空间；

(3)在变换后的搜索空间解算模糊度，通过逆变换把解算的模糊度转换为原始模糊度；

(4)固定模糊度解，采用最小二乘法求基线向量。

2. 周　跳

由载波相位测量原理可知，任意时刻的载波相位测量的实际值由两部分组成：一部分是不足一整周的相位差 $\Delta\varphi$；另一部分是整周计数部分 $\mathrm{Int}(\varphi)$，它是从初始时刻至某一时刻为止计数器累计的差频信号的整周数，加上初始时刻的整周数即可得到该时刻的整周数。但是，当 GNSS 接收机自身故障或 GNSS 信号中断，导致多普勒计数暂时中断，当故障清除或信号恢复后多普勒计数又重新开始，造成了载波滞后相位整周数变化值的不连续计数，这种多普勒计数的中断现象称为整周模糊度跳变，简称“周跳”。引起周跳现象的主要原因可分为如下四种：

(1)接收机周边观测环境差，卫星端的信号在发射过程中受阻，导致无线电信号中断，接收机无法跟踪到卫星；

(2)极端电离层条件、多路径干扰和低卫星高度角等因素导致信噪比较低，信号接收失败；

(3)因接收机高动态性，导致在信号锁定过程中难以预测卫星与接收机之间的运动所引起的多普勒频偏，造成信号失锁；

(4)接收机内部元器件故障导致信号接收失败。

车载移动测量系统在一些特殊作业环境下(城市高楼、高路边坡、隧道等)，无法完全避免周跳现象的发生，因此需要对接收机观测数据进行周跳探测和修复。探测的目的是确定周跳发生的时刻和大小，修复的目的是在目前所观测量的基础上进行校正。需要注意的是，如果是因为电源故障或接收机内部元器件故障导致信号中断，那么中断前后信号本身失去了连续性。接收机恢复正常观测后，整周计数和不足一整周的相位差均不正确。此种情况下，周跳的探测和修复并无实际意义。如果是因为外界干扰导致信号暂时失锁，整周计数虽然暂时中断，但不足一整周的相位差仍正确，此时进行的周跳探测与修复才有意义。

目前常用的周跳探测和修复的方法主要有:①利用载波相位及其变化率的多项式拟合(多项式拟合法);②利用伪距和载波相位观测值组合(伪距/载波组合法);③利用双频载波相位组合观测值(电离层残差法);④三次差法。采用何种方法应根据实际情况而定,一般采用简便但精度不高的方法修复大周跳,然后用精度较高的公式进行小周跳探测与修复。

4.2.4 基线解算

基准站和流动站接收机原始观测数据转换为通用 RINEX 格式后,利用载波相位观测值或差分观测值求解两个同步观测的测站之间的基线向量坐标差的过程,称为基线解算。基线解算是 GNSS 数据处理的重要内容,其基本原理是根据同步观测数据确定接收机之间的基线向量及其方差—协方差矩阵。当测区内仅采用一台基准站时,使用单基线模式进行基线解算。该模型参数较少、计算量小、较为简单,但无法反映同步观测基线间的误差相关性,无法利用观测数据之间的关联性。当测区内采用 n 台基准站时,一次提取一个观测时段中所有进行同步观测的接收机所采集的观测数据,使用多基线模式求解出 $n(n-1)/2$ 条相互独立的基线。该方法解算过程较为复杂,但数学模型严密,能反映出同步观测基线之间的统计相关性。

完成观测数据的预处理后进行动态基线解算时,参数估计采用扩展卡尔曼滤波模型。卡尔曼滤波是 R. E. Kalman 于 20 世纪 60 年代提出的一种递推估计算法,它假设动态噪声和观测噪声的统计特性为零均值白噪声或高斯白噪声序列,通过建立动态系统的状态和观测方程,以状态估计的最小均方误差为准则来获得系统的估值,是处理动态导航定位数据的有效手段,可以显著改善 GNSS 动态定位精度。

卡尔曼滤波在数学上是一种统计估算方法,通过一系列带有误差的实际观测数据以最小均方误差为估计准则而得到物理参数的最佳估算。其基本思想是采用信号和噪声的状态空间模型,利用前一时刻的估计值和现在时刻的观测值来更新状态变量的估计,求出现在时刻的估计值。其优点是无需保留用过的观测值序列,避免高阶矩阵求逆的困难,按照一定的递推算法把参数估计和预报有机地结合起来。由于卡尔曼滤波是利用线性状态方程和量测方程描述系统的状态量和量测值的,所以它适用于线性动态系统的滤波计算,其估计准则见式(4.2-1),以状态估计 $\hat{\boldsymbol{X}}$ 的均方误差集平均达到最小为估计指标。

$$E[(\boldsymbol{X}-\hat{\boldsymbol{X}})^{\mathrm{T}}(\boldsymbol{X}-\hat{\boldsymbol{X}})]=\boldsymbol{\sigma}_{\min} \tag{4.2-1}$$

通过使用扩展卡尔曼滤波,状态向量 $\boldsymbol{x}$ 及其协方差矩阵 $\boldsymbol{P}$ 可通过式(4.2-2)递推估计:

$$\begin{cases}\boldsymbol{K}_k=\boldsymbol{P}_{\bar{K}}\boldsymbol{H}^{\mathrm{T}}(\boldsymbol{H}\boldsymbol{P}_{\bar{K}}\boldsymbol{H}^{\mathrm{T}}+\boldsymbol{R})^{-1}\\ \hat{\boldsymbol{x}}_k=\hat{\boldsymbol{x}}_{\bar{k}}+\boldsymbol{K}_k(\boldsymbol{z}_k-\boldsymbol{H}\hat{\boldsymbol{x}}_{\bar{k}})\\ \boldsymbol{P}_k=(\boldsymbol{I}-\boldsymbol{K}_k\boldsymbol{H})\boldsymbol{P}_{\bar{K}}\end{cases} \tag{4.2-2}$$

式中,$\boldsymbol{z}_k$,$\boldsymbol{H}$,$\boldsymbol{R}$ 分别表示量测向量、设计矩阵和观测误差的方差—协方差矩阵。在扩展卡尔曼滤波中，假定系统模型为线性，状态方程时间更新及其方差—协方差矩阵可表示如下：

$$\hat{\boldsymbol{x}}_{\bar{k}} = \boldsymbol{A}\hat{\boldsymbol{x}}_{\bar{k}-1} + \boldsymbol{B}_{u_{k-1}}$$
$$\boldsymbol{P}_{\bar{K}} = \boldsymbol{A}\boldsymbol{P}_{\bar{k}-1}\boldsymbol{A}^{\mathrm{T}} + \boldsymbol{Q} \tag{4.2-3}$$

式中，$\boldsymbol{A}$ 为状态转移矩阵；$\boldsymbol{Q}$ 为系统噪声的方差—协方差矩阵。当采用卡尔曼滤波获得载波相位模糊度的实数值及其方差—协方差矩阵后，即可采用 LAMBDA（最小二乘降相关分解法）解算整周模糊度。其中，LAMBDA 方法采用整数最小二乘估计，目标函数如下：

$$\min = (\hat{\boldsymbol{a}} - \breve{\boldsymbol{a}})^{\mathrm{T}} \boldsymbol{Q}_{\hat{a}}^{-1} (\hat{\boldsymbol{a}} - \breve{\boldsymbol{a}}) \tag{4.2-4}$$

式中，$\breve{\boldsymbol{a}}$ 为模糊度实数值；$\hat{\boldsymbol{a}}$ 为模糊度整数值；$\boldsymbol{Q}_{\hat{a}}^{-1}$ 为模糊度的方差—协方差矩阵。候选的整周模糊度有很多组合，通常采用搜索方法获得最优整周模糊度组合。模糊度固定后，即可采用式(4.2-5)计算基线向量的固定解。

$$\vec{\boldsymbol{b}} = \hat{\boldsymbol{b}} - Q_{\hat{b}\hat{a}} \boldsymbol{Q}_{\hat{a}}^{-1} (\hat{\boldsymbol{a}} - \breve{\boldsymbol{a}}) \tag{4.2-5}$$

式中，$\hat{\boldsymbol{b}}$ 为基线向量的浮点解；$\vec{\boldsymbol{b}}$ 为基线向量的固定解；$\boldsymbol{Q}_{\hat{b}\hat{a}}$ 为模糊度与基线分量的互协方差矩阵。

4.3　轨迹线数据解算

4.3.1　杆臂补偿

仪器在组合导航算法研究中，常认为 IMU 测量的角速度以及加速度信息来自 IMU 的同一位置，但实际上，由于加速度计具有真实的物理尺寸和体积，所以在做角运动时，三个加速度计测量的是不同位置的加速度。除此之外，组合导航定位系统中，GNSS 天线、里程编码计和 IMU 不可能安装在同一位置，由 GNSS、里程编码计和 IMU 测量信息所对应的点是不同的，它们之间存在杆臂效应，必然会产生误差，对组合导航定位系统的定位测姿精度产生不利影响，因此在解算轨迹线时需要设置正确的杆臂补偿值。杆臂效应也因此分为内杆臂效应和外杆臂效应。

1. 内杆臂效应补偿

如果将载体上某一点视为导航参考点（例如载体的摇摆中心），当导航参考点位于 IMU 组件上时，其测量值以及导航计算值均可认为理想情况下是无误差的，其导航结果反映的是载体在导航参考点处的真实运动状态。但在实际情况中，IMU 组件必然具有一定的大小和体积。若把 IMU 组件视为刚体，在运动过程中，其上每个点的角速度均是相等的，但是每个点的加速度均不相同。换言之，考虑到实际情况下三个加速度计的实际安装位置以及物理尺寸的大小，它们测量的是 IMU 组件上不同位置处的加速度。此时若将上述加速度均看作理想情况下的导航参考点的真实信息进行导航解算，则会在原理上产生导航误差，这种效应称为内杆臂效应。

如图 4.1-2 所示，惯性坐标系为 $O_ix_iy_iz_i$，载体坐标系为 $O_bx_by_bz_b$，惯导坐标系为 $O_sx_sy_sz_s$，不考虑 IMU 内部组件的安装误差，即 IMU 组件和载体刚性连接，对应坐标轴平行，但是原点不重合，导航参考点到加速度计安装位置的杆臂为 $\boldsymbol{r}_{bs}^b$，3 个加速度计 A_x、A_y、A_z 安装在 s 系对应的坐标轴上，即视为加速度计敏感轴互相垂直并相交于惯导坐标系原点 O_s，3 个加速度计到 O_s 的距离分别为 $\boldsymbol{r}_{bs}^b=[r_x^b \quad r_y^b \quad r_z^b]^{\mathrm{T}}$，此时有如下关系：

$$\boldsymbol{R}_s^i=\boldsymbol{R}_b^i+\boldsymbol{r}_{bs}^i \tag{4.3-1}$$

对时间 t 求二次微分，并在 i 系下投影：

$$\left(\frac{\mathrm{d}^2\boldsymbol{R}_s^i}{\mathrm{d}t^2}\right)^i=\left(\frac{\mathrm{d}^2\boldsymbol{R}_b^i}{\mathrm{d}t^2}\right)^i+\left(\frac{\mathrm{d}^2\boldsymbol{r}_{bs}^i}{\mathrm{d}t^2}\right)^i=\left(\frac{\mathrm{d}^2\boldsymbol{R}_b^i}{\mathrm{d}t^2}\right)^i+\left[\frac{\mathrm{d}}{\mathrm{d}t}\left(\frac{\mathrm{d}\boldsymbol{r}_{bs}^i}{\mathrm{d}t}\right)^b\right]^i+\left[\frac{\mathrm{d}}{\mathrm{d}t}(\boldsymbol{\omega}_{ib}^b\times\boldsymbol{r}_{bs}^i)\right]^i \tag{4.3-2}$$

式中，$\left(\frac{\mathrm{d}^2\boldsymbol{R}_s^i}{\mathrm{d}t^2}\right)^i$ 为惯导参考点处加速度计比力在 i 系下的投影；$\left(\frac{\mathrm{d}^2\boldsymbol{R}_b^i}{\mathrm{d}t^2}\right)^i$ 为载体摇摆中心处加速度计比力在 i 系下的投影。

将 $\left[\frac{\mathrm{d}}{\mathrm{d}t}\left(\frac{\mathrm{d}\boldsymbol{r}_{bs}^i}{\mathrm{d}t}\right)^b\right]^i$ 和 $\left[\frac{\mathrm{d}}{\mathrm{d}t}(\boldsymbol{\omega}_{ib}^b\times\boldsymbol{r}_{bs}^i)\right]^i$ 展开得

$$\left[\frac{\mathrm{d}}{\mathrm{d}t}\left(\frac{\mathrm{d}\boldsymbol{r}_{bs}^i}{\mathrm{d}t}\right)^b\right]^i=\left(\frac{\mathrm{d}^2\boldsymbol{r}_{bs}^i}{\mathrm{d}t^2}\right)^b+\boldsymbol{\omega}_{ib}^b\times\left(\frac{\mathrm{d}\boldsymbol{r}_{bs}^i}{\mathrm{d}t}\right)^b \tag{4.3-3}$$

$$\left[\frac{\mathrm{d}}{\mathrm{d}t}(\boldsymbol{\omega}_{ib}^b\times\boldsymbol{r}_{bs}^i)\right]^i=\boldsymbol{\omega}_{ib}^b\times\left(\frac{\mathrm{d}\boldsymbol{r}_{bs}^i}{\mathrm{d}t}\right)^b+\dot{\boldsymbol{\omega}}_{ib}^b\times\boldsymbol{r}_{bs}^i+\boldsymbol{\omega}_{ib}^b\times(\boldsymbol{\omega}_{ib}^b\times\boldsymbol{r}_{bs}^i) \tag{4.3-4}$$

将上述两式相加得

$$\left(\frac{\mathrm{d}^2\boldsymbol{r}_{bs}^i}{\mathrm{d}t^2}\right)^i=\left(\frac{\mathrm{d}^2\boldsymbol{r}_{bs}^i}{\mathrm{d}t^2}\right)^b+2\boldsymbol{\omega}_{ib}^b\times\left(\frac{\mathrm{d}\boldsymbol{r}_{bs}^i}{\mathrm{d}t}\right)^b+\dot{\boldsymbol{\omega}}_{ib}^b\times\boldsymbol{r}_{bs}^i+\boldsymbol{\omega}_{ib}^b\times(\boldsymbol{\omega}_{ib}^b\times\boldsymbol{r}_{bs}^i) \tag{4.3-5}$$

通常将车辆视为刚体，惯导的安装位置固定，有 $\left(\frac{\mathrm{d}\boldsymbol{r}_{bs}^i}{\mathrm{d}t}\right)^b=0$，$\left(\frac{\mathrm{d}^2\boldsymbol{r}_{bs}^i}{\mathrm{d}t^2}\right)^b=0$ 且 $\boldsymbol{r}_{bs}^i=\boldsymbol{C}_b^i\boldsymbol{r}_{bs}^b$，则上式可简化为

$$\left(\frac{\mathrm{d}^2\boldsymbol{r}_{bs}^i}{\mathrm{d}t^2}\right)^i=\boldsymbol{C}_b^i[\dot{\boldsymbol{\omega}}_{ib}^b\times\boldsymbol{r}_{bs}^b+\boldsymbol{\omega}_{ib}^b\times(\boldsymbol{\omega}_{ib}^b\times\boldsymbol{r}_{bs}^b)] \tag{4.3-6}$$

式中，$\boldsymbol{\omega}_{ib}^b$ 为载体坐标系相对惯性坐标系的旋转角速度在载体坐标系上的投影，其数值由陀螺仪测得。

s 系下加速度计参考点处比力为 $\boldsymbol{f}^s$，b 系下加速度计参考点处比力为 $\boldsymbol{f}^b$，则有

$$\begin{cases}\boldsymbol{f}^b=\boldsymbol{C}_i^b\left(\frac{\mathrm{d}^2\boldsymbol{R}_b^i}{\mathrm{d}t^2}\right)^i-\boldsymbol{G}^b\\ \boldsymbol{f}^s=\boldsymbol{C}_i^s\left(\frac{\mathrm{d}^2\boldsymbol{R}_s^i}{\mathrm{d}t^2}\right)^i-\boldsymbol{G}^s\end{cases} \tag{4.3-7}$$

式中，$\boldsymbol{G}^b$ 和 $\boldsymbol{G}^s$ 分别为车辆在 O_b 和 O_s 的引力；$\boldsymbol{r}_{bs}$ 为小量，有 $\boldsymbol{G}^b=\boldsymbol{G}^s$；$s$ 系和 b 系对应坐标轴平行且刚性连接，有 $\boldsymbol{C}_i^s=\boldsymbol{C}_i^b$，则有

$$\boldsymbol{f}^b=\boldsymbol{f}^s-\dot{\boldsymbol{\omega}}_{ib}^b\times\boldsymbol{r}_{bs}^b-\boldsymbol{\omega}_{ib}^b\times(\boldsymbol{\omega}_{ib}^b\times\boldsymbol{r}_{bs}^b) \tag{4.3-8}$$

设加速度计实际测量的比力值为 $\boldsymbol{f}^A$，内杆臂补偿公式为

$$f^s = f^A - \omega_{ib}^b \times (\omega_{ib}^b \times r_{sA}^b) \tag{4.3-9}$$

内杆臂补偿和车辆摇摆中心到惯导的杆臂补偿都是杆臂加速度的补偿，有类似的形式：

$$f^b = f^A - \omega_{ib}^b \times r_{bs}^b - \omega_{ib}^b \times [\omega_{ib}^b \times (r_{bs}^b + r_{sA}^b)] \tag{4.3-10}$$

上式即为惯导杆臂和内杆臂的一体化公式。

2. 外杆臂效应补偿

在组合导航的实际应用中，为了能准确反映载体的姿态，IMU 通常会被安装固定在载体内部，而为了能够获得更准确的测量信息，GNSS 接收机通常安装在载体顶部，里程编码计通常安装在载体底部。由于 GNSS 接收机、里程编码计与 IMU 安装位置不一致产生的杆臂效应，称为外杆臂效应。

车载移动测量系统中，最终的结果都要归算到 POS 中心。为了得到高精度的组合导航结果，必须进行外杆臂效应的补偿，准确测量 IMU 测量中心到 GNSS 天线相位中心和里程编码计中心的杆臂值，将三者的中心归算到同一位置。传统的外杆臂补偿办法为力学补偿法，即在导航开始前测量出 IMU 测量中心与 GNSS 天线相位中心、里程编码计中心之间的空间向量，将外杆臂视为定值在导航解算时进行补偿。

外杆臂测量时使用 FRD(前—右—下)坐标系，以 IMU 中心为原点，x 轴与车辆前进方向一致，z 轴沿当地重力方向向下，xyz 构成右手坐标系。GNSS 天线杆臂是指由 IMU 测量中心指向 GNSS 天线相位中心的向量，杆臂值以该向量投影在 IMU 坐标系下的三个分量(x,y,z)来表示，如图 4.3-1 所示。

分别测量 IMU 测量中心到 GNSS 天线相位中心在 x 轴和 y 轴方向上的投影得到杆臂分量 x 和 y(图 4.3-2)；z 轴方向，测量 GNSS 天线杆从安装板到天线底部在垂向上的高度 a，加上天线底部到天线相位中心的高度 b(即 L1 的相位中心)，同时减去安装板到 IMU 测量中心的高度 c，即可得到杆臂分量 $z=a+b-c$(图 4.3-3)。

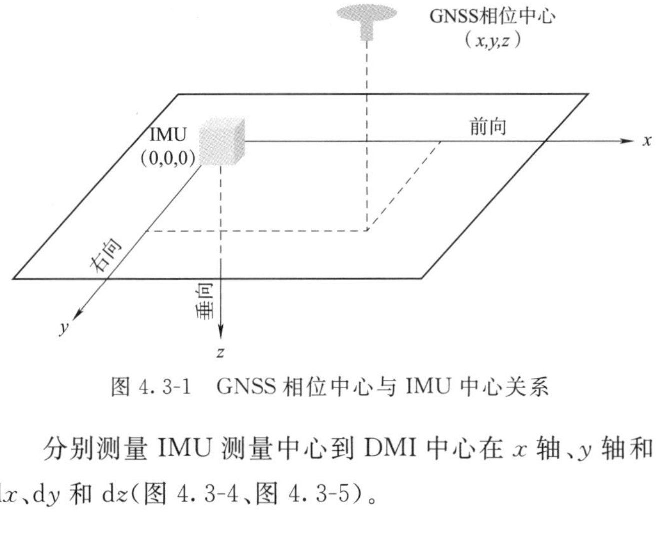

图 4.3-1　GNSS 相位中心与 IMU 中心关系

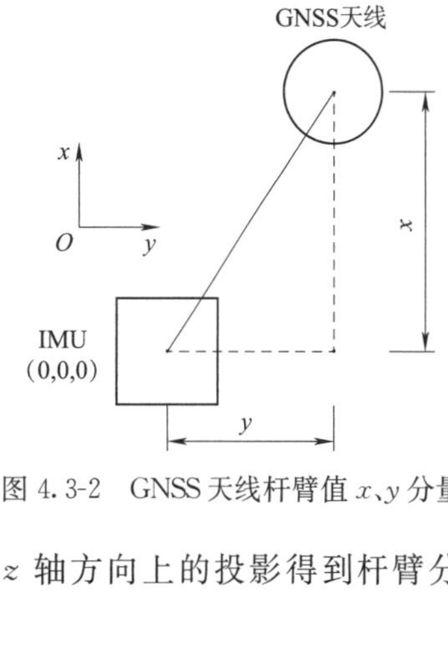

图 4.3-2　GNSS 天线杆臂值 x、y 分量

分别测量 IMU 测量中心到 DMI 中心在 x 轴、y 轴和 z 轴方向上的投影得到杆臂分量 dx、dy 和 dz(图 4.3-4、图 4.3-5)。

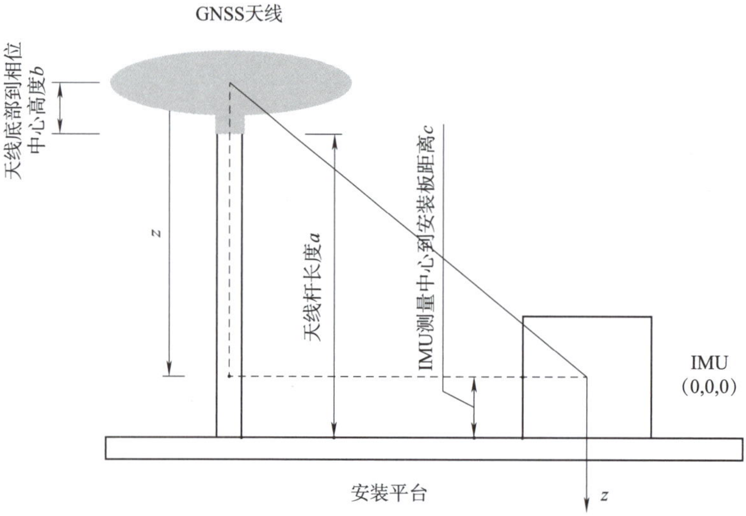

图 4.3-3　GNSS 天线杆臂值 z 分量

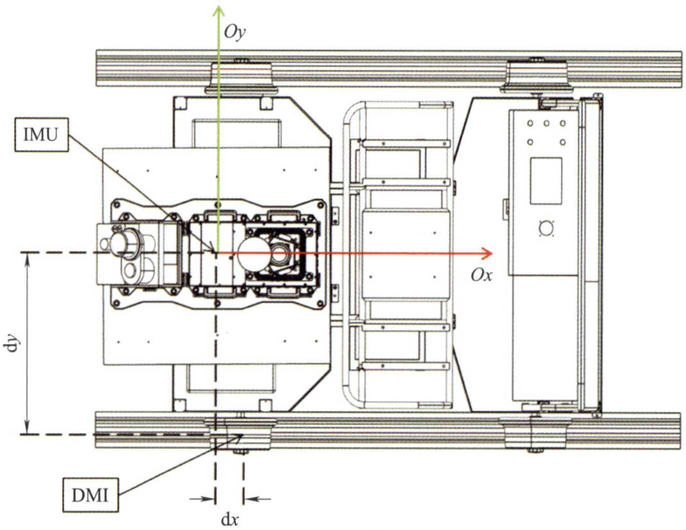

图 4.3-4　DMI 杆臂值 x、y 分量

除传统的力学等效补偿法外，外杆臂误差补偿方法还有误差模型补偿法和滤波补偿法。误差模型补偿法是在滤波器的系统状态方程中考虑杆臂效应，进而对杆臂误差进行补偿，该方法会使状态方程变得更复杂。滤波补偿法是利用杆臂效应的加速度频率与载体加速度的频率分布在不同频域的特点设计低通滤波器，滤掉杆臂效应引起的干扰加速度，会引入延时误差，精度较低。图 4.3-6 所示为外杆臂误差补偿设置。

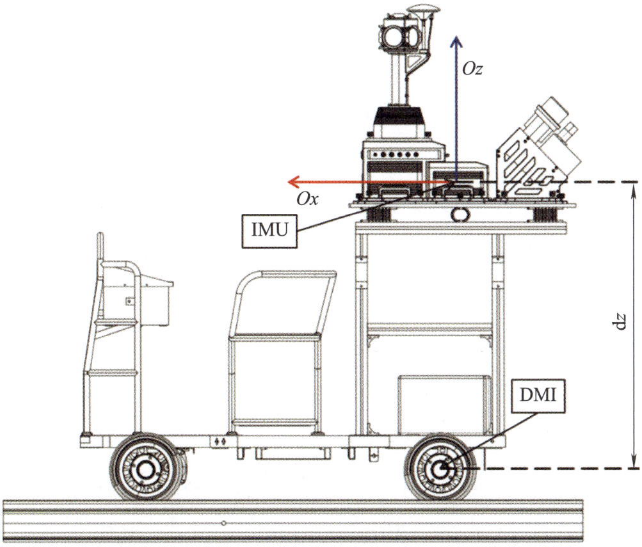

图 4.3-5　DMI 杆臂值 z 分量

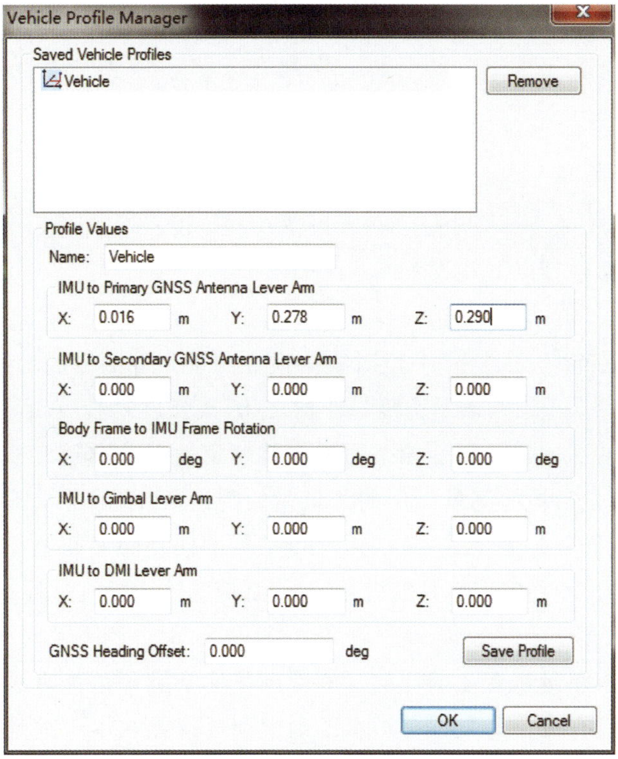

图 4.3-6　外杆臂误差补偿设置

4.3.2 误差补偿

1. IMU 误差模型补偿

惯性测量单元是捷联式惯导的核心组件，通常由三轴陀螺仪(称为陀螺组件)和三轴加速度计(称为加计组件)组成。因制造工艺、安装和环境影响等因素，陀螺组件中三个陀螺的敏感轴与理想载体坐标系的坐标轴之间往往存在安装偏差角，可达角分量级甚至更大，导致实际的三维运动测量与真实测量存在误差。IMU 陀螺仪和加速度计的误差主要包含随机性误差和确定性误差性两个部分。

随机性误差通常包括五种：①量化噪声，即，传感器白噪声与“电子噪声”的结合，来源可能为电源、半导体内部噪声或数字化过程中的误差；②角度(速度)随机游走；③零偏不稳定性；④角速率(加速度)随机游走；⑤速率斜坡。

Allan 方差分析主要用于分析陀螺量化噪声、角度随机游走噪声(角速率白噪声)、零偏不稳定性、角速率随机游走(角加速度白噪声)和速率斜坡(角速率常值趋势项)五种典型误差。

量化噪声： $$\lg\sigma_{\mathrm{QN}}(\tau)=\lg(\sqrt{3}Q)-\lg\tau$$

角度随机游走： $$\lg\sigma_{\mathrm{ARW}}(\tau)=\lg N-\frac{1}{2}\lg\tau$$

角速率随机游走： $$\lg\sigma_{\mathrm{RRW}}(\tau)=\lg(K/\sqrt{3})+\frac{1}{2}\lg\tau$$

零偏不稳定性噪声： $$\lg\sigma_{\mathrm{BI}}(\tau)=\lg(2B/3)$$

速率斜坡： $$\lg\sigma_{\mathrm{RR}}(\tau)=\lg(R/\sqrt{2})+\lg\tau$$

确定性误差通常包括以下几方面：

(1)传感器偏差

传感器偏差是在特定条件下、一段时间内惯性测量元件输出的均值，它与输入加速度或角速度无关。陀螺偏差通常表示为度每小时(°/h)或弧度每秒(rad/s)；加速度计的偏差通常表示为米每秒的平方(m/s^2)。偏差通常包括确定性部分和随机部分两部分。确定性部分可以进行抵消，是指惯性测量元件的测量量的抵消，在本质上是确定性的并且可以由校准进行处理；随机部分称为零漂，是指惯性传感器的误差随时间累积的速率。本质上而言，零漂和传感器输出不稳定性都是随机的，它们都应当作为随机过程被建模。

(2)刻度因子

刻度因子是输入测量量变化的比例。刻度因子通常被评估为直线的斜率。该斜率通过对输入输出数据进行最小二乘拟合得出。刻度因子误差在本质上是确定性的并且可以通过校准进行处理。刻度因子的不对称性是正向输入测量的刻度因子和负向输入测量的刻度因子的区别。刻度因子的不对称性预示着输入输出函数的斜率在零输入下不是连续的，这必须与非线性系统区别开来。刻度因子的稳定性，能够使惯性传感器在不同的角速度或加速度下分别准确获得角速度或加速度，也可以用来衡量刻度因子存在的误差特性。

(3)三轴非正交

理想情况下，三轴传感器各轴严格正交，即任何一轴均不会感应到另外两个轴的分量。然而实际情况下，由于传感器安装的不完美而存在的三轴非正交误差打破了这一特性。因此每个轴向都被惯导结构的其他两轴的测量量所影响。通常而言，三轴非正交可以在惯性误差方程中得到补偿或者建模。

在惯性技术领域，对惯性器件误差进行建模、标定和补偿是研制惯性系统的重要基础。惯性测量单元的确定性误差对惯性系统的性能影响显著，通常采用转台、离心机等精密设备构建标定基准，构建误差系数方程，求解误差模型的参数。

确定性误差可以在试验前经过标定并从粗测量中去除，而随机误差是由于惯性传感器误差随时间的随机变化产生的，无法预先标定。因此，在实际应用中，一般采用对惯性测量元件建立随机误差模型，列写 KF 状态方程、量测方程，然后进行滤波处理和最优估计，通过得到的误差量进行在线补偿(属于软件补偿)。IMU 误差模型补偿如图 4.3-7 所示。

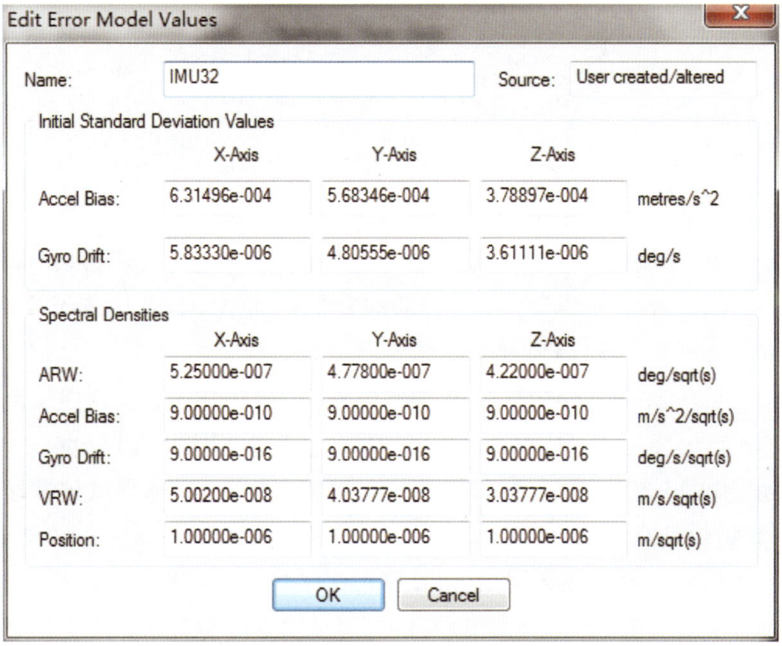

图 4.3-7　IMU 误差模型补偿

2. 时间不同步误差补偿

如图 4.3-8 所示，在惯性/卫星组合导航系统中，组合导航计算机获得两类传感器导航信息的时刻(C)往往不是传感器实际的信息采集时刻(A 和 B)，从传感器信息采集到组合导航计算之间存在一定的时间滞后，比如卫星接收机采集到无线电信号后，需要先进行一系列的解算，再经过通信端口发送给组合计算机。惯性和卫星两类传感器的时间滞后一般并不相同，两者之间的相对滞后记为时间不同步误差 t。在组合导航信息比对时，必须对时间不同步误差进行估计或补偿。

如图 4.3-8 所示，惯导速度和卫星速度之间的关系应为

$$v_{\mathrm{GNSS}}^{n}+a^{n}\delta t=v_{\mathrm{INS}}^{n} \tag{4.3-11}$$

式中，a^n 为载体在不同步时间内的平均线加速度，它可通过惯导在两相邻时间（$T=t_m-t_{m-1}$）内的速度差分近似求得，即

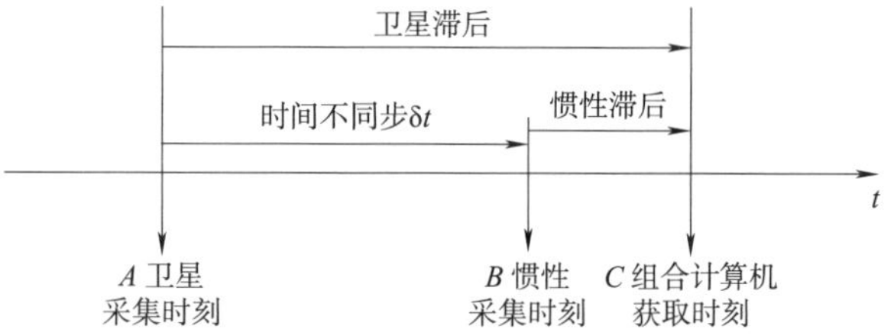

图 4.3-8　惯导与卫星接收机之间的时间不同步

$$a^{n}\approx\frac{v_{\mathrm{INS}(m)}^{n}-v_{\mathrm{INS}(m-1)}^{n}}{T} \tag{4.3-12}$$

一般情况下，假设时间不同步 δt 是相对固定的，可视为未知常值参数。

由式(4.3-13)可计算得惯导和卫星之间的速度不同步误差：

$$\delta v_{\delta}^{n}=v_{\mathrm{INS}}^{n}-v_{\mathrm{GNSS}}^{n}=a^{n}\delta t \tag{4.3-13}$$

同理，可求得两者间的位置不同步误差：

$$\delta p_{\delta}=p_{\mathrm{INS}}-p_{\mathrm{GNSS}}=M_{pv}v_{\mathrm{INS}}^{n}\delta t \tag{4.3-14}$$

4.3.3　初始对准

惯性导航是一种自主导航，从它的机械编排过程可知，必须提供载体的初始导航参数（位置、速度和姿态）才能进行导航。其中，初始化通常用于确定传感器的初始位置和速度，在组合导航中，位置和速度可以使用 GNSS 进行初始化；而对准则用于确定初始姿态参数、找到精确的导航坐标系。因此，惯导系统初始对准也是确定参考导航坐标系的一个过程。惯导系统刚上电启动时，其载体坐标系相对于参考导航坐标系的各轴指向完全未知或不够精确，无法立即进入导航状态，因此必须先确定载体坐标系相对于导航坐标系的空间方位，从惯导的角度看这等效于寻找参考导航坐标系的一个过程。以地理坐标系作为参考坐标系为例，它的三轴指向分别是东向、北向和天向，其中天向是根据重力加速度定义的，有了天向也就等效于确定了水平面，在水平面上寻找东向和北向需要测定地球自转信息，因为北向是根据地球自转轴定义的。在静态环境下，通过使用已知的重力和地球自转速度测量值，从而获得载体坐标系与导航坐标系的对准。在大多数情况下，IMU 在数据采集的开始和结束处都是固定的。从加速度计测量值计算初始横滚角和俯仰角很简单，因为当 IMU 静止时，IMU 只需测量重力引起的加速度。因此，初始横滚角和俯仰角的精度将取决于加速度计的质量。然而，航向很难计算。对于高质量的战术等级或更好的 IMU，可以从陀螺仪的测量结果计算出初始航向。地球自转约为每小时 15°，高质量的陀螺仪足够灵敏，可以测量地球自转的不同部分，并据此计算出近似的航向。为此，通常需要在 IMU 静止时进行 5 min 或更长时间的陀螺仪测量。可以使用零速测量（或静态位置测量）在卡尔曼滤波器中

估计初始航向，尽管在这种情况下很难将某些传感器误差与姿态误差分离；但是，一旦 IMU 和 GNSS 接收机移动，只要安装传感器的车辆发生了足够的动态变化，就有可能分离这些误差。对于成本较低的 IMU，无法从传感器本身计算初始航向。因此，有必要从其他传感器（例如指南针或 GNSS 航向传感器）获得初始航向。

静态对准分为粗对准和精对准两个阶段。对于静态对准不能完成或者遇到实际条件不满足的情况，可以使用动态对准。

1. 静态粗对准

粗对准一般是在载体对地静止的环境下进行的，即载体相对地面既没有明显的线运动也没有角运动，并且对准地点处的地理位置准确已知，即重力矢量和地球自转角速度矢量在地理坐标系（初始对准参考坐标系）的分量已知。利用解析公式进行粗对准是直接利用原始惯性传感器的输出值计算近似姿态估计值的过程。原始加速度计测量值用于通过比较载体坐标系的测量值和已知的重力来获得初始横滚角和俯仰角的估计值。因此，在静态情况下，加速度计的比力测量值 $\boldsymbol{f}^b$ 和当地重力 $\boldsymbol{g}^n$ 的关系可以表示为

$$\boldsymbol{f}^b=\boldsymbol{C}_n^b\boldsymbol{g}^n \tag{4.3-15}$$

式中，$\boldsymbol{f}^b=[f_x\quad f_y\quad f_z]^{\mathrm{T}}$，$\boldsymbol{g}^n=[0\quad 0\quad -g]^{\mathrm{T}}$，$g$ 表示当地的重力加速度的值，其近似值为

$$g=g_0(1+0.005\,270\,94\sin^2\varphi+0.000\,023\,271\sin^4\varphi)-0.000\,003\,086h$$

式中，$g_0=9.780\,326\,771\,4\ \mathrm{m/s^2}$。

将式(4.1-6)中的方向余弦矩阵代入式(4.3-15)中，计算整理得

$$\boldsymbol{f}^b=\begin{bmatrix} g\sin\theta \\ -g\sin\phi\cos\theta \\ -g\cos\phi\cos\theta \end{bmatrix} \tag{4.3-16}$$

根据上式，可得横滚角 ϕ 和俯仰角 θ 分别为

$$\phi=\arctan(-f_y/f_z) \tag{4.3-17}$$

$$\theta=\arctan\left(f_x/\sqrt{f_y^2+f_z^2}\right) \tag{4.3-18}$$

因此，可以知道水平姿态角的精度主要取决于加速度计的误差。通过对式(4.3-17)和式(4.3-18)进行微分，可以得到水平姿态角的误差：

$$\varphi_N=\frac{\nabla_E}{g} \tag{4.3-19}$$

$$\varphi_E=-\frac{\nabla_N}{g} \tag{4.3-20}$$

对于大多数传感器，通过加速度计的输出与已知重力，都可以获得较好的初始水平姿态角。对于航向，主要取决于陀螺仪的质量。高精度的陀螺通过感知地球自转速度，可以获得近似的初始航偏角。在静态情况下，陀螺输出的角速度 $\boldsymbol{\omega}_{ib}^b$ 与地球自转速度 $\boldsymbol{\omega}_{ie}^n$ 的关系可以表示为

$$\boldsymbol{\omega}_{ib}^b=\boldsymbol{C}_n^b\boldsymbol{\omega}_{ie}^n \tag{4.3-21}$$

式中，$\boldsymbol{\omega}_{ie}^{b}=[\omega_x \quad \omega_y \quad \omega_z]$。

同加速度计一样，将式(4.3-19)和式(4.3-20)代入式(4.3-21)，计算整理得

$$\boldsymbol{\omega}_{ib}^{b}=\begin{bmatrix}\omega_{ie}\cos\varphi\cos\theta\cos\phi+\omega_{ie}\sin\varphi\sin\theta \\ \omega_{ie}\cos\varphi(-\cos\phi\sin\psi+\sin\phi\sin\theta\cos\psi)-\omega_{ie}\sin\varphi\sin\phi\cos\theta \\ \omega_{ie}\cos\varphi(\sin\phi\sin\psi+\cos\phi\sin\theta\cos\psi)-\omega_{ie}\sin\varphi\cos\phi\cos\theta\end{bmatrix} \tag{4.3-22}$$

通过分析式(4.3-22)，可以得到以下关系：

$$\omega_{ie}\cos\varphi\sin\psi=\omega_z\sin\phi-\omega_y\cos\phi \tag{4.3-23}$$

$$\omega_{ie}\cos\varphi\sin\psi=\omega_x\cos\theta+\omega_y\sin\theta\sin\phi+\omega_z\sin\theta\cos\phi \tag{4.3-24}$$

因此，航偏角 ψ 可以表示为

$$\psi=\arctan\left(\frac{\omega_z\sin\phi-\omega_z\cos\phi}{\omega_x\cos\theta+\omega_y\sin\theta\sin\phi+\omega_z\sin\theta\cos\phi}\right) \tag{4.3-25}$$

同理，对式(4.3-25)进行微分可以得到航偏角误差为

$$\phi_D=\frac{\varepsilon_E}{\omega_{ie}\cos\varphi}+\frac{\nabla_E\tan\varphi}{g} \tag{4.3-26}$$

从式(4.3-25)可知，初始航偏角的精度主要取决于陀螺仪的零偏误差。通过上面的过程，基本完成静态粗对准。

2. 静态精对准

在完成粗对准后，仅仅是获得了一个粗略的姿态矩阵。为了获得更精确的初始姿态角，需要再进行精对准。精对准是对粗对准得到的姿态进行精对准的过程，即在对准过程中不断用新的姿态矩阵替换粗对准结束时的姿态矩阵。在静态情况下进行初始对准，由于真实惯性导航系统的位置没有发生明显移动，速度基本为零，因此在对准过程中可以简化导航算法，其姿态误差方程和速度误差方程可以表示为

$$\dot{\boldsymbol{\phi}}=\boldsymbol{\phi}\times\boldsymbol{\omega}_{ie}^{n}-\boldsymbol{\varepsilon} \tag{4.3-27}$$

$$\delta\dot{\boldsymbol{v}}^{n}=\boldsymbol{f}^{n}\times\boldsymbol{\phi}+\boldsymbol{\nabla} \tag{4.3-28}$$

式中，$\boldsymbol{\varepsilon}=[\varepsilon_x \quad \varepsilon_y \quad \varepsilon_z]^{\mathrm{T}}$ 为陀螺仪的随机常值漂移；$\boldsymbol{\nabla}=[\nabla_x \quad \nabla_y \quad \nabla_z]^{\mathrm{T}}$ 为加速度计的随机常值零偏。

在实际应用中，通常使用卡尔曼滤波对状态进行估计，并且系统模型可以看作是随机模型。因此，可以建立 12 维惯导系统精对准误差模型：

$$\begin{cases}\dot{\boldsymbol{x}}=\boldsymbol{F}\boldsymbol{x}+\boldsymbol{w} \\ \boldsymbol{z}=\boldsymbol{H}\boldsymbol{x}+\boldsymbol{v}\end{cases} \tag{4.3-29}$$

式中，状态变量 $\boldsymbol{x}$ 表示为

$$\boldsymbol{x}=[\delta v_N \quad \delta v_E \quad \delta v_D \quad \varphi_N \quad \varphi_E \quad \varphi_D \quad \nabla_x \quad \nabla_y \quad \nabla_z \quad \varepsilon_x \quad \varepsilon_y \quad \varepsilon_z]^{\mathrm{T}}$$

状态转移矩阵 $\boldsymbol{F}$ 表示为

$$
\boldsymbol{F}=\begin{bmatrix}
0 & -2\omega_{ie}\sin\varphi & 0 & 0 & -f_D & f_E & & & & 0 & 0 & 0\\
2\omega_{ie}\sin\varphi & 0 & -2\omega_{ie}\cos\varphi & f_D & 0 & -f_N & & \boldsymbol{C}_b^n & & 0 & 0 & 0\\
0 & 2\omega_{ie}\cos\varphi & 0 & -f_E & f_N & 0 & & & & 0 & 0 & 0\\
0 & \dfrac{1}{R_N+h} & 0 & 0 & -\omega_{ie}\sin\varphi & 0 & 0 & 0 & 0 & & & \\
-\dfrac{1}{R_N+h} & 0 & 0 & \omega_{ie}\sin\varphi & 0 & -\omega_{ie}\cos\varphi & 0 & 0 & 0 & & -\boldsymbol{C}_b^n & \\
0 & \dfrac{\tan\varphi}{R_N+h} & 0 & 0 & \omega_{ie}\cos\varphi & 0 & 0 & 0 & 0 & & & \\
0 & 0 & 0 & 0 & 0 & 0 & 0 & 0 & 0 & 0 & 0 & 0\\
0 & 0 & 0 & 0 & 0 & 0 & 0 & 0 & 0 & 0 & 0 & 0\\
0 & 0 & 0 & 0 & 0 & 0 & 0 & 0 & 0 & 0 & 0 & 0\\
0 & 0 & 0 & 0 & 0 & 0 & 0 & 0 & 0 & 0 & 0 & 0\\
0 & 0 & 0 & 0 & 0 & 0 & 0 & 0 & 0 & 0 & 0 & 0\\
0 & 0 & 0 & 0 & 0 & 0 & 0 & 0 & 0 & 0 & 0 & 0
\end{bmatrix}
$$

状态噪声 $\boldsymbol{w}$ 可以表示为

$$\boldsymbol{w}=[w_{aN}\quad w_{aE}\quad w_{aD}\quad w_{gN}\quad w_{gE}\quad w_{gD}\quad 0\quad 0\quad 0\quad 0\quad 0\quad 0]^{\mathrm{T}}$$

观测矩阵 $\boldsymbol{H}$ 和 $\boldsymbol{v}$ 分别表示为

$$\boldsymbol{H}=[I_{3\times3}\quad O_{3\times9}] \tag{4.3-30}$$

$$\boldsymbol{v}=[v_N\quad v_E\quad v_D]^{\mathrm{T}} \tag{4.3-31}$$

在完成精对准误差模型的构建后，将式(4.3-31)离散化，就可以使用卡尔曼滤波方法进行估计，从而完成精对准的过程，得到一个通过最优估计的初始姿态角。

4.3.4　组合解算

组合导航通过对多种导航系统的测量值进行分析解算等综合处理，获得更高精度和可靠性的导航结果，兼容了各子系统的优点。惯性导航系统利用陀螺仪、加速度计等惯性元件获得移动载体的位置、速度和姿态信息，仅依靠系统本身能够在全天候条件下、全球范围内自主、隐蔽地提供多种较高精度的导航参数，其缺点是误差(尤其是位置误差)随时间积累。全球导航卫星系统定位精度和测速精度高，并且导航定位误差不随时间累积，基本不受地域、气候和时间限制。但是其缺点也较为明显：信号易受到外界干扰，无法测量姿态信息，并且当载体在地形遮挡区域时，卫星信号有可能中断或动态误差过大导致导航结果不能使用。因此，惯性导航系统和全球导航卫星系统具有优势互补的特点，采用适当的技术手段，一方面通过 GNSS 观测数据修正 INS 导航信息，校正其随时间快速累积的误差，另一方面采用高精度惯性导航系统的测量数据弥补 GNSS 信号失锁时的导航信息，从而实现两者优势互补、取长补短的效果，可以大大提高系统整体的导航精度和鲁棒性，获得载体高精度、稳定、可靠的位置、姿态和速度信息。

如图 4.3-9 所示，从结构或信息交换及组合程度上，GNSS 与 INS 的组合方式可分为松组合与紧组合。

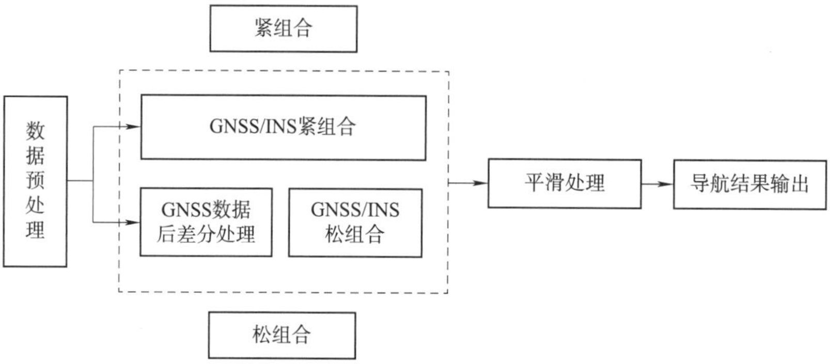

图 4.3-9 组合导航数据处理流程图

1. GNSS/IMU 松组合模型

松组合是将 GNSS 和 IMU 各自测得的导航信息输入到一个包含 INS 误差方程的卡尔曼滤波器中，估计 INS 的导航定位误差和惯性测量单元误差，是 GNSS 辅助 INS 导航的一种方法。其主要流程为：先单独计算出 GNSS 的位置和速度，并把 INS 滤波器看成主滤波器，然后将 GNSS 和 INS 分别得到的速度和位置信息作为量测值，通过卡尔曼滤波估算出惯导的位置误差，以此来修正惯导系统。GNSS/IMU 松组合模式结构如图 4.3-10 所示。该组合最大特点就是 GNSS 和 INS 能够独立导航计算，当一者出现故障时，此种组合方法仍可以给出导航结果，可靠性比较强，在工程上容易实现。但松组合模型也有不足之处，当 GNSS 卫星数不足 4 颗时，GNSS 不能够有效地进行定位和测速，从而造成 INS 在航位推算时随时间的增加，精度衰减很快。

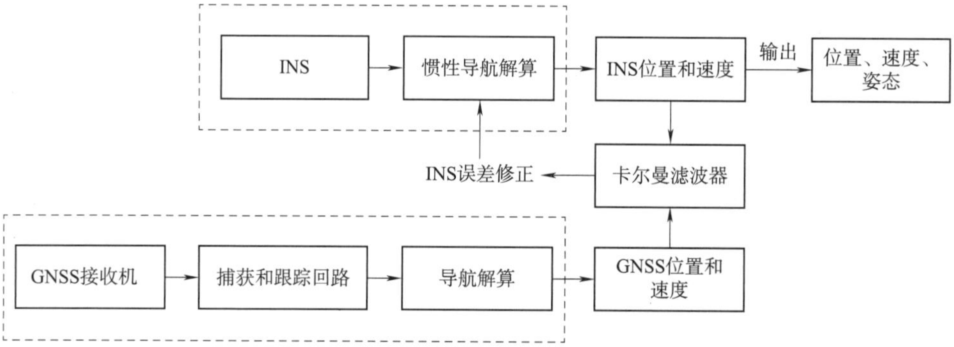

图 4.3-10 GNSS/IMU 松组合模式结构图

2. GNSS/IMU 紧组合模型

紧组合的工作原理是将 GNSS 码观测信息、载波相位观测信息直接输入到滤波器中，滤波器通过对 GNSS 观测信息进行估计，得到 INS 的导航误差和元器件误差，这些误差服务于惯导系统的校正。GNSS/IMU 紧组合模式结构如图 4.3-11 所示。根据输入滤波器的观测值不同，组合方式也不相同，主要采用码观测和载波相位观测。前者精度低，后者精度高。

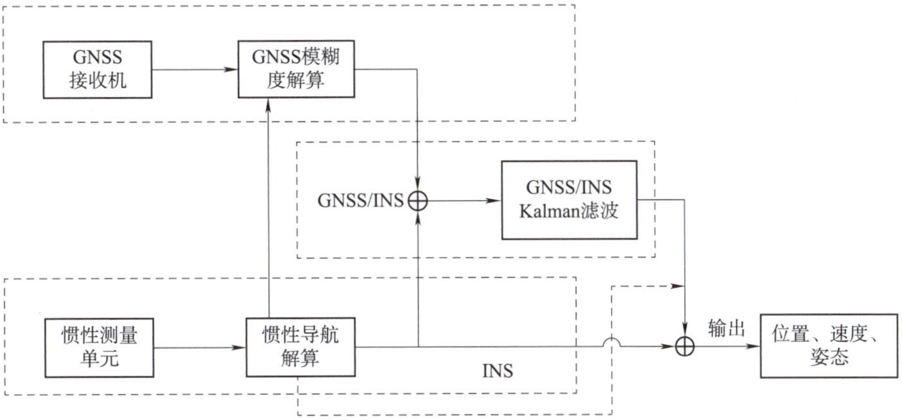

图 4.3-11　GNSS/IMU 紧组合模式结构图

4.4　点云数据融合

4.4.1　坐标转换

车载移动测量系统的成果在一定的坐标系统下才有现实意义。几何坐标转换是车载移动测量系统的基本原理，要实现几何坐标的转换，首先要了解车载移动测量系统自身独有的坐标系系统。车载移动测量系统集成了多种传感器，每一种传感器都涉及自身的坐标系，基于 POS 系统解算的导航定位结果是在惯导坐标系下，激光扫描仪获取的点云数据是在扫描仪坐标系 SOCS(scanner owned coordinate system)下，全景相机拍摄的影像是在相机坐标系下，GNSS 定位结果是在 WGS-84 坐标系下，为了有效融合利用车载移动测量系统中各传感器数据，要清楚各坐标系的定义及其转换关系。

1. 激光扫描仪坐标系

激光扫描仪坐标系各轴的指向和坐标原点位置一般由生产厂商定义，描述地物点云在激光扫描仪坐标系中的空间位置。在车载移动测量系统中，激光扫描仪与惯性测量单元之间的关系为刚性固定。激光扫描仪坐标系和惯导坐标系都是空间直角坐标系，坐标原点不同，坐标系之间存在平移和旋转两个参数。两个坐标系之间的转换，需要先将扫描坐标系旋转到与惯导坐标系方向一致，然后再按照平移参数平移，其公式如下：

$$\boldsymbol{P}_{\mathrm{IMU}}=\boldsymbol{T}_{\mathrm{Scanner}}^{\mathrm{IMU}}+\boldsymbol{R}_{\mathrm{Scanner}}^{\mathrm{IMU}}\cdot\boldsymbol{P}_{\mathrm{Scanner}} \tag{4.4-1}$$

式中，$\boldsymbol{P}_{\mathrm{IMU}}$ 为在惯导坐标系下的地面 P 点坐标；$\boldsymbol{T}_{\mathrm{Scanner}}^{\mathrm{IMU}}$ 为在惯导坐标系下激光扫描仪坐标系

原点的位置参数；$\boldsymbol{R}_{\text{Scanner}}^{\text{IMU}}$为激光扫描仪坐标系变换到惯导坐标系的三个旋转角组成的旋转矩阵；$\boldsymbol{P}_{\text{Scanner}}$为在激光扫描仪坐标系下的地面 P 点坐标。

2. 相机坐标系

在车载移动测量系统中，多台环绕的相机组成全景相机，每一台相机都有自己的相机坐标系，描述地物点在相机坐标系中的空间位置，各相机之间的关系是固定不变的。下式描述了相机坐标系到惯导坐标系之间的转换关系：

$$\boldsymbol{P}_{\text{IMU}}=\boldsymbol{T}_{\text{CAM}}^{\text{IMU}}+\boldsymbol{R}_{\text{CAM}}^{\text{IMU}}\cdot\boldsymbol{P}_{\text{CAM}} \tag{4.4-2}$$

式中，$\boldsymbol{P}_{\text{IMU}}$为在惯导坐标系下的地面 P 点坐标；$\boldsymbol{T}_{\text{CAM}}^{\text{IMU}}$为在惯导坐标系下相机坐标系原点的位置参数；$\boldsymbol{R}_{\text{CAM}}^{\text{IMU}}$为相机坐标系变换到惯导坐标系的三个旋转角组成的旋转矩阵；$\boldsymbol{P}_{\text{CAM}}$为在相机坐标系下的地面 P 点坐标。

3. 惯导坐标系

在平台惯性导航系统中，使用陀螺稳定平台模拟导航坐标系。因此根据应用的需要，需额外定义载体坐标系，载体坐标系一般定义其原点位于平台中心，即 IMU 几何中心，y 轴朝向载体前进的方向，x 轴朝向载体前进方向的右方，z 轴与 x 轴、y 轴构成右手坐标系。另一类惯性导航系统是捷联式惯导系统，与运载体刚性固定连接在一起，不再需要稳定平台。目前在车载移动测量系统中均采用捷联式惯导系统，载体坐标系和惯导坐标系一致。

$$\boldsymbol{P}_{\text{WGS84}}=\boldsymbol{T}_{\text{IMU}}^{\text{WGS84}}+\boldsymbol{R}_{\text{IMU}}^{\text{WGS84}}\cdot\boldsymbol{P}_{\text{IMU}} \tag{4.4-3}$$

式中，$\boldsymbol{P}_{\text{WGS84}}$为在 WGS-84 坐标系下的地面 P 点坐标；$\boldsymbol{T}_{\text{IMU}}^{\text{WGS84}}$为在 WGS-84 坐标系下惯导坐标系原点的位置参数；$\boldsymbol{R}_{\text{IMU}}^{\text{WGS84}}$为惯导坐标系变换到 WGS-84 坐标系的三个旋转角组成的旋转矩阵；$\boldsymbol{P}_{\text{IMU}}$为惯导坐标系下的地面 P 点坐标。

4. WGS-84 坐标系

基于 GNSS 的定位数据，车载移动测量系统采集的数据最终将归算到 WGS-84 坐标系下。WGS-84 坐标系是地心地固坐标系，以地球质心为原点，z 轴是地球自转轴方向，在赤道平面内，x 轴指向零度子午线，y 轴与 x 轴、z 轴构成右手坐标系。通过七参数、四参数等坐标转换方法，WGS-84 坐标系可以与其他坐标系进行测绘成果坐标转换，诸如 CGCS2000、1980 西安坐标系、1954 北京坐标系。通过高斯投影和横轴墨卡托（UTM）投影，WGS-84 坐标系测绘成果可以进一步转换到高斯投影坐标系和 UTM 坐标系下，方便用户使用。

4.4.2 时间匹配

车载移动测量系统具有不同的传感器类型，具有不同来源的数据，具有不同的数据特性。若要把整个系统同步起来，提供不同数据源的每帧数据的时间标签，并且整个时间标签要统一在一个时间基准下面，则必须系统设计同步方案，把绝对的时间基准引入相对系统；设计一个相对时间系统，给没有时间功能的设备提供每帧数据的时间标签；数据采集时，一并采集每帧数据产生的时刻。若不考虑各传感器之间的时间偏差，则会给融合成果带来误差，甚至产生错误的融合成果。数据同步采集控制原理如图 4.4-1 所示。

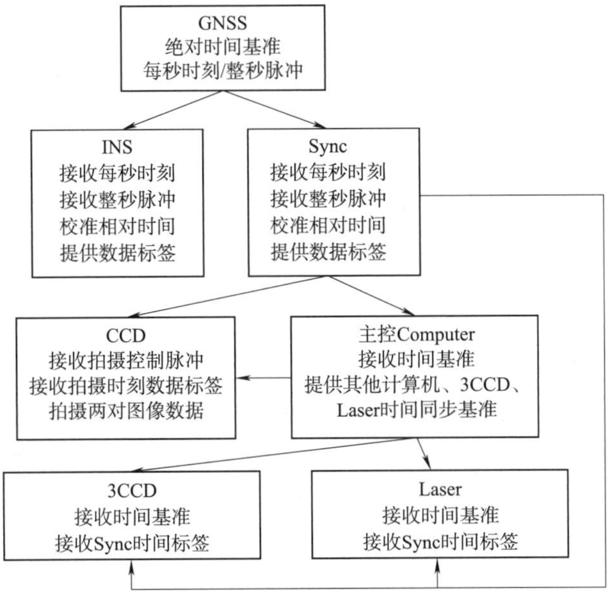

图 4.4-1　数据同步采集控制原理

组成车载移动测量系统的多个传感器的工作频率和形式各异，通过 GNSS 秒脉冲信号(PPS)进行时间同步，使系统工作在一个统一的时间基准上，这对于移动测量系统的数据同步处理至关重要，为此需要进行统一时间配准。在车载移动测量系统作业时，时间同步装置对 GNSS 秒脉冲信号(PPS)进行捕获，通过 RS-232 串口解析获得时间信息，计算 GNSS 秒脉冲信号与 GNSS 时间之间的延迟数据并进行处理。处理器接收到 GNSS 信号后，解码出相应的时间信息，将其转化为标准时间戳信息，对时间戳数据进行编码后通过 CAN 总线将时间戳发给激光扫描仪、惯导系统、全景影像系统进行时间标定，同时时间同步装置发出相应的信号指示当前所处的状态。

4.4.3　数据解析

车载移动测量系统沿轨道平行于线路方向前进的过程中，扫描棱镜采用线扫描模式，垂直于线路方向高速旋转并发射密集的激光脉冲，记录每个激光脉冲发射后经被测物体表面再返回仪器的时间差(或相位差)来计算距离 s，同步测量每个激光脉冲的扫描角度 α 和反射强度 I。扫描仪自身没有记录运动轨迹参数的能力，可认为扫描仪采集的点云数据在其自身坐标系内是重叠的。在后处理阶段，将惯导数据和里程编码计数据进行组合，解算得到车载移动测量系统的 POS 运行轨迹(图 4.4-2)，获得某一瞬时时刻 POS 系统的位置信息(x_i, y_i, z_i)和姿态信息(横滚角 ϕ、俯仰角 θ、航偏角 ψ)，再将点云数据与运行轨迹通过时间同步信息进行匹配，根据式(4.4-4)获得任意扫描点的三维坐标(x，y，z)，即可将扫描数据转换为与隧道结构和线形一致的三维点云数据。车载移动激光点云融合原理如图4.4-3所示。

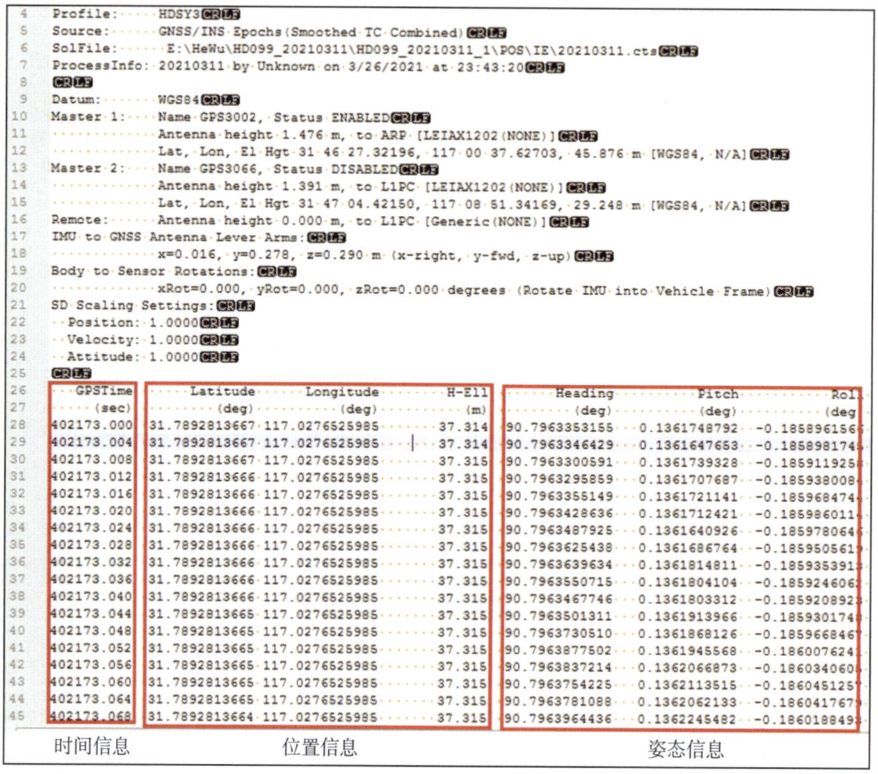

```
Profile:     HDSY3
Source:      GNSS/INS Epochs(Smoothed TC Combined)
SolFile:      E:\HeWu\HD099_20210311\HD099_20210311_1\POS\IE\20210311.cts
ProcessInfo: 20210311 by Unknown on 3/26/2021 at 23:43:20

Datum:       WGS84
Master 1:    Name GPS3002, Status ENABLED
             Antenna height 1.476 m, to ARP [LEIAX1202(NONE)]
             Lat, Lon, El Hgt 31 46 27.32196, 117 00 37.62703, 45.876 m [WGS84, N/A]
Master 2:    Name GPS3066, Status DISABLED
             Antenna height 1.391 m, to L1PC [LEIAX1202(NONE)]
             Lat, Lon, El Hgt 31 47 04.42150, 117 08 51.34169, 29.248 m [WGS84, N/A]
Remote:      Antenna height 0.000 m, to L1PC [Generic(NONE)]
IMU to GNSS Antenna Lever Arms:
             x=0.016, y=0.278, z=0.290 m (x-right, y-fwd, z-up)
Body to Sensor Rotations:
             xRot=0.000, yRot=0.000, zRot=0.000 degrees (Rotate IMU into Vehicle Frame)
SD Scaling Settings:
  Position: 1.0000
  Velocity: 1.0000
  Attitude: 1.0000

   GPSTime       Latitude    Longitude        H-Ell       Heading        Pitch         Rol
     (sec)          (deg)        (deg)          (m)         (deg)        (deg)        (deg
402173.000 31.7892813667 117.0276525985      37.314 90.7963353155  0.1361748792  -0.185896156
402173.004 31.7892813667 117.0276525985      37.314 90.7963346429  0.1361647653  -0.185898174
402173.008 31.7892813667 117.0276525985      37.315 90.7963300591  0.1361739328  -0.185911925
402173.012 31.7892813666 117.0276525985      37.315 90.7963295859  0.1361707687  -0.185938008
402173.016 31.7892813666 117.0276525985      37.315 90.7963355149  0.1361721141  -0.185968474
402173.020 31.7892813666 117.0276525985      37.315 90.7963428636  0.1361712421  -0.185986011
402173.024 31.7892813666 117.0276525985      37.315 90.7963487925  0.1361640926  -0.185978064
402173.028 31.7892813666 117.0276525985      37.315 90.7963625438  0.1361686764  -0.185950561
402173.032 31.7892813666 117.0276525985      37.315 90.7963639634  0.1361814811  -0.185935391
402173.036 31.7892813666 117.0276525985      37.315 90.7963550715  0.1361804104  -0.185924606
402173.040 31.7892813666 117.0276525985      37.315 90.7963467746  0.1361803312  -0.185920892
402173.044 31.7892813665 117.0276525985      37.315 90.7963501311  0.1361913966  -0.185930174
402173.048 31.7892813665 117.0276525985      37.315 90.7963730510  0.1361868126  -0.185966846
402173.052 31.7892813665 117.0276525985      37.315 90.7963877502  0.1361945568  -0.186007624
402173.056 31.7892813665 117.0276525985      37.315 90.7963837214  0.1362066873  -0.186034060
402173.060 31.7892813665 117.0276525985      37.315 90.7963754225  0.1362113515  -0.186045125
402173.064 31.7892813665 117.0276525985      37.315 90.7963781088  0.1362062133  -0.186041767
402173.068 31.7892813664 117.0276525985      37.315 90.7963964436  0.1362245482  -0.186018849
```


图4.4-2　POS轨迹线文件

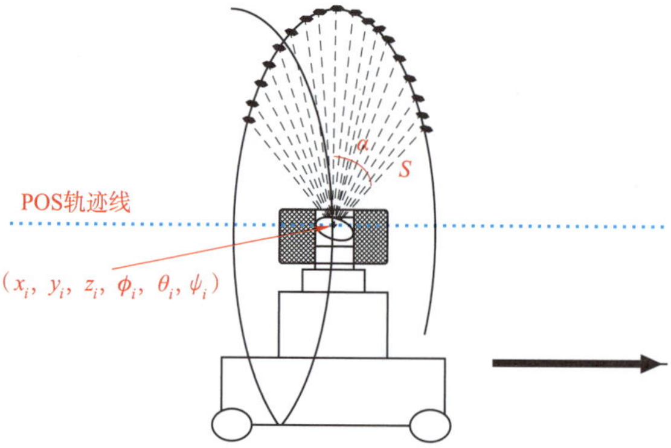

图4.4-3　车载移动激光点云融合原理

$$\begin{bmatrix} x \\ y \\ z \end{bmatrix} = \begin{bmatrix} x_i \\ S\sin\alpha + y_i \\ S\cos\alpha + z_i \end{bmatrix} \begin{bmatrix} 1 & 0 & 0 \\ 0 & \cos\phi & \sin\phi \\ 0 & -\sin\phi & \cos\phi \end{bmatrix} \begin{bmatrix} \cos\theta & 0 & -\sin\theta \\ 0 & 1 & 0 \\ \sin\theta & 0 & \cos\theta \end{bmatrix} \begin{bmatrix} \cos\psi & \sin\psi & 0 \\ -\sin\psi & \cos\psi & 0 \\ 0 & 0 & 1 \end{bmatrix} \tag{4.4-4}$$

4.5 点云赋色

联合利用车载激光点云和全景光学影像是目前车载移动测量技术的发展趋势。将这两种数据联合利用的前提与基础是对车载激光点云与全景光学影像进行高精度配准,进而可将影像的颜色信息准确映射到对应的激光点云,形成具有 RGB 值的真彩色纹理。颜色信息使得点云不仅在视觉效果上更加逼真直观,而且在点云的分割分类以及识别等领域具有重要应用。

激光扫描仪和全景相机作为车载移动测量系统的核心传感器,分别采集获取激光点云、光学影像。这两类数据对地物目标的描述有各自的优劣:光学影像具有丰富的光谱、纹理和语义信息,各类特征连续,但是影像存在成像畸变,不包含相关地物的位置关系,缺乏高程信息并且信息冗余度高;激光点云具有相关地物点的空间三维坐标,该数据具有点云密度高、精度好的优点,但是数据量大,难以提取特征、语义等信息,没有保留点云间的拓扑关系,目视判别和特征提取难度大。因此,将车载激光点云和光学影像进行融合,得到彩色点云,能够实现两者的优势互补。联合利用两种数据对于三维量测、特征提取、分割分类、目标识别、城市三维模型重建等功能的实现,具有重要的应用意义。

车载激光点云与光学影像的配准是恢复影像在摄影瞬间相对于激光点云目标的三维空间位置和姿态信息,将两种数据统一到同一个地理坐标系参考基准下的过程。全景影像中心、全景影像上像点、激光点云上同名点满足三点共线条件,故可采用共线方程表示三点之间的关系。

设全景影像中心(全景球球心)初始坐标为$[X_0 \quad Y_0 \quad Z_0]^{\mathrm{T}}$,可根据车载移动测量系统的 POS 数据和整体标定结果计算得到。设缩放系数为 λ,像点的球心坐标为$[u \quad v \quad w]^{\mathrm{T}}$,同名点激光点云坐标为$[X \quad Y \quad Z]^{\mathrm{T}}$,旋转矩阵为 $\boldsymbol{R}$。

根据共线方程,全景影像中心、全景影像上像点和同名激光点云点间有如下矩阵关系:

$$\begin{pmatrix} u \\ v \\ w \end{pmatrix} = \lambda \boldsymbol{R} \begin{pmatrix} X-X_0 \\ Y-Y_0 \\ Z-Z_0 \end{pmatrix} \tag{4.5-1}$$

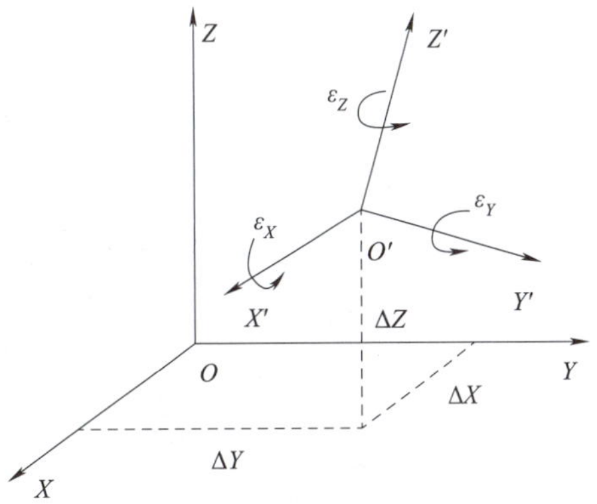

图 4.5-1 全景相机与激光点云坐标系关系

从式(4.5-1)可以看出,全景成像点坐标和激光点坐标变换关系即是两空间直角坐标系的转换,如图 4.5-1 所示,可以通过缩放、平移和旋转进行,坐标转换关系可用式(4.5-2)表示。

$$\begin{pmatrix} X \\ Y \\ Z \end{pmatrix} = \lambda \boldsymbol{R} \begin{pmatrix} X' \\ Y' \\ Z' \end{pmatrix} + \begin{pmatrix} \Delta X \\ \Delta Y \\ \Delta Z \end{pmatrix} \tag{4.5-2}$$

$$\boldsymbol{R}=\begin{bmatrix}\cos\varepsilon_Y\cos\varepsilon_Z-\sin\varepsilon_Y\sin\varepsilon_X\sin\varepsilon_Z & -\cos\varepsilon_Y\sin\varepsilon_Y-\sin\varepsilon_Y\sin\varepsilon_X\cos\varepsilon_Z & -\sin\varepsilon_Y\cos\varepsilon_X \\ \cos\varepsilon_X\sin\varepsilon_Z & \cos\varepsilon_X\sin\varepsilon_Z & -\sin\varepsilon_Z \\ \sin\varepsilon_Y\cos\varepsilon_Z+\sin\varepsilon_X\sin\varepsilon_Z\cos\varepsilon_Y & -\sin\varepsilon_Y\sin\varepsilon_Z+\cos\varepsilon_Y\sin\varepsilon_X\cos\varepsilon_Z & \cos\varepsilon_Y\cos\varepsilon_X\end{bmatrix}$$

从式(4.5-2)可以看出，只需求解出平移参量$[\Delta X \quad \Delta Y \quad \Delta Z]^{\mathrm{T}}$、旋转矩阵$\boldsymbol{R}$(3个参数)和比例系数$\lambda$，即可实现坐标系的转换。可以选择基于罗德里格矩阵形式的转换方式进行变换，充分利用旋转矩阵是正交阵的特点，算法简单且不需要迭代，适用于任意旋转角。

点云赋色以时间为基准，在大地坐标系下建立激光扫描点与图像像素的一一对应关系。即根据激光扫描点的大地坐标$Q(X,Y,Z)$求其在全景影像上的像点$q(u,v)$，并将像点q的RGB值赋给扫描点Q。点云数据赋色流程如图4.5-2所示。

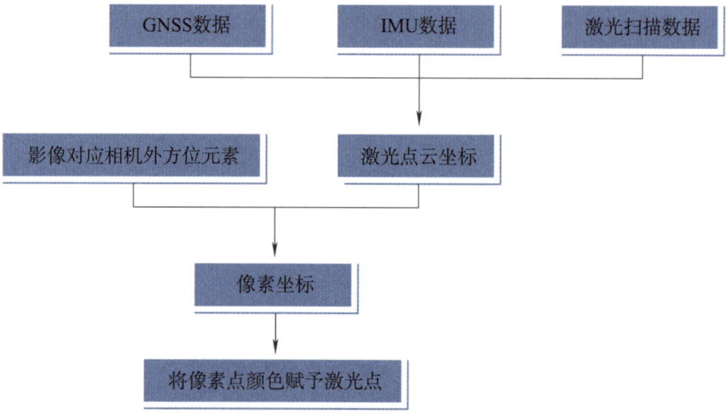

图4.5-2　点云赋色流程

由全景影像中心、像点和激光点三点共线原理，可建立全景影像与点云的配准。配准完成后，即可获取影像的外方位元素，将全景影像由自身的像空间坐标系转换到大地坐标系。把对应全景影像上点的颜色属性值赋值给激光点，即完成一个激光点与影像的融合。重复整个过程，为激光点云中的每个点都赋予颜色属性值，最终就得到具有真实颜色属性信息的彩色点云(图4.5-3)，即完成了车载全景影像与激光点云数据的融合。融合数据在保留激光点云数据特性的前提下，不仅可增强道路边线、道路标识、路边设施等地物的纹理信息，提升建筑物墙面的纹理真实感，还能获取具有高精度量测性的全景影像，在城市生活和基础建设各方面发挥重要作用。

图4.5-3　轨道交通真彩色点云

第5章 精度分析

5.1 主要误差分析

车载移动测量系统的测量误差直接影响数据质量与成果精度。由于该系统由激光扫描仪、数码相机、定位测姿、时间同步等多种类型传感器组成，每一种类型传感器自身均存在不同量级的误差。将不同类型传感器组装在一起，需要对系统集成参数进行标定，保证多传感器的时空同步，然而系统集成与标定也存在不同程度的误差。

5.1.1 传感器自身测量误差

1. 激光扫描仪测量误差

激光扫描仪测量误差主要有激光扫描仪自身的误差、因外界环境引起的激光传输误差、被测物体表面特性引起的误差，这些因素引起的误差将综合表现为扫描仪测角、测距的测量误差。

仪器自身误差是指内部传感器及加工组装引起的误差。内部传感器单元的误差，如激光发射器光源发散性误差、步进电机旋转角度误差，这些误差一般由扫描仪生产厂家进行出厂前的标定，后期很难进行误差改正。各部件加工组装的误差，如零位误差、轴系误差，尽管仪器制造商在扫描仪出厂前已经进行标定，但是在后期使用过程中误差会增加，用户可通过相应的检校，将此部分的系统误差改正至扫描角度和距离的观测数值中。

2. 数码相机的测量误差

数码相机的误差包括镜头畸变和内方位元素误差，按照数码相机测角法检校原理，利用像点坐标数据和轴角编码器测得角度数据，根据畸变平方和最小原则，通过三角几何关系解算出数码相机的主点、主距和畸变系数。

(1)内方位元素

内方位元素是描述摄影中心 S 与像片 P 之间相对位置关系的要素。在像平面坐标系内的像主点坐标(x_P，y_P)和主距 f，称为像片 P 的内方位元素。通过内方位元素可以唯一确定摄影中心 S 与像片 P 之间的位置关系，即恢复光束在摄影时的形状(冯文灏，2002)。

(2)相机畸变系数

畸变系数分为径向畸变、偏心畸变和像片内仿射性畸变。

3. 定位测姿的测量误差

定位测姿系统通过 GNSS 获取初始位置数据，通过惯性测量单元获取姿态变化增量，采用卡尔曼滤波算法进行耦合计算，生成高频率、高精度的定位测姿成果。其传感器的误差包括 GNSS 误差和 IMU 误差。

(1)GNSS 定位误差

GNSS 定位是通过地面接收设备，接收卫星传送的信息来确定地面点的空间三维坐标。定位结果的误差来源主要有 GNSS 卫星、卫星信号的传播过程和地面接收卫星设备。上述误差，按照误差性质可分为偶然误差和系统误差，其误差处理方法主要有模型法、求差法和平差法。两种误差中，系统误差是主要的误差来源，直接影响卫星定位精度，且有一定规律可循，可采取一定措施加以消除。系统误差主要包括星历误差、卫星钟差、接收机钟差以及大气折射误差。

在实际测量作业过程中，可通过使用双频高精度的接收机、设置强制对中装置的观测墩、建立地面卫星定位的基准网、减小地面卫星基准站的间隔、增强基准站几何图形的强度等方式，提高 GNSS 定位精度。

(2)IMU 测量误差

惯性测量单元由 3 个正交安装的单轴陀螺仪或两个正交安装的双轴陀螺仪、3 个正交安装的加速度计、温度传感器、相关辅助电路及结构体组成。其中，陀螺仪用来检测载体平台在导航坐标系中三轴的角速度信号，加速度计用来检测载体平台在导航坐标系中三轴的比力(非引力加速度)信号，由导航计算机对角速度和加速度的原始数据进行计算处理后，输出航偏角 ψ、俯仰角 θ 和横滚角 ϕ 等参数。惯性测量误差，按照传感器可分为加速度计误差、陀螺仪误差、轴系误差，按照误差类型可分为零偏稳定性、上电重复性、比例因子误差、交叉耦合误差、随机噪声误差、温度改正误差。

零偏稳定性：当 IMU 处于静止状态下，一定测量时间内，输出量(角速度、加速度)围绕其均值的离散程度，以三个轴输出量的标准偏差值表示。

上电重复性：在同样测试条件及相同时间间隔内，通过多次给 IMU 上电开机，输出量相对其均值的离散程度，以多次测量三个轴输出量的标准偏差值表示。

零偏稳定性和上电重复性误差是 IMU 的主要误差源，其精度指标也是衡量 IMU 等级的主要参数。比例因子误差、交叉耦合误差、随机噪声误差、温度改正误差影响相对较小，一般在 IMU 出厂前进行系统标定。

4. 时间测量误差

时间测量误差主要包括同步偏差和内插偏差。轨道交通车载移动测量的速度暂定不大于 360 km/h，即 1×10^5 mm/s。因此，时间同步精度优于微秒(10^{-6} s)级时，所产生的扫描线位置误差小于 0.1 mm，在车载移动测量的应用中，可以忽略不计。

5.1.2 系统集成与标定误差

系统集成误差主要包括激光扫描仪参考中心与 POS 中心偏心矢量和安置角误差、不同传感器之间的时间同步误差、不同传感器与 POS 之间的线形内插误差、GNSS/INS 组合导航滤波模型误差等。

1. 时间基准统一的误差

高精度时间基准的建立与时间同步的控制是多传感器集成的基础。通过时间同步控制，将移动测量中各种传感器连接起来，实现移动测量系统的标定和各种传感器多源异构数据的融合。

每秒脉冲(1 pulse per second，1 PPS)精度和时间频率稳定性(日老化率或月老化率)是衡量时间基准的主要精度指标。高稳定性石英晶振或高精度原子钟(铷原子钟等)是常用的守时模块。授时类型的 GNSS 模块，输出脉冲精度可达纳秒(10^{-9} s)数量级，利用 PPS 脉冲和 GNSS 输出的时间信息(UTC 世界时，NMEA 格式数据)，实现对守时模块时间漂移的纠正。

时间控制模块集成了晶振或原子钟等守时模块和授时型的 GNSS 模块，将时间信息及 1 PPS 信号同步触发给惯性测量单元、激光扫描仪、数码相机等传感器，进而实现多传感器时间基准统一和同步采集控制，如图 5.1-1 所示。

图 5.1-1 时间控制模块

2. 空间基准统一的误差

空间基准统一主要是通过对设备安置参数进行标定，包括激光扫描仪、数码相机等设备相对 POS 坐标系的偏心矢量(lever arm)和安置角度(borsight angle)，其参数标定称为车载移动测量系统的外标定(external calibration)。

5.2 成果精度验证

车载移动测量系统成果精度验证包括绝对精度、相对精度和重复性精度。成果精度验证主要在选定的室外检测场内进行。标准的检测场应具备以下条件：

(1)卫星高度角为 15°以上，有效卫星数量不少于 6 颗且信号良好，区域车道不少于 2 处坡度和 2 处弯道。

(2)区域内不少于 100 个标志物和特征点，如建筑物角点，路灯、路面斑马线等，这些标志物或特征点的绝对测量精度为车载移动测量系统精度的 1/3～1/10。此外，应布设不同反射率(如20%、50%、80%)的球形或圆形反射靶标。特征点远近、高低应分布均匀,避免在同一直线上。

(3)检测场附近应设置GNSS基准站,与检测场距离保持在15 km以内。检测场内特征点、控制点和GNSS基准站设站点应具备WGS-84坐标和CGCS2000坐标。

选定检测场后,通过GNSS静态测量完成首级网控制测量,再通过高精度全站仪进行碎步测量,通过分级布网、逐级控制的原则完成整个检测场内特征点的三维坐标测量,与车载移动测量系统在检测场内采集的点云成果进行对比,实现成果精度验证。点云精度评定流程如图5.2-1所示。

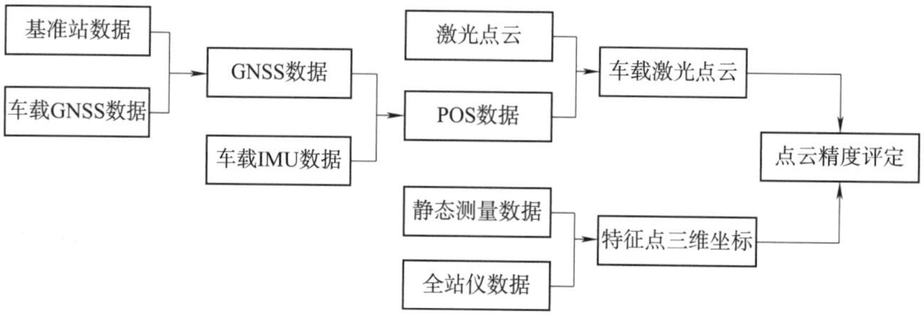

图5.2-1　点云精度评定流程图

①绝对精度。根据检测场内控制点的WGS-84坐标和CGCS2000坐标计算转换参数,将WGS-84点云成果应用该转换参数并高斯投影到CGCS2000坐标系,与已知特征点坐标进行比较,通过下式进行绝对精度验证:

$$\begin{cases} \sigma_{\mathrm{p}} = \pm\sqrt{\dfrac{\sum\limits_{i=1}^{n}(x_i - x_{i0})^2 + \sum\limits_{i=1}^{n}(y_i - y_{i0})^2}{n}} \\ \sigma_{\mathrm{h}} = \pm\sqrt{\dfrac{\sum\limits_{i=1}^{n}(h_i - h_{i0})^2}{n}} \end{cases} \tag{5.2-1}$$

式中,σ_{p}为平面精度;σ_{h}为高程精度;(x_i, y_i, h_i)为激光点三维坐标;(x_{i0}, y_{i0}, h_{i0})为特征点已知三维坐标。

②相对精度。根据点云数据处理软件提取或量测已知目标线段的长度或已知标志物的尺寸,利用全站仪或手持测距仪测量得到已知值,采用下式计算相对精度:

$$\sigma_{\mathrm{L}} = \pm\sqrt{\dfrac{\sum\limits_{i=1}^{n}(L_i - L_{i0})^2}{n}} \tag{5.2-2}$$

式中,σ_{L}为相对精度;L_i为利用点云量测的目标线段长度;L_{i0}为目标线段长度的已知测量值;n为量测的目标线段数量。

③重复性精度。重复性是指在相同测量条件下,对同一被测量目标进行连续多次测量

所得结果之间的一致性。车载移动测量系统点云绝对精度和相对精度是通过单次测量结果进行的精度评定，反映的是车载移动测量系统的外符合精度。而重复性精度是对系统多次测量结果的精度评定，反映的是车载移动测量系统的内符合精度。根据下式可计算重复性精度：

$$\begin{cases} \sigma_{\mathrm{pr}} = \sqrt{\dfrac{\sum\limits_{i=1}^{n}\left(x_{ij} - \dfrac{1}{m}\sum\limits_{j=1}^{m}x_{ij}\right)^2 + \sum\limits_{i=1}^{n}\left(y_{ij} - \dfrac{1}{m}\sum\limits_{j=1}^{m}y_{ij}\right)^2}{m \times n - 1}}, j = 1,2,\cdots,m \\ \sigma_{\mathrm{hr}} = \sqrt{\dfrac{\sum\limits_{i=1}^{n}\left(h_{ij} - \dfrac{1}{m}\sum\limits_{j=1}^{m}h_{ij}\right)^2}{m \times n - 1}}, j = 1,2,\cdots,m \end{cases} \tag{5.2-3}$$

式中，(x_{ij}, y_{ij}, h_{ij})为每个测量点的坐标值；i为点号；j为测量次数；n为测量点总数；m为测量总次数；σ_{pr}为平面重复性精度；σ_{hr}高程重复性精度。

第6章 质量增强

利用车载移动测量系统进行数据采集及数据解算时，往往需要进行各项质量控制，以获取更高精度的点云数据解算成果，采用坐标转换方法，将车载移动测量系统获取的点云数据坐标系统转换到工程独立坐标系统下，以满足不同工程的实际应用需求。

为了分析靶标控制点对点云精度提升等方面的作用，本章从靶标布设方式、靶标布设距离等不同角度进行阐述，并将靶标控制点提升点云精度方面的试验数据进行了详细分析。为了满足不同场景、不同工程的应用需求，本章分别从点云滤波、点云强度增强及数码影像匀色等方面进行理论分析及试验验证。

6.1 质量控制策略

在利用车载移动测量系统进行测量前，往往需要对其惯性测量装置、三维激光扫描仪等各传感器进行系统检校标定，以求得各传感器中心的相对几何位置关系，减小点云错层、提高点云成果精度。将设备安装后，需要采用全站仪、激光跟踪仪等测量工具获取惯性测量单元、卫星导航接收机的主副天线、里程编码计等传感器的相对位置关系，并采用基准站质量控制、设备静置控制等方式，满足高精度数据采集成果的应用需求。

6.1.1 系统检校标定

车载移动测量系统是由 GNSS、IMU、激光扫描仪、数码相机、里程编码计等多传感器集成的系统。各传感器以一定的方式固定在运动载体上，由于各传感器的几何中心存在位置偏差以及各自坐标系的定义不同，车载移动测量系统多源数据融合前需要确定各传感器之间的位置关系和角度关系，即确定各传感器坐标之间存在的偏心距和偏心角问题，这就是车载移动测量系统的组合检校，主要包括 GNSS 与 IMU 的组合检校、激光扫描仪与 IMU 的组合检校、数码相机和 IMU 的组合检校以及激光扫描仪和数码相机的组合检校(徐寿志，2016)。

为了保证车载移动测量系统长途运输过程中的安全，在运输前会将整个系统拆分装箱，运输到现场时再将系统重新组装。这样会产生一个问题，即设备的原标定参数在重新组装后已经失效，需要重新进行系统检校，整个系统检校的过程如下：

1. 系统检校场设计

(1)在项目现场附近找一个十字路口，十字路口周边必须有众多建筑物且墙面为平面(非曲面或皱折)。

(2)系统检校场需有良好的 GNSS 覆盖(不要有太多高树或者高楼)。
(3)道路和两边的建筑物间不能有遮挡(如树丛或者树木在中间)。
(4)该十字路口必须尽可能地靠近基站(理想情况是小于 5 km)。
图 6.1-1 所示为系统检校场。

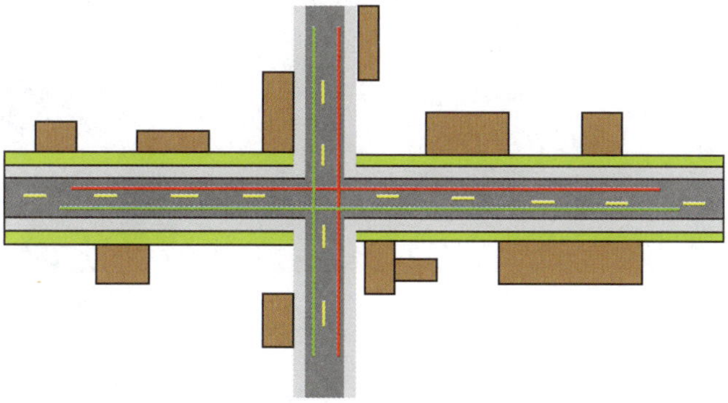

图 6.1-1　系统检校场

2. 系统检校流程

(1)将车载移动测量系统重新组装,并安装到专用的越野车上,如图 6.1-2 所示。

图 6.1-2　车辆示意图

越野车上需要加装载重不低于 200 kg 的行李架,行李架尽量装在越野车尾部,将车载移动测量系统组装至刚性云台上,然后将刚性云台安装至行李架上,如图 6.1-3 所示。

(2)沿着检校场十字路口的两条道路进行扫描,每条道路需要往返两个方向。
(3)尽量保持匀速行驶。
(4)尽量直线行驶,如果转弯,尽量缓和地转。
(5)使用最大扫描频率以及中速的脉冲发射频率。
(6)通过检校数据处理软件进行系统标定参数的计算,完成系统检校。

6.1.2　系统安装标定

车载移动测量系统安装至承载平台之后,需要对设备各个传感器之间的相对位置进行

图 6.1-3　装载行李架的车辆示意图

测量，计算标定参数，以保证系统采集三维点云的精度，如图 6.1-4 所示。

具体方法是建立一个相对坐标系，通过全站仪测量惯导中心、GNSS 天线中心和 DMI 中心的坐标，通过它们的相对坐标进行标定参数解算。传感器相对位置的测量精度要求误差在 1 mm 以内，全站仪建议选用 LEICA 1201 或精度更高的仪器。

图 6.1-4　通过全站仪进行系统安装后的标定

6.1.3　基站质量控制

移动测量系统的原理实质是 GNSS 动态后处理差分技术（徐晶晶，2020；徐绍铨，2008；宋黎民等，2019），作业时在地面已知点上架设基站接收机，与车载移动 GNSS 同时对卫星进行观测，事后进行联合处理解算得到移动站的轨迹坐标。众所周知，电离层和对流层误差是卫星定位测量的主要误差源。基站和移动站距离越近，差分处理时，误差消除得越彻底，因此基站控制范围不宜过大。此外地球曲率的影响相对误差为 1/500 000，当距离在 15 km 以上时，需要考虑地球曲率的影响。综合考虑，地面基站的控制范围不大于 10 km。当作业区间小于 20 km 时，可在区间线路中段附近架设单基站。

地面基站位置选址应符合下列规定：

(1)为保证 GNSS 接收机接收到的卫星信号良好，点位周围应视野开阔、对天空通视情况良好，视场内障碍物的高度角不宜大于 15°；

(2)为了降低接收机受周边设备的电磁干扰，点位至电视塔、微波站等大功率无线电发射台的距离不宜小于 200 m，至高压输电线的距离不宜小于 50 m；

(3)地面基站选用的 GNSS 接收机应与车载 GNSS 接收机性能相匹配，宜为多星座双频接收机，采样间隔应不大于 1 s，具有良好的抗干扰能力，电源续航能力宜大于 10 h；

(4)地面基站 GNSS 接收机宜采用多星座双频接收机，是因为 POS 轨迹线解算时，卫星信号的观测质量对解算精度影响较大，实际作业时应尽可能选用多星座(GPS/GLONASS/BDS)接收机提高卫星观测数量；

(5)基站架设采用三脚架和对中误差优于 1 mm 的光学对中器，作业前应对接收机和光学对中器检验校正。

地面基站 GNSS 观测技术要求应符合表 6.1-1 的要求。

表 6.1-1　地面基站 GNSS 观测技术要求

类　型	参　数
卫星截止高度角/°	15
同时观测有效卫星数/颗	≥4
有效观测卫星总数/颗	≥6
位置精度因子	<6.0
观测时段长度	覆盖外业数据采集时间
采样间隔/s	≤1

6.1.4 设备静置控制

由于在测量过程中，惯性测量装置状态不稳定，在进行移动三维激光扫描前和结束测量后，需将设备静置 5～10 min，以获取惯性测量装置稳定的状态信息。

如通过长大隧道的时间大于 1 min 或卫星长时间失锁的空间时，需在隧道进口和隧道出口附近对空条件较好的开阔地带将设备静置 5～10 min，以降低设备进入卫星长时间失锁空间时惯导状态漂移的误差。

1. 内符合精度分析

在铁路线路上扫描时，利用后处理软件提取轨道坐标并计算轨距，将计算的轨距值与标准轨距进行对比分析，作为内符合精度的检查结果。

在公路上进行扫描时，选择地势平坦的路面，用断面查看点云数据的高差分布情况，作为高程内符合精度的检查结果。

选择较大墙体作为检查对象，检查 LiDAR 平面精度。

2. 绝对精度分析

提取点云上明显地物的绝对坐标值，与常规测量手段获取的特征点坐标进行对比分析，作为点云绝对精度的检查。

6.2 坐标系统转换方法

在对车载激光雷达数据进行处理时，通常有两种方式对点云进行精度增强：①利用专业点云处理软件（如 MicroStation），采用七参数转换＋投影变换的方式直接对点云进行坐标转换，得到转换坐标后的点云数据；②利用平面四参数＋高程拟合的方式，对车载移动测量系统获取的轨迹线数据进行坐标转换及精度纠正，利用纠正后的轨迹线重新对点云数据进行融合处理，得到目标坐标系下的点云数据。

在进行车载雷达数据处理时，利用线下 GNSS 基准站坐标解算的轨迹线坐标一般为 WGS-84 坐标系下的坐标，而轨道交通工程一般为独立坐标系统，需要通过四参数转换将 WGS-84 平面坐标系统转换到独立坐标系统。另外，解算得到的轨迹线高程为大地高，需通过高程拟合算法将大地高转换为正常高，而轨道交通工程测区往往呈带状分布，测区内高程异常往往不是一个固定值，如只利用 GNSS 基准站作为起算点进行点云数据的解算，会降低高程分量的解算精度，需要通过布设靶标或加密地面控制点，采用平面四参数（孙小荣等，2015；张华海，2016）及高程拟合（魏逸飞等，2012；王德保，2005）的方式进行点云轨迹线的纠正，利用纠正后的轨迹线数据重新对点云数据进行融合处理，得到工程独立坐标系下的点云数据的同时，提高点云精度。

6.2.1 四参数转换

1. 经典平面四参数模型

平面四参数模型用于点在不同平面直角坐标系间的转换。假设有两个分别位于不同基准的平面直角坐标系 $O_1\text{-}x_1y_1$ 和 $O_2\text{-}x_2y_2$，将坐标系 $O_1\text{-}x_1y_1$ 下坐标转换为坐标系 $O_2\text{-}x_2y_2$ 下坐标的模型（孙小荣等，2015；张华海，2016）如下：

$$\begin{cases} x_2 = x_0 + x_1 m\cos\alpha - y_1 m\sin\alpha \\ y_2 = y_0 + x_1 m\sin\alpha + y_1 m\cos\alpha \end{cases} \tag{6.2-1}$$

式中，(x_1, y_1) 和 (x_2, y_2) 为某点分别在坐标系 $O_1\text{-}x_1y_1$ 和 $O_2\text{-}x_2y_2$ 下的平面直角坐标；α 为旋转参数（x_1 轴相对于 x_2 轴的坐标方位角）；m 为尺度参数；x_0、y_0 为 2 个平移参数（原点 O_1 在坐标系 $O_2\text{-}x_2y_2$ 中的坐标）。

公共点在两个坐标系的坐标之差为

$$\begin{cases}\Delta x=x_2-x_1=x_0+x_1m\cos\alpha-y_1m\sin\alpha-x_1\\ \Delta y=y_2-y_1=y_0+x_1m\sin\alpha+y_1m\cos\alpha-y_1\end{cases}\tag{6.2-2}$$

令 $a_1=m\cos\alpha-1, a_2=m\sin\alpha$，上式可写为

$$\begin{cases}\Delta x=x_0+x_1a_1-y_1a_2\\ \Delta y=y_0+x_1a_2+y_1a_1\end{cases}\tag{6.2-3}$$

写成矩阵形式为

$$\boldsymbol{L}=\boldsymbol{B}\delta\boldsymbol{X}\tag{6.2-4}$$

式中，$\boldsymbol{L}=[\Delta x\quad \Delta y]^{\mathrm{T}}$，$\boldsymbol{B}=\begin{bmatrix}1 & 0 & x_1 & -y_1\\ 0 & 1 & y_1 & x_1\end{bmatrix}$，$\delta\boldsymbol{X}=[x_0\quad y_0\quad a_1\quad a_2]^{\mathrm{T}}$。

在实施坐标转换的局部区域，均匀选取若干公共点，将这些公共点的坐标差 Δx，Δy 视为“观测量”。设这些观测量的改正数为 $v_{\Delta x}$，$v_{\Delta y}$，根据最小二乘法原理，由观测方程(6.2-4)列出误差方程，进而组成法方程，求解转换参数，最后将转换参数回代入式(6.2-4)即可完成坐标转换。

因误差方程系数矩阵 $\boldsymbol{B}$ 中的元素 x_1、y_1 的值很大，由公共点计算得到的法方程系数矩阵中最大元素与最小元素之比近似为 10^{13} 量级，引起法方程系数矩阵病态。对于病态方程组，即使采用稳定的算法，求解时也必然出现解的不稳定现象，得不到令人满意的结果。

2. 改进的平面四参数模型

鉴于经典平面四参数模型存在的问题，有学者通过调整误差方程系数矩阵的元素值，改进法方程系数矩阵的结构，降低其病态性。总的方法是将原经典模型绕原点 O_1 旋转改为绕 P 旋转，如图 6.2-1 所示，具体步骤如下：

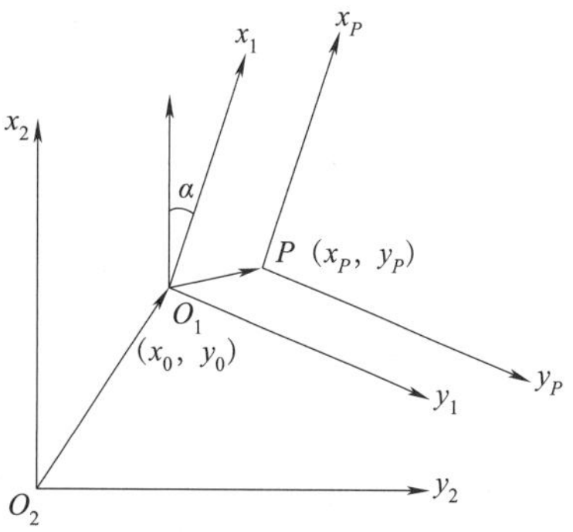

图 6.2-1　平面四参数转换

(1)将坐标系 O_1-x_1y_1 的原点 O_1 平移到某点 P，形成一个过渡坐标系 P-x_Py_P；

(2)假设有垂直于 x_Py_P 平面的 z_P 轴，以 P 点为旋转点，将坐标系 P-x_Py_P 绕 z_P 轴旋转 α，使经过旋转后的坐标系 P-x_Py_P 与 O_2-x_2y_2 的同名坐标轴平行；

(3)将坐标系 P-x_Py_P 中的长度单位缩放 m 倍，使其与坐标系 O_2-x_2y_2 的长度单位一致；

(4)将 O_1 分别沿 x_2、y_2 轴移动 $-x_0$、$-y_0$，使其与原点 O_2 重合。

上述转换过程可用数学公式表达如下：

$$\begin{cases}x_2=x_0+x_P+x_1'm\cos\alpha-y_1'm\sin\alpha\\ y_2=y_0+y_P+x_1'm\sin\alpha+y_1'm\cos\alpha\end{cases}\tag{6.2-5}$$

改进模型的形式同经典模型，也包括 4 个旋转参数，其中平移参数的含义相同，但旋转和尺度参数的含义不同，α、m 为由坐标系 P-x_Py_P 转换到坐标系 O_2-x_2y_2 的角度和尺度因子。式(6.2-5)将测区坐标进行了中心化处理，当 x_P、y_P 都为 0 时，即为经典模型，相当于绕 O_1 点旋转。

式(6.2-5)中,(x_1', y_1')是测区中心化后的坐标,$x_1' = x_1 - x_P$,$y_1' = y_1 - y_P$;(x_P, y_P)为 P 点在坐标系 $O_1\text{-}x_1y_1$ 下的平面直角坐标,是公共点原坐标的平均值;其他变量含义同经典模型。假设测区有 n 个公共点,(x_1^i, y_1^i)为第 i 点的坐标,则

$$\begin{cases} x_P = \dfrac{1}{n}\sum\limits_{i=1}^{n} x_1^i \\ y_P = \dfrac{1}{n}\sum\limits_{i=1}^{n} y_1^i \end{cases} \tag{6.2-6}$$

为进一步改善法方程系数矩阵的病态性,还需要对误差方程系数中的元素施加适当的缩小因子 k,即在前面求出 x_1'、y_1' 的基础上,令

$$\begin{cases} x_1'' = x_1'/k \\ y_1'' = y_1'/k \end{cases} \tag{6.2-7}$$

k 的取值由测区范围确定,例如测区范围在 100 km×100 km 左右,则中心化后的坐标均小于 10^6 量级(以 m 为单位),此时可取 $k=10^6$;若 k 取值过大,也会造成矩阵主对角元素不占优,法方程系数矩阵病态。通过上述步骤,有效降低了误差方程系数矩阵中最大元素与最小元素的比值,改善了法方程系数矩阵的结构。

列误差方程时,以经过中心化与缩小系数处理后的坐标(x_1'', y_1'')代替式(6.2-4)系数矩阵 $\boldsymbol{B}$ 中的原始公共点坐标(x_1, y_1),此时式(6.2-4)变为

$$\boldsymbol{L} = \boldsymbol{B}_1 \delta \boldsymbol{X} \tag{6.2-8}$$

式中,$\boldsymbol{B}_1 = \begin{bmatrix} 1 & 0 & x_1'' & -y_1'' \\ 0 & 1 & y_1'' & x_1'' \end{bmatrix}$;$\boldsymbol{L}$ 的形式和数值同式(6.2-4);$\delta\boldsymbol{X}$ 的形式同式(6.2-4),但数值不同。

6.2.2 高程拟合

目前,利用 GNSS 技术能够经济而快速地获得所测点位高精度的平面坐标,但是一直无法以相应的精度获得点位的海拔高程。GNSS 测量获得的高程是以 WGS-84 椭球面为基准面的大地高 H,而我国的高程系统采用的是以似大地水准面为基准面的正常高 h,两者的转换关系为

$$\zeta = H - h \tag{6.2-9}$$

式中,ζ 为似大地水准面和参考椭球面的距离,称为高程异常。由于 WGS-84 椭球面与似大地水准面之间关系非常复杂,导致高程异常值不能用某个数学函数准确表达,因此 GNSS 高程在实际应用中受到很大限制。要想利用 GNSS 测得的高程代替常规的水准测量,获得高精度的水准高程,其中高程异常的拟合是关键。

常用的 GNSS 高程异常拟合方法有二次曲面拟合法、多面函数拟合法、移动曲面拟合法、Shepard 拟合法、Kriging 法、最小二乘配置法和 BP 神经网络法等。不同的方法具有不同的特点,适应性也不同。

1. 多面函数拟合法

多面函数拟合法是由 Hardy 教授提出的，其基本思想是：任何数学表面和不规则圆滑表面，总可用一系列有规则的数学表面和以任意精度逼近。其一般形式为

$$Z = f(x,y) = \sum_{j=1}^{n} a_j Q(x,y,x_j,y_j) \tag{6.2-10}$$

式中，a_j 为待定系数；$Q(x,y,x_j,y_j)$是多面函数的核函数。核函数有多种类型，常用的是具有对称性的距离型核函数和锥面函数，其中具有对称性的距离型核函数表达式为

$$Q(x,y,x_j,y_j)=[(x-x_j)^2+(y-y_j)^2+\delta]^{\mu} \tag{6.2-11}$$

式中，δ 为平滑因子，通常可取一小整数或 0；μ 一般取$\frac{1}{2}$或$-\frac{1}{2}$。$\mu=\frac{1}{2}$时，核函数称为正双曲面函数；$\mu=-\frac{1}{2}$时，核函数称为倒双曲面函数。

锥面函数表达式为

$$Q=c+\sqrt{(x-x_j)^2+(y-y_j)^2} \tag{6.2-12}$$

式中，c 为待定参数。

设有 m 个已知 GNSS 水准点(x_i , y_i)，选取其中 n($n \leqslant m$)个点作为核函数的中心点(x_j , y_j)，令 $Q_{ij} = Q(x_i,y_i,x_j,y_j)$ ，则各数据点应满足：

$$\zeta_i = \sum_{j=1}^{n} a_j Q_{ij} \quad (i = 1,2,\cdots,m) \tag{6.2-13}$$

由此可列出误差方程

$$\boldsymbol{V}=\boldsymbol{QX}-\boldsymbol{\zeta} \tag{6.2-14}$$

根据最小二乘原理可求得待定系数 $\boldsymbol{X}$，即

$$\boldsymbol{X}=(\boldsymbol{Q}^{\mathrm{T}}\boldsymbol{Q})^{-1}\boldsymbol{Q}^{\mathrm{T}}\boldsymbol{\zeta} \tag{6.2-15}$$

待定系数求出后，根据式(6.2-15)可计算测区各待定点的高程异常值。

需要注意的是，应用多面函数拟合高程异常时，要根据测区大小和地形情况确定合适的核函数、平滑因子和中心点个数。

2. 移动曲面拟合法

移动曲面拟合法的基本原理是以每一个待定点为中心，选取待定点周围适量的已知点，拟合出一个多项式曲面，进而内插出待定点上的函数值，此方法是一种特殊的局部函数逼近法。采用此方法拟合，在每个待定点上都可单独求定一个拟合函数，直接得到待定点上的拟合值，计算比较灵活。

为了选取邻近的数据点，以待定点 $P(x_P,y_P)$为圆心、R 为半径作圆，凡落在圆内的数据点即被选用。所选用的点数根据所采用的局部拟合函数来确定，若是二次曲面拟合，则要求选用的数据点个数 $n>6$ ，若选择的点数不够时，则应增大半径 R ，直至数据点的个数 n 满足要求。因此实际应用时要根据情况选择合适的半径 R 。

根据已知点与待定点间的距离进行定权。权的引入是为了确定各已知点对待定点的影响程度,两点间距离越近影响程度越大,这与测量平差中的权根据误差来定义是不同的。常采用的权有以下几种形式:

$$p(d_i)=1/d_i^2 \tag{6.2-16a}$$

$$p(d_i)=\left(\frac{R-d_i}{d_i}\right)^2 \tag{6.2-16b}$$

$$p(d_i)=\mathrm{e}^{-\frac{d_i^2}{a^2}} \tag{6.2-16c}$$

式中,$d_i=\sqrt{(x_i-x_P)^2+(y_i-y_P)^2}$;$a$ 为常数,可根据试验确定,通常情况下取已知点间平均距离的 2 倍;R 为圆形移动窗口的半径。这三种权的形式都符合上述选择权的原则,但是它们与距离的关系有所不同,具体选用何种权形式,需根据地形进行试验选取。

在进行拟合计算前,可以先将参与拟合的各数据点坐标进行中心化处理,即将各点坐标减去待定点 P 的坐标,这样转换以后就变成以 P 为原点的坐标:

$$\begin{cases}\overline{x}_i=x_i-x_P\\ \overline{y}_i=y_i-y_P\end{cases} \tag{6.2-17}$$

用这些中心化后的坐标$(\overline{x}_i,\overline{y}_i)$参与拟合计算,以二次曲面拟合为例,拟合模型为

$$\zeta_i=a_0+a_1\overline{x}_i+a_2\overline{y}_i+a_3\overline{x}_i^2+a_4\overline{x}_i\overline{y}_i+a_5\overline{y}_i^2 \tag{6.2-18}$$

最后求待定点 P 的高程异常时,直接代入坐标(0,0)即可。可以看出,此时待定点的高程异常值就是拟合模型的常数项 a_0 ,在很大程度上方便了计算。而且将坐标进行中心化处理以后,一般坐标$(\overline{x}_i,\overline{y}_i)$会相对较小,所形成的法方程矩阵各元素大小相差不大,这有利于改善方程的数值稳定性和提高解算精度。

3. Shepard 曲面拟合法

Shepard 曲面拟合法是 Shepard 于 1964 年提出的局部逼近模型,它将 R 为半径的拟合区分为两个环带,并分别定义权函数(管泽霖等,1994):

$$p(r)=\begin{cases}\dfrac{1}{r} & \text{当 } 0<r\leqslant\dfrac{R}{3}\\ \dfrac{27}{4R}\left(\dfrac{r}{R}-1\right) & \text{当 } \dfrac{R}{3}<r\leqslant R\\ 0 & \text{当 } r>R\end{cases} \tag{6.2-19}$$

该权函数是连续可微的,已知点与待求点的平面距离为

$$r_i=\left[(x-x_i)^2+(y-y_i)^2\right]^{\frac{1}{2}} \tag{6.2-20}$$

相应的曲面拟合模型为

$$\zeta(x,y)=\begin{cases}\dfrac{\sum\limits_{i=1}^{n}f_i[p(r_i)]^{\mu}}{\sum\limits_{i=1}^{n}[p(r_i)]^{\mu}} & \text{当 } r_i\neq 0\\ f_i & \text{当 } r_i=0\end{cases} \tag{6.2-21}$$

4. 二次曲面拟合法

多项式拟合法是根据 GNSS 网的已知起算点以及高程异常确定测区的似大地水准面，然后求出待定点的高程异常，从而计算出其他点位的正常高。

当测区地形稍微有些起伏的时候，一般采用二次曲面拟合算法。其数学模型(王德保，2005；魏逸飞等，2012)为

$$\zeta_i = a_0 + a_1 x_i + a_2 y_i + a_3 x_i^2 + a_4 x_i y_i + a_5 y_i^2 \tag{6.2-22}$$

式中，ζ_i 为各已知控制点的高程异常；$a_0, a_1, a_2, a_3, a_4, a_5$ 为二次曲面拟合法的系数；(x_i, y_i)为各已知点的坐标值。将式(6.2-22)写成矩阵形式为

$$\boldsymbol{\zeta} = \boldsymbol{BX} + \boldsymbol{\varepsilon} \tag{6.2-23}$$

式中，$\boldsymbol{\zeta} = \begin{bmatrix} \zeta_1 \\ \zeta_2 \\ \vdots \\ \zeta_n \end{bmatrix}$，$\boldsymbol{B} = \begin{bmatrix} a_0 \\ a_1 \\ a_2 \\ a_3 \\ a_4 \\ a_5 \end{bmatrix}$，$\boldsymbol{\varepsilon} = \begin{bmatrix} \varepsilon_1 \\ \varepsilon_2 \\ \vdots \\ \varepsilon_n \end{bmatrix}$，$\boldsymbol{X} = \begin{bmatrix} 1 & 1 & \cdots & 1 \\ x_1 & x_2 & \cdots & x_n \\ y_1 & y_2 & \cdots & y_n \\ x_1^2 & x_2^2 & \cdots & x_n^2 \\ x_1 y_1 & x_2 y_2 & \cdots & x_n y_n \\ y_1^2 & y_2^2 & \cdots & y_n^2 \end{bmatrix}$。

根据误差理论与测量平差基础，当已知点位大于 6 个时，按间接平差原理求得二次曲面参数 $\boldsymbol{B}$。

$$\boldsymbol{V} = \boldsymbol{BX} - \boldsymbol{L} \tag{6.2-24}$$

$$\boldsymbol{B} = (\boldsymbol{X}^{\mathrm{T}} \boldsymbol{X})^{-1} \boldsymbol{X}^{\mathrm{T}} \boldsymbol{L} \tag{6.2-25}$$

将解算得到的二次曲面参数代入式(6.2-24)中即可得到该测区的近似大地水准面模型。

5. 基于二次曲面的 Shepard 拟合法

对小区域的 GNSS 网而言，高程异常的中长波项变化趋势平缓，可用一些拟合函数实现，而对于短波项，其主要是由地形起伏所引起的，地形起伏越大，似大地水准面就越粗糙。在小范围内一般把高程异常分为中长波项和短波项两部分(赵建虎等，1999；侯本军等，2007)。

$$\zeta = \varepsilon + \zeta_{\mathrm{T}} \tag{6.2-26}$$

式中，ε 为高程异常的中长波项，它是一个趋势值，为与地面坐标有关的函数；ζ_{T} 为高程异常的短波项，其值与地面起伏有关。一般地，单纯二次曲面拟合法只能对中长波项进行比较好的拟合，而不能对有多个凹凸面的短波项进行拟合；同时，单纯的 Shepard 曲面拟合法也只能对噪声趋势性信号作比较好的拟合，而无法对整体变化平缓的中长波项进行很好的拟合(冯光财和陈正阳，2005)。

基于二次曲面的 Shepard 拟合方法将二次曲面拟合法和 Shepard 曲面拟合法的优点有机地结合，弥补了单一拟合方法的不足，其算法具体步骤如下：

(1)在测区 GNSS 控制点上，利用二次曲面拟合计算出所有已知点和待求点的高程异常值，分别记为 ζ_{mi}，ζ_{mj}，求出已知 GNSS 水准点上与地形起伏有关的残差：

$$\hat{\delta}=\zeta_i-\zeta_{mi} \tag{6.2-27}$$

(2)对 $\hat{\delta}$ 采用 Shepard 曲面拟合法拟合，确定待求点的 $\hat{\delta}(x_j,y_j,h_j)$ 值；

(3)由 $\hat{\delta}(x_j,y_j,h_j)$ 和 ζ_{mj} 相加就可得出待求点的高程异常值：

$$\zeta_j=\zeta_{mj}+\hat{\delta}(x_j,y_j,h_j) \tag{6.2-28}$$

6.2.3 七参数转换

一般而言，在解算轨迹线时，往往需要将基准站的 WGS-84 的大地坐标(B,L,H)作为起算数据进行组合导航解算，然后，将解算出的轨迹线数据导入专业的点云数据融合软件中，利用融合软件进行点云数据解算，解算出的点云数据为 WGS-84 坐标系下的平面坐标及大地高。

然而，轨道交通工程一般为工程独立坐标系(如 1954 北京坐标系、CGCS2000 坐标系等)。为满足轨道交通工程成果的需要，在进行点云数据后处理之前，需要将点云坐标系统转换到轨道交通坐标基准下，转换流程如下：

1. 七参数转换模型

七参数即两个坐标系统之间的三个平移参数 ΔX_0、ΔY_0、ΔZ_0，三个旋转角度 ω_X、ω_Y、ω_Z 和一个尺度比 m，其数学模型(王仲锋等，2019；周宾喜等，2019)为

$$\begin{bmatrix} X_i'' \\ Y_i'' \\ Z_i'' \end{bmatrix}=\begin{bmatrix} \Delta X_0 \\ \Delta Y_0 \\ \Delta Z_0 \end{bmatrix}+(1+m)\begin{bmatrix} 1 & \omega_Z & -\omega_Y \\ -\omega_Z & 1 & \omega_X \\ \omega_Y & -\omega_X & 1 \end{bmatrix}\begin{bmatrix} X_i' \\ Y_i' \\ Z_i' \end{bmatrix} \tag{6.2-29}$$

式(6.2-29)可简化为

$$\boldsymbol{X}''=K\cdot\boldsymbol{R}\cdot\boldsymbol{X}'+\Delta\boldsymbol{X} \tag{6.2-30}$$

式(6.2-29)和式(6.2-30)中，(X_i',Y_i',Z_i')为某公共点 i 在 WGS-84 坐标系下的空间直角坐标，(X_i'',Y_i'',Z_i'')为轨道交通工程独立坐标系下某公共点 i 的空间直角坐标，$K=(1+m)$，$\boldsymbol{R}=\begin{bmatrix} 1 & \omega_Z & -\omega_Y \\ -\omega_Z & 1 & \omega_X \\ \omega_Y & -\omega_X & 1 \end{bmatrix}$，$\boldsymbol{X}''=\begin{bmatrix} X_i'' \\ Y_i'' \\ Z_i'' \end{bmatrix}$，$\boldsymbol{X}'=\begin{bmatrix} X_i' \\ Y_i' \\ Z_i' \end{bmatrix}$，$\Delta\boldsymbol{X}=\begin{bmatrix} \Delta X_0 \\ \Delta Y_0 \\ \Delta Z_0 \end{bmatrix}$。

上述公式适用于两个不同空间直角坐标系的转换(徐绍铨，2008；王仲锋等，2019)。

式(6.2-29)、式(6.2-30)为布尔莎模型，通常只适用于小旋转角的七参数变换。而轨道交通勘测项目中可能存在大旋转角转换的问题，因此需要通过中心化方法(李明峰等，2017)实现布尔莎七参数严密解算模型。

设两套空间直角坐标系有 n 个公共点，将公共点的 n 个方程相加并取平均：

$$\frac{1}{n}\sum_{i=1}^{n}\boldsymbol{X}_i''=\frac{1}{n}\sum_{i=1}^{n}\Delta\boldsymbol{X}+K\cdot\boldsymbol{R}\cdot\frac{1}{n}\sum_{i=1}^{n}\boldsymbol{X}_i' \tag{6.2-31}$$

式(6.2-31)可简化为

$$\bar{\boldsymbol{X}}''=K\cdot\boldsymbol{R}\cdot\bar{\boldsymbol{X}}'+\Delta\boldsymbol{X} \tag{6.2-32}$$

将式(6.2-30)减去式(6.2-32),则七参数严密解算模型为

$$\boldsymbol{X}''-\overline{\boldsymbol{X}}''=K\cdot\boldsymbol{R}\cdot(\boldsymbol{X}'-\overline{\boldsymbol{X}}') \tag{6.2-33}$$

一般来说,应至少选取两套坐标的 3 个公共点进行七参数的解算,而使用 4 个及 4 个以上公共点时可得到更多的多余观测值,解算精度较高(张秋民,2010)。当使用的公共点数量少于 6 个时,高程拟合模型为平面拟合;当公共点数量多于 6 个时,高程拟合模型为曲面拟合,可以保证获得更高的高程测量精度(陈福生等,2014)。

为保证七参数转换精度,本节均匀选取某城市轨道交通 32 个公共点作为七参数计算的转换基准,剩余未参与七参数解算的 8 个点作为检核点,以此来验证七参数的转换精度,见表 6.2-1。

表 6.2-1　七参数转换精度对比

点　　名	ΔX/mm	ΔY/mm	ΔZ/mm
GPS01	−9.6	−2.4	2.7
GPS02	2.4	−0.8	1.3
GPS03	1.9	−7.4	−1.9
GPS04	−5.6	−0.8	0.8
GPS05	0.1	−5.2	−0.4
GPS06	−8.5	3.4	0.7
GPS07	−7.7	4.1	4.2
GPS08	−0.9	−0.1	1.4

从表 6.2-1 可以看出,利用均匀选取的控制点进行七参数转换后,X、Y、Z 三个分量的坐标精度分别优于 10 mm、8 mm 及 5 mm,三个分量的中误差(RMS)分别为 5.8 mm、3.8 mm 及 2.0 mm,说明七参数转换精度能够满足轨道交通勘测精度的要求。

2. 投影变换

为满足轨道交通线路施工的需求,需将车载移动测量系统扫描的点云坐标进行投影变换。

一般而言,车载移动测量系统的点云数据坐标为 WGS-84 坐标系的横轴墨卡托投影(UTM 投影),而轨道交通勘测成果往往为独立施工坐标系统的高斯—克吕格投影(TM 投影)。以某一城市轨道交通勘测为例,本节利用专业软件(如 MicroStation)进行投影变换。

首先,在软件中分别输入轨道交通坐标系的椭球参数、七参数及中央子午线等信息;然后,建立转换基准进行投影变换。

本项目解算的点云数据坐标系统及投影信息为 UTM 投影东经 117°带下的 WGS-84 坐标系平面坐标(即 WGS-84 UTM ZONE-50N),而城市轨道交通坐标系统及投影信息为 TM 投影 114°带下的 1954 北京坐标系平面坐标,在软件中将转换前后的坐标系统设置完成后,将点云数据导入软件中,选择建立的转换基准即可对点云数据进行投影变换,转换完成

后输出城市轨道交通坐标系统下的 LAS 格式点云数据。

6.2.4 转换结果验证

1. 七参数转换

为了分析车载移动测量系统获取激光点云的坐标精度，本节以某一城市轨道交通勘测为例，将进行坐标转换后的点云坐标与 RTK 及全站仪实测数据进行对比。

在激光点云中选择明显的目标点，如斑马线转角、花坛角、房角等，如图 6.2-2 所示，利用 MicroStation V8 将目标点的平面坐标及高程值输出，与 RTK 及全站仪实测数据进行对比。

在本城市轨道交通勘测项目中，由于现场控制工点较多，测量区域较为分散，各个测区扫描成果并不是在同一天测量的，我们选择不同测区、不同时段扫描数据的多个检核点进行系统误差和测量精度的对比和分析，统计结果见表 6.2-2 和图 6.2-3。

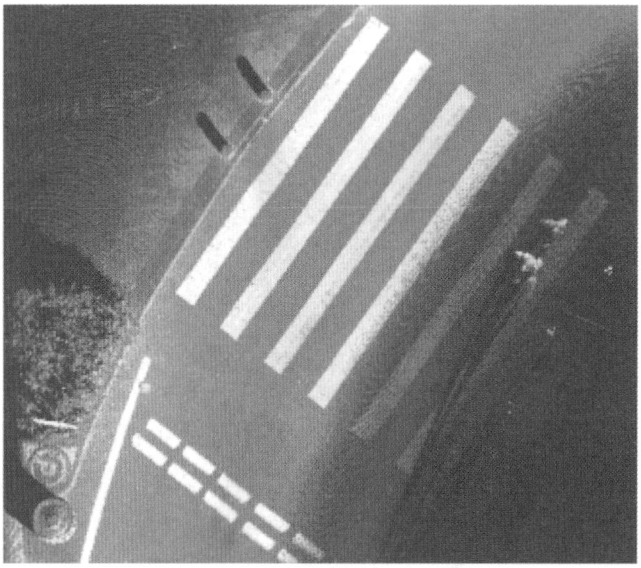

图 6.2-2　点云坐标检核点选取

表 6.2-2　点云坐标精度对比分析

点　号	精度分析(mm)			测　区	测量日期
	Δx	Δy	Δh		
JH01	21.1	−25.0	37.6	1	2020.3.23
JH02	9.2	−8.0	29.8		
JH03	−17.7	14.1	34.1		
JH04	−18.1	−26.2	−24.5	2	
JH05	−25.9	1.2	42.7		
JH06	20.0	−24.0	41.1		

续上表

点号	精度分析(mm)			测区	测量日期
	Δx	Δy	Δh		
JH07	24.8	32.6	42.8	3	2020.3.24
JH08	21.2	−19.3	20.5		
JH09	−19.1	−9.3	−43.1		
JH10	12.0	22.1	41.8	4	
JH11	−27.6	21.8	42.4		
JH12	11.6	−21.5	−37.8		
JH13	11.9	8.2	41.2	5	2020.3.25
JH14	18.1	24.0	−33.0		
JH15	−25.4	25.6	−7.7		
JH16	29.4	−19.4	26.3	6	
JH17	12.8	29.7	40.8		
JH18	−28.3	−13.8	−38.3		

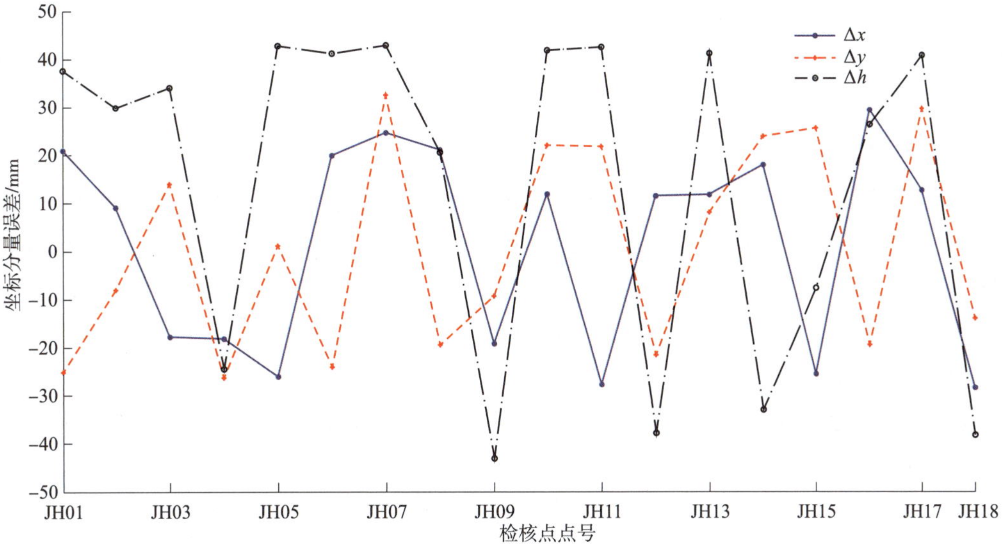

图 6.2-3 点云坐标精度统计

从表 6.2-2 和图 6.2-3 的统计结果来看，不同测区、不同时段的测量成果间无明显的系统误差，说明利用车载移动测量系统获取的测量成果内符合精度较好，可以满足实际生产的需求。

从表 6.2-2 和图 6.2-3 可以看出，车载移动测量系统获取的点云数据 x 坐标分量精度均优于 28 mm，y 坐标分量精度均优于 33 mm，高程分量精度均优于 44 mm，三个分量的 RMS 分别为 20.6 mm、20.9 mm 和 33.1 mm，说明车载移动测量技术获取的测量成果能够满足城市轨道交通勘测项目对于精度的要求。

车载移动测量技术具有高效率、高精度、多要素、多用途、大数据及真三维等特点，在城市轨道交通勘测中具有广阔的应用前景，但在GNSS信号遮挡较为严重的区域（比如高楼密集区）定位精度较低，而且扫描视角存在盲区，比如密林遮挡区域、排水沟的沟底、大面积水域等。

利用GNSS基站作为控制点解算的点云精度虽然能够满足城市轨道交通勘测的应用要求，但其平面和高程精度还无法满足其他精度要求较高的项目生产需求。在进一步的研究中，我们将在扫描区域布设一定数量的靶标控制点或者加密地面基站点，通过平面四参数＋高程拟合的方式提高车载移动测量系统的扫描精度。

2. 平面四参数＋高程拟合

在轨道交通线上“三贯通”测量等工作中，往往需要更高精度的点云测量成果，以满足实际生产的需求。车载移动测量系统预处理成果一般为WGS-84坐标系统下的平面坐标及大地高，而轨道交通的坐标系统一般为工程独立坐标系及正常高系统，另外，线路往往呈条带状分布，测区内的高程异常往往不是一个常数。为此，我们需要采用平面四参数＋高程拟合的方式进行参数的转换，以获取满足工程需要的平面坐标及高程测量成果。

一般而言，轨道交通线下精密测量控制点为4 km一对点或者2 km一个点。为了获取高精度的平面坐标成果，往往需要选取轨道交通线下的精密测量控制点成果作为四参数转换的基准，然后，利用解算出的四参数对轨迹线进行坐标转换，进而融合获得轨道交通工程独立坐标系下点云的平面坐标成果。

对于点云的高程而言，由于测区呈条带状分布，高程异常往往不是一个固定的值，而且高程异常在小范围内也是有一定差别的，仅利用轨道交通线下精密测量控制点作为高程拟合的基准，往往不能满足轨道交通线上“三贯通”测量成果的精度要求。为此，我们需要对线下精密测量控制点进行加密，使得参与高程拟合计算的控制点能够满足1 km一个点的要求。具体做法如下：

(1)在轨道交通线下合适的位置布设加密控制点，使得加密后的精密测量控制点的间距小于1 km；

(2)利用GNSS接收机对各加密点及精密测量控制点进行同步观测，采用三维无约束平差解算得到各加密点的大地高测量成果；

(3)利用精密的电子水准仪采用二等水准的测量方式，将各加密点及精密测量控制点进行贯通测量，平差解算得到各加密点的正常高；

(4)利用HGO或其他高程拟合软件，将加密点的大地高及正常高，采用二次曲面拟合算法，解算得到二次曲面拟合参数；

(5)将解算得到的二次曲面拟合参数用于点云融合软件中，对点云的高程进行纠正，满足高精度测量成果的要求。

本节以某一既有线改造项目为例，采用平面四参数＋高程二次曲面拟合的方式，将车载移动测量系统获取的轨迹线数据进行平面及高程转换，然后将转换后的轨迹线导入点云融合软件中对点云数据进行融合解算。

平面四参数转换时，采用线下 4 km 一对的精密测量控制点成果作为转换基准求解转换参数；在进行高程拟合时，为了提高点云的高程精度，采用加密测量的方式将精密测量控制点的间距加密至不大于 1 km。

平面四参数转换残差见表 6.2-3 和图 6.2-4。

表 6.2-3　平面四参数转换残差　　单位：mm

点　号	Δx	Δy
WG01	−5.4	3.6
WG02	0.3	−1.3
WG03	0.5	0.6
WG04	−0.9	−6.6
WG05	0.1	−4.6
WG06	0.7	0.1
WG07	4.4	2.9
WG08	0.8	−2.6
WG09	3.9	−2.9
WG10	−2.8	3.0
WG11	0.4	3.0

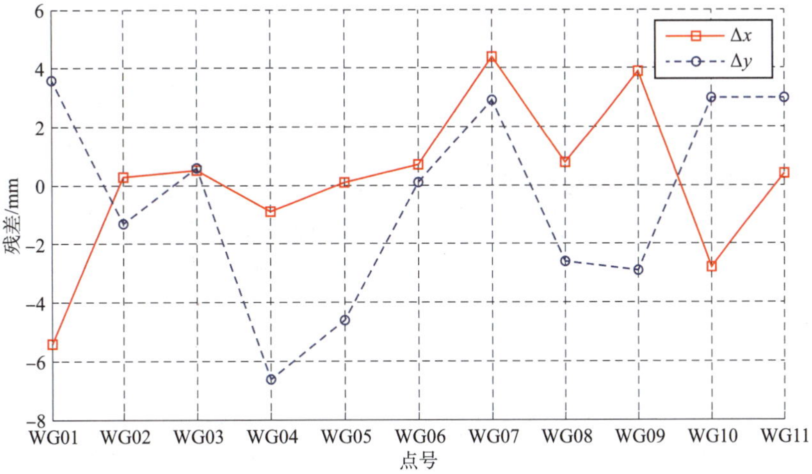

图 6.2-4　平面四参数转换精度对比

高程二次曲面拟合残参见表 6.2-4 和图 6.2-5。

表 6.2-4 高程二次曲面拟合残差 单位:mm

点　号	Δh	点　号	Δh
BM01	4.9	BM10	−1.7
BM02	1.4	BM11	−3.0
BM03	4.6	BM12	5.7
BM04	−1.9	BM13	−3.1
BM05	−3.4	BM14	9.7
BM06	−1.4	BM15	−6.3
BM07	−4.7	BM16	2.8
BM08	−7.0	BM17	−5.0
BM09	8.4	BM18	2.8

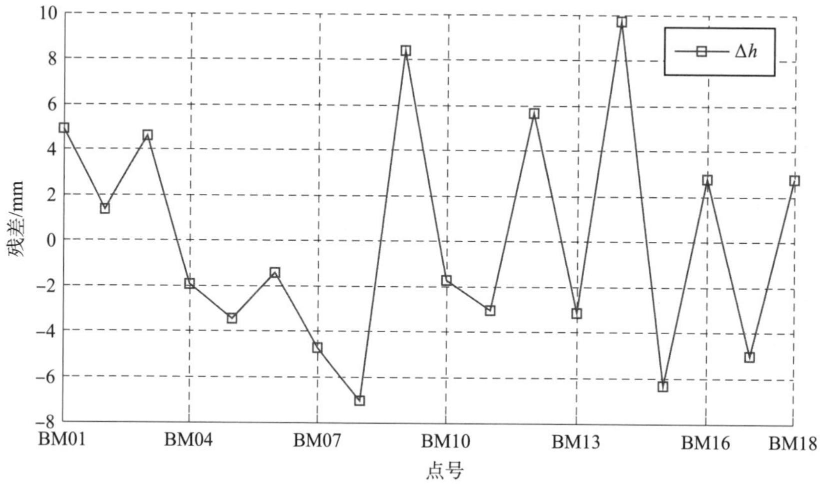

图 6.2-5　高程二次曲面拟合残差

从平面四参数转换残差的统计结果来看,所有残差均在 7 mm 以内,残差最大值为 4.4 mm,最小值为−6.6 mm,x 分量 RMS 为 2.6 mm,y 分量 RMS 为 3.3 mm;高程二次曲面拟合所有残差均在 10 mm 以内,最大值为 9.7 mm,最小值为−7.0 mm,RMS 为 4.9 mm。从平面四参数和高程二次曲面拟合参数的残差统计及分析结果来看,转换后的参数残差均能满足既有线测量的精度要求。

为了进一步分析平面四参数及高程二次曲面拟合方法转换的点云精度,采用 RTK 等传统测量方式获取铁路线上的特征点坐标及高程,特征点可以选取铁路线路的公里标转角、桥梁墙角、拉线基础转角等,如图 6.2-6 所示。

将点云数据中的特征点坐标成果输出,与 RTK 获取的坐标进行精度对比,见表 6.2-5 和图 6.2-7。

图 6.2-6　公里标转角

表 6.2-5　点云精度统计　　单位:mm

点　号	Δx	Δy	Δh
JH01	11.8	7.0	−22.4
JH02	22.2	−1.7	25.2
JH03	8.3	−25.3	−15.5
JH04	21.8	13.2	−24.7
JH05	9.3	3.3	22.4
JH06	22.7	−16.7	24.9
JH07	8.6	−5.7	27.9
JH08	24.7	−16.5	−25.4
JH09	−0.9	−7.7	24.9
JH10	11.7	−27.3	23.6
JH11	0.8	11.4	17.2
JH12	10.5	−13.0	7.2
JH13	30.4	17.7	−2.2
JH14	−6.7	33.0	33.7
JH15	28.7	−3.8	30.0
JH16	8.3	30.4	−21.3
JH17	7.8	−11.6	32.2
JH18	21.8	30.7	1.7
JH19	5.3	19.4	25.4
JH20	14.1	8.6	21.6

从点云精度统计结果来看，x 分量最大值为 30.4 mm，最小值为 −6.7 mm；y 分量最大值为 33.0 mm，最小值为 −27.3 mm；h 分量最大值为 33.7 mm，最小值为 −25.4 mm；x、y 分量的 RMS 分别为 16.3 mm 和 17.9 mm；h 分量 RMS 稍大，为 23.1 mm。从点云精度统计及分析结果来看，其平面坐标及高程精度均能满足既有线横断面及地形测量的精度要求。

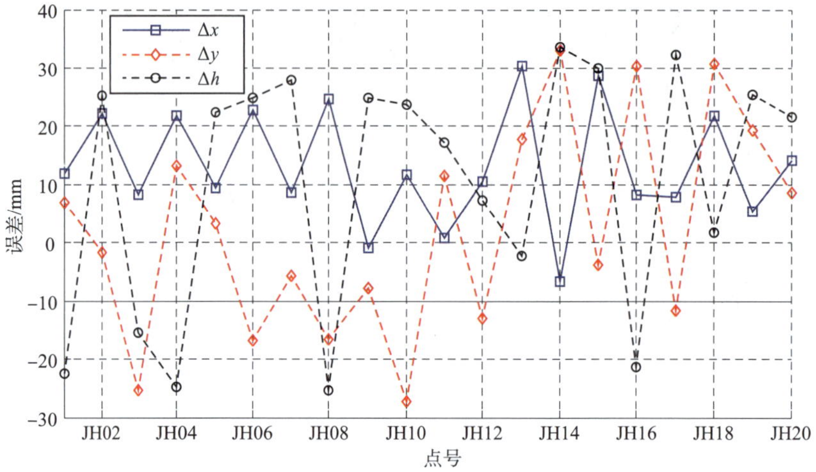

图 6.2-7 点云精度统计

6.3 点云精度提升

在 GNSS 信号较差或者无 GNSS 信号的环境中，随着惯性测量装置姿态误差的逐渐积累，POS 定位误差将会降低至亚米级乃至米级（张亮，2015）。在这种情况下 POS 提供位置和姿态信息的精度将不能满足车载移动测量系统中对绝对空间坐标位置的要求。对于车载移动测量系统而言，激光扫描数据和 POS 数据融合得到的点云精度也将大幅下降至亚米级乃至米级，从而不能满足高精度测量工程的要求。

在 GNSS 信号较差或无 GNSS 信号条件下（如城市轨道交通），为实现车载移动测量系统在该环境下的工程应用，本节采用靶标控制点对车载移动测量系统的 POS 数据进行纠正，提高车载移动测量系统获取点云的绝对坐标精度，利用验证点对纠正后的点云进行精度的对比及分析。

6.3.1 靶标及特征点提升

在实际工程应用中，对车载移动测量系统激光点云数据的精度要求往往在厘米级别。

在没有 GNSS 信号或者 GNSS 观测条件较差时，车载移动测量系统的定位测姿系统误差将会随时间累积；在 GNSS 信号可获得的情况下，不管 GNSS 信号是好还是坏，姿态累积误差都可以被准确的 GNSS 多普勒观测量改正。因此，姿态误差可以被看作是一种较小的随机误差，而定位误差则仅仅在 GNSS 信号良好的条件下能被完全修正。在 GNSS 信号较差的环境中，GNSS 准确性和精度将会大大降低，IMU 累积位置误差不能被完全消除，甚至可能被 GNSS 错误修正，从而产生较大的定位误差。

1. 惯导误差模型

当惯性测量元器件输出的角速度和加速度没有误差，且 IMU 的计算方程完全准确时，理论上 IMU 能获得无误差的精确解。而实际上，由于存在 IMU 仪器误差（陀螺仪漂移 $\Delta\boldsymbol{e}^b$ 和加速度计零偏 $\Delta\boldsymbol{f}^b$）和计算误差，IMU 输出的位置、速度和姿态都存在误差。因此，为了分析 IMU 中各误差源的影响和采取相应的措施控制误差，需要建立 IMU 的误差模型。

令 $\Delta\boldsymbol{P}=[\delta r_N,\delta r_E,\delta r_D]^{\mathrm{T}}$ 为位置误差向量，$\Delta\boldsymbol{V}=[v_N,v_E,v_D]^{\mathrm{T}}$ 为速度误差向量，以 $\Delta\boldsymbol{o}=[\phi_N,\phi_E,\phi_D]^{\mathrm{T}}$ 为姿态误差向量，$\Delta\boldsymbol{f}^b=[f_N^b,f_E^b,f_D^b]^{\mathrm{T}}$ 为加速度计零偏向量，$\Delta\boldsymbol{e}^b=[e_N^b,e_E^b,e_D^b]^{\mathrm{T}}$ 为陀螺仪漂移向量，则

位置误差方程为

$$\begin{bmatrix}\delta\dot{r}_N\\ \delta\dot{r}_E\\ \delta\dot{r}_D\end{bmatrix}=\begin{bmatrix}\delta v_N\\ \delta v_E\\ \delta v_D\end{bmatrix}+\begin{bmatrix}-\dfrac{v_D}{r} & 0 & \dfrac{v_N}{r}\\ \dfrac{v_E\tan B}{r} & -\dfrac{v_D+v_N\tan B}{r} & \dfrac{v_E}{r}\\ 0 & 0 & 0\end{bmatrix}\begin{bmatrix}\delta r_N\\ \delta r_E\\ \delta r_D\end{bmatrix} \tag{6.3-1}$$

速度误差方程为

$$\begin{aligned}\begin{bmatrix}\delta\dot{v}_N\\ \delta\dot{v}_E\\ \delta\dot{v}_D\end{bmatrix}=&\begin{bmatrix}-\left(2\omega_{ie}\cos B+\dfrac{v_E\sec^2 B}{r}\right)\dfrac{v_E}{r} & \dfrac{v_Dv_N-v_E^2\tan B}{r^2}\\ \left(2\omega_{ie}\cos B+\dfrac{v_E\sec^2 B}{r}\right)\dfrac{v_N}{r}-\dfrac{2\omega_{ie}v_D\sin B}{r} & \dfrac{v_Ev_D+v_Nv_E\tan L}{r^2}\\ \dfrac{2\omega_{ie}v_E\sin B}{r} & -\dfrac{v_N^2+v_E^2}{r^2}+2\dfrac{\gamma_e}{r}\end{bmatrix}\begin{bmatrix}\delta r_N\\ \delta r_E\\ \delta r_D\end{bmatrix}\\ &+\begin{bmatrix}\dfrac{v_D}{r} & -2\left(\omega_{ie}\sin B+\dfrac{v_E\tan B}{r}\right) & \dfrac{v_N}{r}\\ 2\omega_{ie}\sin B+\dfrac{v_E\tan B}{r} & \dfrac{v_N\tan B+v_D}{r} & 2\omega_{ie}\cos B+\dfrac{v_E}{r}\\ -\dfrac{2v_N}{r} & -2\left(\omega_{ie}\cos B+\dfrac{v_E}{r}\right) & 0\end{bmatrix}\begin{bmatrix}\delta v_N\\ \delta v_E\\ \delta v_D\end{bmatrix}\\ &+\begin{bmatrix}0 & -f_D & f_E\\ f_D & 0 & -f_N\\ -f_E & f_N & 0\end{bmatrix}\begin{bmatrix}\phi_N\\ \phi_E\\ \phi_D\end{bmatrix}+\begin{bmatrix}\nabla_N\\ \nabla_E\\ \nabla_D\end{bmatrix}\end{aligned} \tag{6.3-2}$$

其中

$$\begin{bmatrix}f_N\\ f_E\\ f_D\end{bmatrix}=\boldsymbol{C}_b^n\boldsymbol{f}^b\quad\begin{bmatrix}\nabla_N\\ \nabla_E\\ \nabla_D\end{bmatrix}=\boldsymbol{C}_b^n\Delta\boldsymbol{f}^b+\delta\boldsymbol{g}^n \tag{6.3-3}$$

式中，$\delta\boldsymbol{g}^n$ 为地球重力扰动矢量。

姿态误差方程为

$$\begin{bmatrix}\dot{\varphi}_N\\ \dot{\varphi}_E\\ \dot{\varphi}_D\end{bmatrix}=\begin{bmatrix}\dfrac{-\omega_{ie}\sin B}{r} & \dfrac{v_E}{r^2}\\ -\left(\dfrac{\omega_{ie}\cos B}{r}\right)+\dfrac{v_E\tan B}{r} & 0\\ -\dfrac{v_N}{r} & -\left(\omega_{ie}\cos B+\dfrac{v_E}{r}\right)\end{bmatrix}\begin{bmatrix}\delta r_N\\ \delta r_D\end{bmatrix}+\begin{bmatrix}0 & \dfrac{1}{r}\\ -\dfrac{1}{r} & 0\\ 0 & -\dfrac{\tan B}{r}\end{bmatrix}\begin{bmatrix}\delta v_N\\ \delta v_E\end{bmatrix}$$

$$+\begin{bmatrix}0 & -\left(-\omega_{ie}\sin B+\dfrac{v_E\tan B}{r}\right) & \dfrac{v_N}{r}\\ \omega_{ie}\sin B+\dfrac{v_E\tan B}{r} & 0 & \omega_{ie}\cos B+\dfrac{v_E}{r}\\ -\dfrac{v_N}{r} & -\left(\omega_{ie}\cos B+\dfrac{v_E}{r}\right) & 0\end{bmatrix}\begin{bmatrix}\phi_N\\ \phi_E\\ \phi_D\end{bmatrix}+\boldsymbol{C}_b^n\boldsymbol{e}^b \tag{6.3-4}$$

另外，一般地，加速度计零偏 $\Delta\boldsymbol{f}^b$ 和陀螺仪漂移 $\Delta\boldsymbol{e}^b$ 均可视为一阶高斯—马尔可夫过程，即

$$\Delta\dot{\boldsymbol{f}}^b=0 \tag{6.3-5}$$

$$\Delta\dot{\boldsymbol{e}}^b=0 \tag{6.3-6}$$

令 $\boldsymbol{X}=[\Delta\boldsymbol{P},\Delta\boldsymbol{V},\Delta\boldsymbol{o},\Delta\boldsymbol{f}^b,\Delta\boldsymbol{e}^b]^{\mathrm{T}}$ 为惯性导航系统误差状态向量，则整体误差方程可表示为

$$\dot{\boldsymbol{X}}=\boldsymbol{F}\boldsymbol{X}+\boldsymbol{\varepsilon} \tag{6.3-7}$$

式中，$\boldsymbol{F}$ 为系数矩阵，可由式(6.3-1)～式(6.3-5)得到；$\boldsymbol{\varepsilon}$ 为系统噪声矩阵。

如前所述，IMU 的位置、速度和姿态是依靠陀螺仪测量的角速度或加速度计测量的加速度对时间积分而得。给定 IMU 一个初始状态，通过递推，短时间内 IMU 能够很准确地估计出当前位置、速度和姿态。但是，一方面，由于存在测量噪声，每积分一次，位置、速度和姿态的噪声也会随之增大；另一方面，由于存在陀螺仪漂移和加速度计零偏，且它们均为一个随机过程，即使在初始阶段对陀螺仪漂移和加速度计零偏进行了精确标定，在运行过程中，它们的值也会发生变化，且不确定性随时间增长，导致 IMU 推算出的位置、速度和姿态会逐渐偏离真实轨迹，且偏离的速度越来越快。因此，需要每隔一段时间对 IMU 的误差进行改正，并重新对陀螺仪漂移和加速度计零偏进行估计。

与 IMU 的积分解算不同，GNSS 每个历元是独立观测的，能够独立解算位置和速度，具有较好的长期精度，其误差不会随时间累积。但是在地下空间复杂环境中，GNSS 信号较弱甚至无 GNSS 信号，其无法对 IMU 进行纠正，如利用地下空间坐标精确的靶标控制点或特征点同样能够达到良好的纠正效果。

对于地下空间结构(如城市轨道交通)，由于没有 GNSS 信号，车载移动测量系统无法通过 GNSS 定位的方式精确获取其 POS 数据，如通过在城市轨道交通周边按照一定间距布设靶标控制点或特征点，利用控制点的精确坐标对 POS 数据进行纠正，可以满足轨道交通工程对点云精度的要求。

2. 精度提升方法

车载移动测量系统的精度评估和控制方法可以分为数据驱动和模型驱动(张亮,2015)两大类。数据驱动技术是利用地面控制点(GCPs)直接纠正激光雷达点云来提高车载移动测量系统数据精度。Csanyi and Toth(2007)设计一种容易从点云中提取圆柱形 LiDAR 控制靶标,然后采用条带平差处理方法以纠正数据的绝对误差。Toth 等(2008)采用路面标记作为地面控制点来评估点云精度和控制点云质量。Besl and McKay(1992)采用最邻近点迭代算法(ICP)计算 LiDAR 点云到地面控制点的变换参数。这些数据驱动的方法通过坐标变换直接对点云数据进行改正。数据驱动方法的改善效果取决于很多因素,如控制点数量和分布、目标属性等,与控制点具有相近扫描角度以及相似误差的 LiDAR 点的精度能够得到显著提高。

利用靶标控制点纠正点云数据的流程如图 6.3-1 所示。

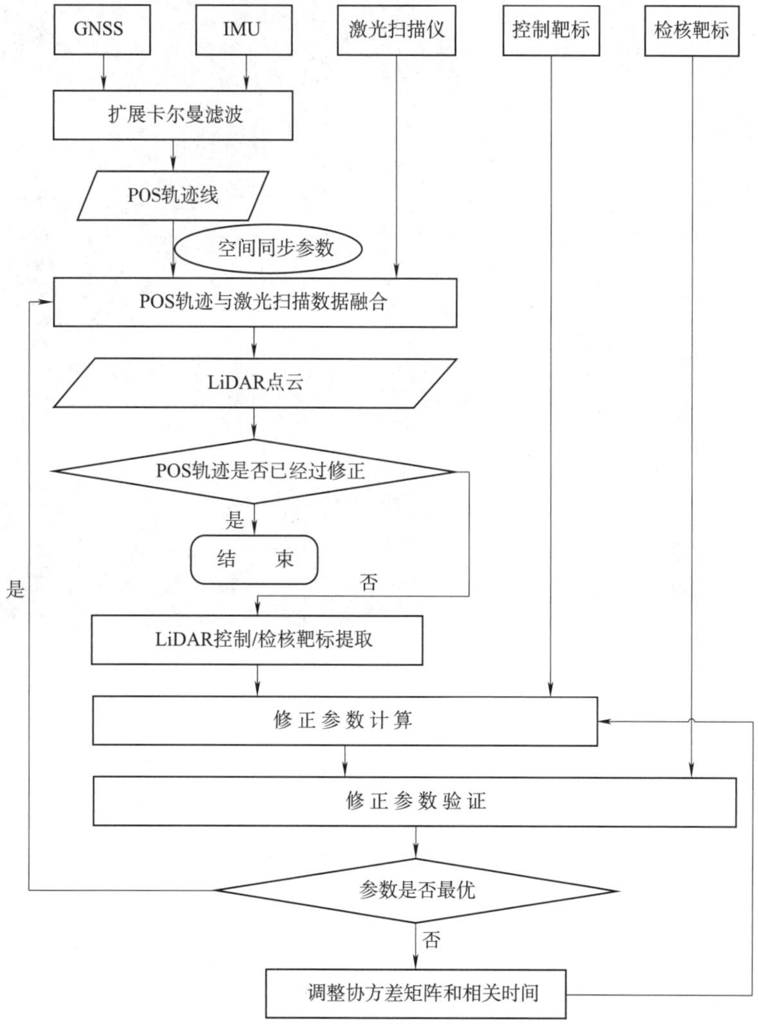

图 6.3-1　利用靶标控制点纠正点云数据流程

6.3.2 精度对比分析

1. 检校场简介

为了分析靶标控制点对车载移动测量系统点云数据的纠正精度，在某条20 km 的县道上布设靶标控制点和靶标检核点，道路上间隔 10 m 刷有道路标线，且标线清晰可见，可利用标线转角作为靶标中心点。县道两侧有低矮房屋，可在墙面上布设靶标。整条道路遮挡较少，车流量不大，如图 6.3-2 所示。

图 6.3-2　检校场区位置示意图

2. 靶标布设

在道路边缘，间隔 300 m 布设一个控制点，用白色油漆绘制靶标，靶标中心钉水泥钉，利用 GNSS 静态控制测量的方式获取控制点坐标，控制点布设共计 64 个。之后利用全站仪按照 30 m 一个控制点进行加密，共计 594 个。靶标控制点示意如图 6.3-3 所示。

3. 外业数据采集

(1)GNSS 模式

基站架设在已知控制点上，采用静态模式采集观测数据。采样频率设置为 1 Hz，高度角设置为 10°，基站采集数据 10 min 以上。利用轻型移动测量系统，以 45 km/h 的车速采集

图 6.3-3 靶标控制点示意图

测区点云数据。GNSS 模式下数据采集流程如图 6.3-4 所示。

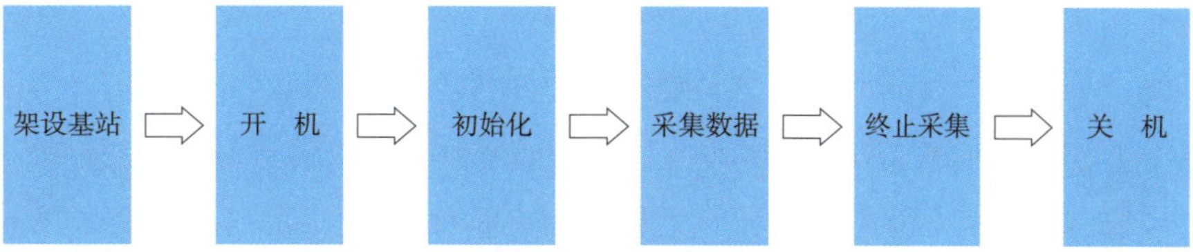

图 6.3-4 GNSS 模式下数据采集流程图

(2)无 GNSS 模式

利用 HiScan-Z 系统,采用无 GNSS 模式模拟地下空间环境沿检校场区进行扫描,采集路线如图 6.3-5 所示。

图 6.3-5 采集路线图

如图 6.3-5 所示，开启设备后，将车载移动测量系统停在①起点位置进行静置，并利用全站仪和棱镜获取起点惯导中心的点位坐标，要求起点点位坐标精度优于 3 cm。静置完成之后，以 45 km/h 的车速采集测区的点云数据，在②终点位置停止数据采集，并再次进行静置，之后利用全站仪和棱镜获取终点惯导中心的点位坐标，要求终点点位坐标精度优于 3 cm。数据采集流程如图 6.3-6 所示。

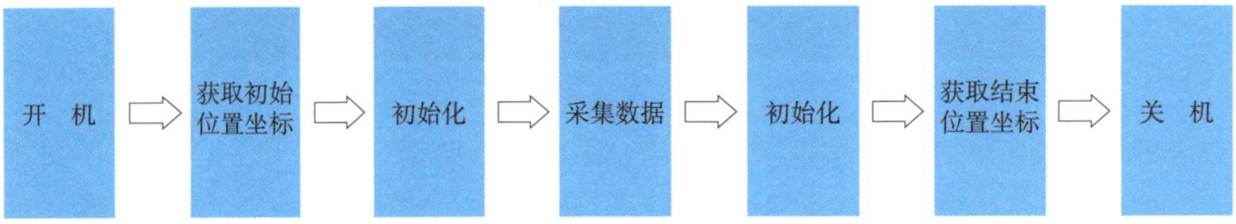

图 6.3-6　无 GNSS 模式下数据采集流程图

4. 点云精度验证

(1)GNSS 模式

通过海达数云数据融合软件对点云进行融合解算后，导入精度验证点进行精度验证，并输出精度验证表。数据解算流程和精度验证界面分别如图 6.3-7 和图 6.3-8 所示。

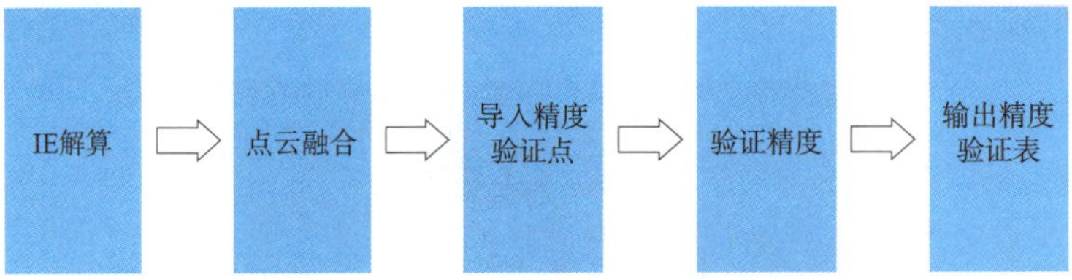

图 6.3-7　GNSS 模式下数据解算流程图

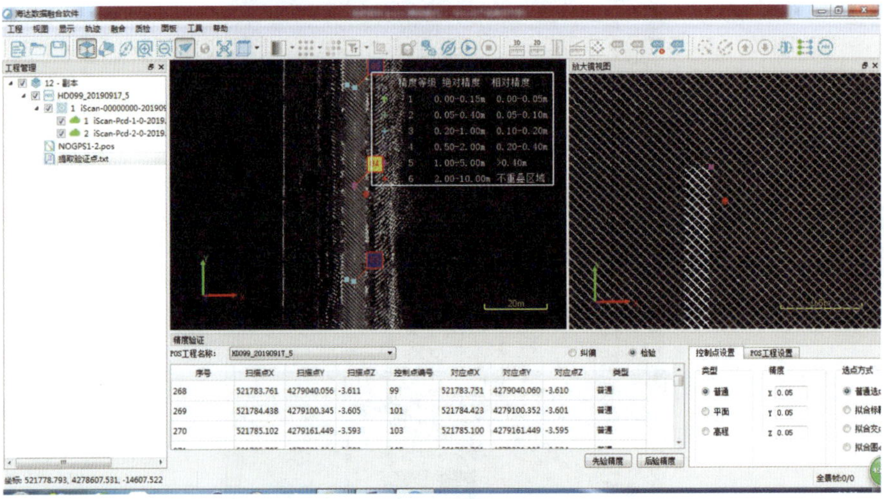

图 6.3-8　精度验证界面

(2)无 GNSS 模式

模拟地下空间环境采集数据时，由于无 GNSS 信息，若要获得精度水平合格的点云数据，需要利用海达数云数据融合软件，代入靶标控制点成果进行点云数据纠正。数据纠正完成后，即可对点云数据进行精度验证，并输出精度验证表。数据解算流程如图 6.3-9 所示。

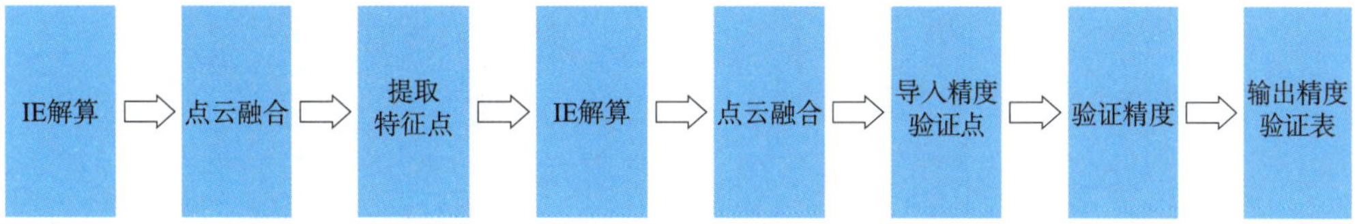

图 6.3-9　无 GNSS 模式下数据解算流程图

为了验证车载移动测量系统不同扫描距离的点云精度，提取 GNSS 模式和无 GNSS 模式下输出的偏离轨迹线 10 m、20 m 及 30 m 的点云坐标，并将其与靶标验证点已知成果进行精度对比分析，如图 6.3-10～图 6.3-15 所示。

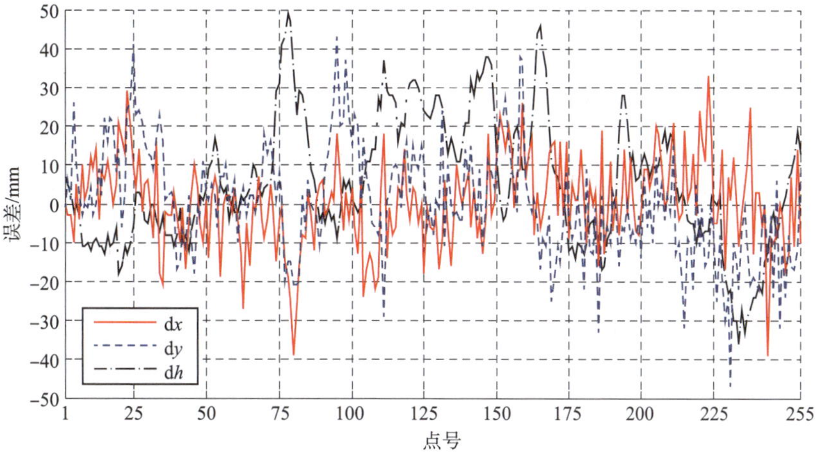

图 6.3-10　GNSS 模式下偏离轨迹线 10 m 的点云误差

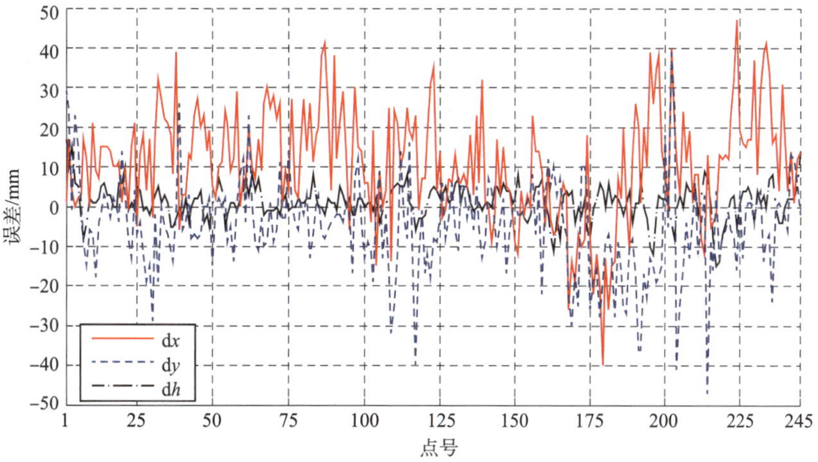

图 6.3-11　无 GNSS 模式下偏离轨迹线 10 m 的点云误差

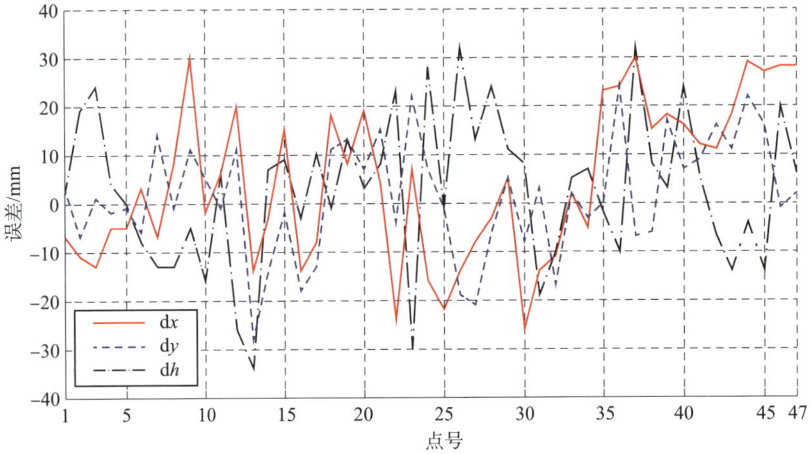

图 6.3-12　GNSS 模式下偏离轨迹线 20 m 的点云误差

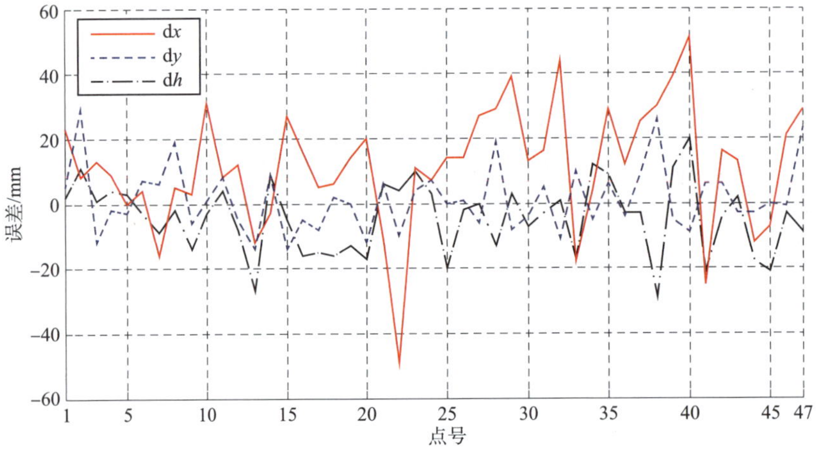

图 6.3-13　无 GNSS 模式下偏离轨迹线 20 m 的点云误差

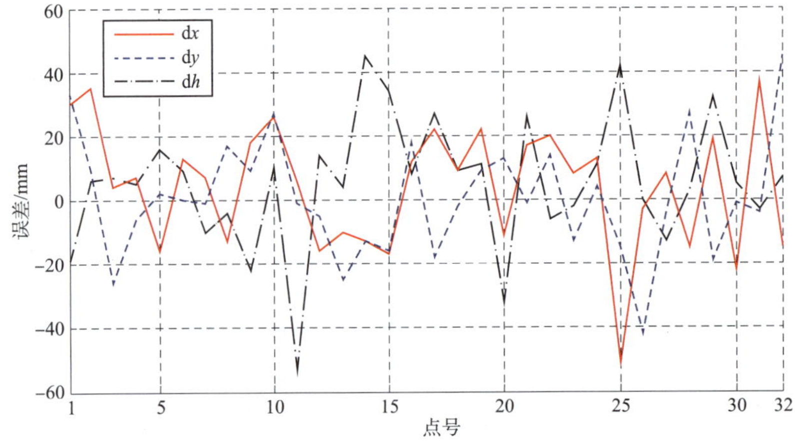

图 6.3-14　GNSS 模式下偏离轨迹线 30 m 的点云误差

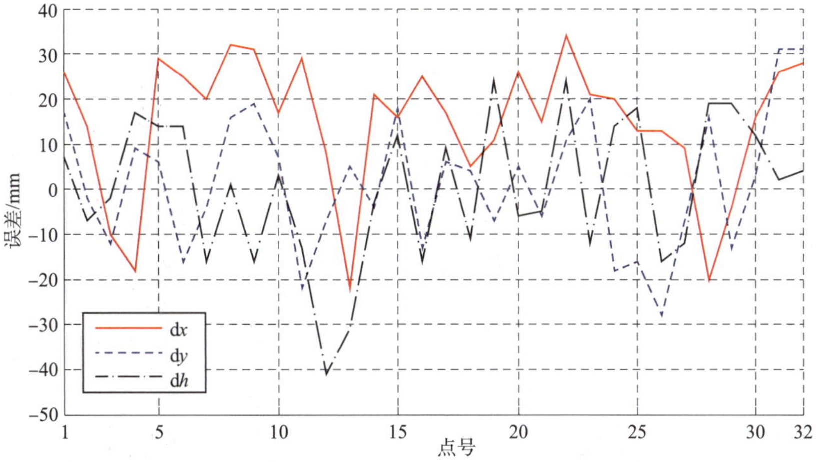

图 6.3-15 无 GNSS 模式下偏离轨迹线 30 m 的点云误差

偏离轨迹线不同距离点云的各项精度指标详见表 6.3-1 和表 6.3-2。

表 6.3-1 偏离轨迹线不同距离点云的各项精度指标(GNSS 模式)

偏离轨迹线距离	绝对值平均值(mm)			RMS(mm)		
	dx	dy	dh	dx	dy	dh
0～10 m	8.7	10.8	13.4	11.4	14.1	17.5
10～20 m	14.0	9.4	12.4	16.5	12.0	15.7
20～30 m	16.7	13.7	15.5	19.9	18.4	21.0

表 6.3-2 偏离轨迹线不同距离点云的各项精度指标(无 GNSS 模式)

偏离轨迹线距离	绝对值平均值(mm)			RMS(mm)		
	dx	dy	dh	dx	dy	dh
0～10 m	14.2	9.7	3.3	17.6	13.1	4.5
10～20 m	17.9	7.7	9.3	21.9	10.2	12.0
20～30 m	19.4	12.5	13.1	21.3	15.0	16.0

从上述统计结果来看，利用 GNSS 基站控制解算的点云数据与利用靶标控制点解算的点云数据，点云各方向的精度相当，说明仅利用靶标控制点对点云进行纠正完全能够满足城市轨道交通环境下对测量成果的精度要求。如图 6.3-16 所示，从偏离轨迹线不同距离的点云精度统计结果来看，点云精度会随着其偏离轨迹线的距离增大而降低，但精度降低得不明显，说明在 30 m 范围内各点云精度相当，能够满足实际工程的需求。

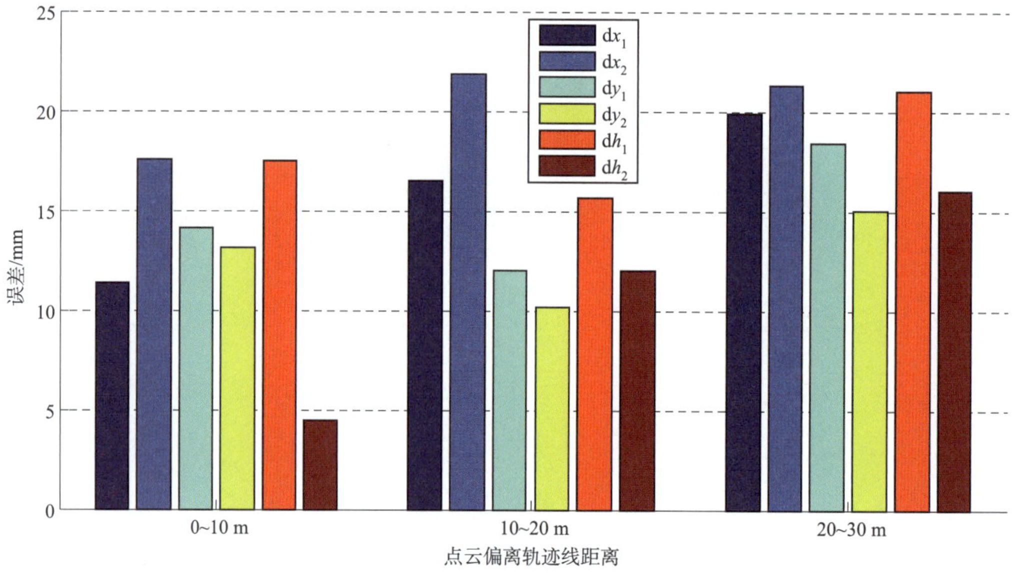

图 6.3-16　偏离轨迹线不同距离的点云精度

6.4　点云预处理

车载移动测量系统获取的点云数据是无序的、海量的且包含大量无效冗余点，获取的反射强度信息多为未经改正或归一化的强度信息。因此，需要在点云数据预处理阶段建立点云的空间拓扑结构以加快邻域关系的快速查找，进行点云滤波以去除冗余点和噪声点，通过强度改正或强度去噪等方法提升同类地物的强度一致性和增强不同类型地物的强度差异，通过数码影像匀色以消除不同影像之间因成像条件和传感器差异等因素导致的颜色差异。

6.4.1　点云数据空间索引

通过激光扫描、立体摄像机等三维测量设备获取的点云数据，具有数据量大、分布不均匀的特点。作为三维领域重要的数据来源，点云数据主要是表征目标表面海量点的集合，并不具备传统实体网格数据的几何拓扑信息。点云数据处理中最核心的问题是建立离散点间的拓扑关系，实现基于邻域关系的快速查找。建立空间索引在点云数据处理中已被广泛应用，常见空间索引一般是自顶向下逐级划分空间的各种空间索引结构，其中 kd-tree 和八叉树在 3D 点云数据组织中应用较为广泛。

1. kd-tree

kd-tree 是一种带有其他约束条件的二分查找树（图 6.4-1），由 Bently(1975)在 1975 年提出，主要应用于多维空间关键数据的搜索（如范围搜索和近邻搜索）和组织 k 维空间的数据结构。在处理三维激光点云数据时，我们所使用的 kd-tree 都是三维的。kd-tree 的每一级在指定维度上分开所有的子节点。在树的根部，所有子节点在第一个指定维度上被分开（也就是说，第一维坐标小于根节点的点将被分在左边的子树中，大于根节点的点被分在右边的子树中）。树的每一级都在下一个维度上分开，所有其他的维度用完之后就回到第一个维度。建立 kd-tree 最高效的方法是像快速分类一样使用分割法，把指定维度的值放在根上，在该维度上包含较小数值的在左子树，较大的在右子树。然后分别在左边和右边的子树上重复这个过程，直到准备分类的最后一个树仅由一个元素组成。

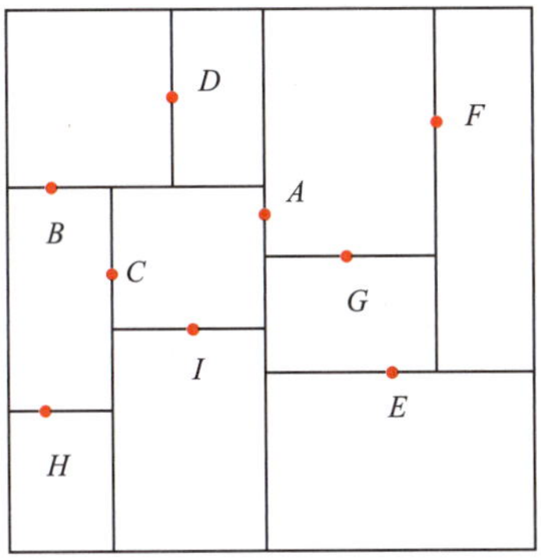

（a）空间划分图

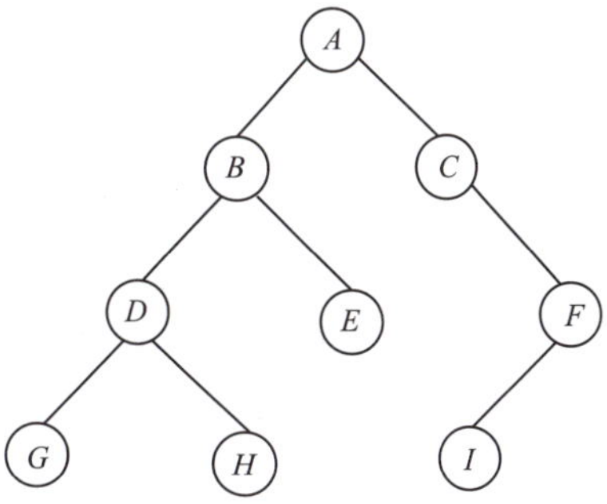

（b）树的结构图

图 6.4-1　kd-tree 示意图

构建 kd-tree 的时间复杂度是 $O(n\lg n)$，而通过 kd-tree 查找近邻的时间复杂度是 $O(\lg n)$。相比于传统的方法，kd-tree 可以实现快速的点云查询。

2. 八　叉　树

八叉树是由 Meagher(1982)提出的一种描述三维空间的树状数据结构，是四叉树在三维空间中的扩展，广泛应用于三维数据储存与数据检索、八叉树网格模型、碰撞检测、提取边缘线等领域。八叉树是对三维空间进行不断分割并构建索引的一种方法。通过计算数据集的外包立方体，并将其作为八叉树的根节点，而后将根节点外包矩形沿三个维度方向进行剖分形成子节点，每个子节点具有自己的外包立方体并包含一定数量的散乱三维点，如果子节点不包含任何三维点则停止剖分并将其作为空节点，否则继续划分直至外包立方体达到预设的分辨率为止。构建八叉树的主要流程如下：

(1)设置八叉树最大深度或者分辨率；

(2)确定点云场景的包围盒，并建立根节点，即初始的立方体；

(3)将该立方体分成八个相等的小立方体，作为其子节点；

(4)递归地处理(3)中的小立方体，直至小立方体中没有点云数据、已经达到八叉树最大深度或者立方体小于分辨率。

如图 6.4-2 所示，八叉树会不断划分三维空间，直至达到最大深度等条件，其中每一个立方体都对应着树中的一个节点，而每一个节点都代表一个三维空间，其中存储着这个空间内的所有点。八叉树近邻搜索的平均时间复杂度是 $O(\lg n)$，可以在大量点云数据中实现快速的 k 近邻搜索等。

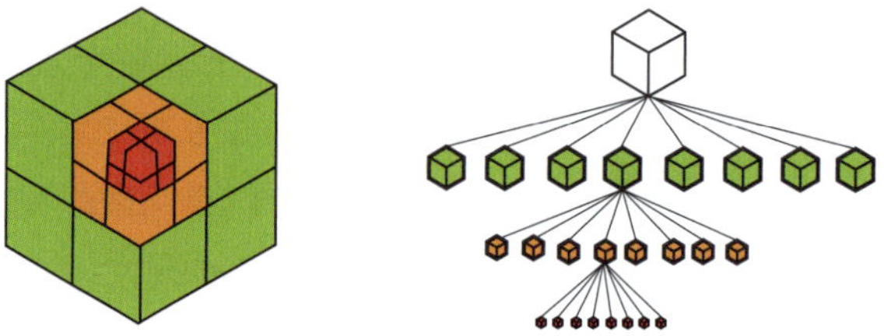

图 6.4-2　八叉树示例

相比于 kd-tree，八叉树的算法原理较为简单，实现起来也比较容易，点云数据量较大时，表现得较好。但是八叉树在点云数据分布不均匀时，会造成大量存储空间的浪费，并增加搜索时间。kd-tree 在数据量大时，构建树结构的时间开销很大；但在数据量一般或者较小时，kd-tree 更加灵活。kd-tree 与八叉树各有利弊，实际使用时根据需要选择不同的空间结构即可。

6.4.2　近邻搜索

空间索引的作用通常是基于给定点查找其邻域范围内的所有点，进而构建局部的形状和特征描述，因而邻域的定义方式是特征和局部描述等后处理的基础。在以往的研究中，有多种点云的邻域的定义方式，最常用的定义方式为球形邻域和 k 邻域，如图 6.4-3 所示。两点之间的距离通常以欧氏距离来定义：

$$d=\sqrt{(x_1-x_2)^2+(y_1-y_2)^2+(z_1-z_2)^2} \tag{6.4-1}$$

1. k 近邻搜索(k-search)

k 近邻搜索是搜索与点 p_i 距离最近的 k 个数据点。在 k 值较大的情况下，其形成的邻域也趋于球形。k 邻域定义方式不依赖于距离，因而在密度不同的位置都能生成相似大小的邻域，但固定的 k 值在点云密度较大的位置形成的邻域可能存在空间范围过小的情况，而在密度较小的位置形成的邻域可能范围过大甚至包含其他位置的点。

2. 半径搜索(radius search)

半径搜索是设定半径阈值 r，以点 p_i 为中心，搜索与点 p_i 的距离小于 r 的所有数据点。在搜索范围合适的情况下，球形邻域可以包含所有局部特征描述所需要的数据，但人工给定的固定邻域半径值在密度变化较大的点云中往往适用性较差。

6.4.3　点云滤波

车载移动测量系统在获取点云数据时，由于仪器的震荡、被测物表面粗糙不平、镜面反

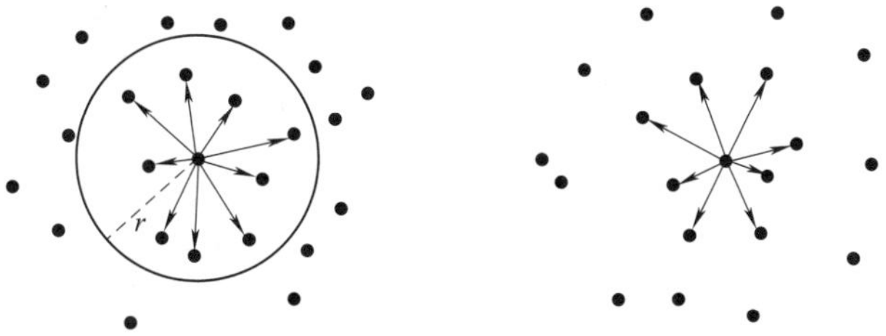

（a）半径搜索　　　（b）k近邻搜索

图 6.4-3　邻域搜索示意图

射、遮挡物遮挡等各种因素会使采集到的点云含有少量的噪声点。三维激光扫描仪可以获取上百米范围内空间物体的海量、高密度激光点云数据，但在后处理阶段有时仅需要特定范围的激光点云或低密度点云，其余点云可视为背景点或冗余点，要予以滤除。点云滤波作为预处理流程中至关重要的一环，对后续处理和应用影响比较大，只有在滤波预处理中将噪声点、离群点、背景点、冗余点、空洞、数据压缩等按照后续处理定制，才能够提升点云的处理速度与效果，更好地进行配准、特征提取、模型重建、可视化等后续应用。目前，点云滤波最常用的滤波器主要有直通滤波器、体素滤波器、统计滤波器、条件滤波器、双边滤波器、半径滤波器、随机采样一致性（random sample consensus，RANSAC）算法。

总结起来，需要点云滤波处理的情况有：①点云数据密度不规则需要平滑；②因为遮挡等问题造成离群点需要去除；③大量数据需要进行下采样；④噪声数据需要去除。对应的方法有：①按具体给定的规则限制过滤噪声点；②通过常用滤波算法修改点的部分属性；③对数据进行下采样。

1. 直通滤波

直通滤波可以去除指定坐标范围、指定字段范围内的点云数据，其原理是遍历所有点云，并判断其是否在输入的值域内，如果在，则保留该点云，相反则将其删除。直通滤波器运行速度快、原理简单，对于去除背景点和冗余点有着很好的效果。图 6.4-4 所示为轨道交通原始三维激光点云。图 6.4-5 所示为根据式（6.4-2）的直通滤波对轨道结构点云进行高程方向滤波的结果，分离得到接触网结构和轨道结构点云。

$$P_i \in \begin{cases} \text{Segment}_{\text{catenary}} & \text{当 } H_{\min} \leqslant H_{Pi} \leqslant H_{\max} \\ \text{Segment}_{\text{railtrack}} & \text{其他} \end{cases} \tag{6.4-2}$$

式中，P_i 为第 i 个激光点；$\text{Segment}_{\text{railtrack}}$、$\text{Segment}_{\text{catenary}}$ 分别为轨道结构点云、接触网结构点云；$H_{\min}$、$H_{\max}$ 分别为接触网对应的最小和最大高程值，m；H_{Pi} 为轨道结构点云中第 i 个激光点的高程值，m。

2. 体素滤波

在大规模的室外场景下，获取的三维点云数量与密度过于庞大，并且包含了很多不必要的细节，这些细节会占用大量的空间，导致在有限的内存下无法高效地处理海量的点云

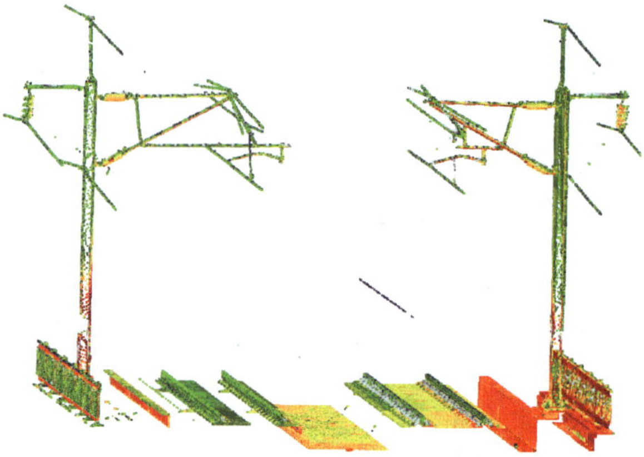

图 6.4-4　轨道交通原始三维激光点云

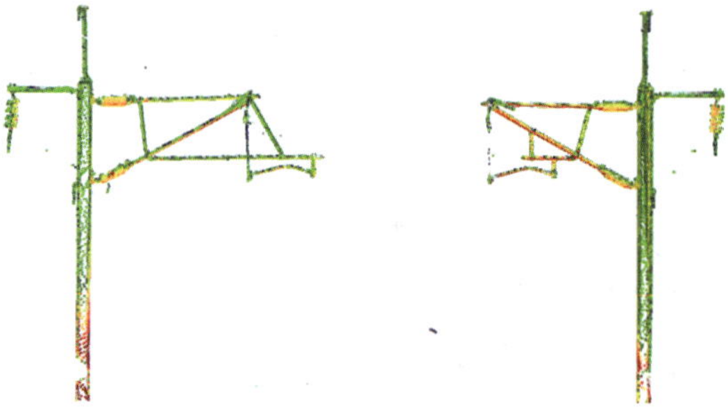

（a）接触网结构点云

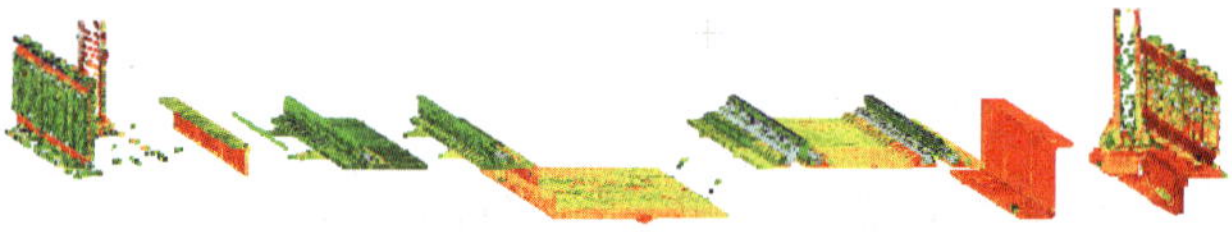

（b）轨道结构点云

图 6.4-5　体素滤波后的轨道交通激光点云

数据。体素是三维的一个个小立体空间，将点云数据划分出一个个 3D 体素，用每个体素的重心近似所有的点。这种方法可以减少点云的数量，降低计算复杂度，保持点云的形状特征，在提高配准效果、曲面重建、形状识别等方面有着重要作用。体素滤波的原理如下：

首先根据点云数据在 x、y、z 轴上的最大值 $x_{\max}$、$y_{\max}$、$z_{\max}$ 和最小值 $x_{\min}$、$y_{\min}$、$z_{\min}$ 得到点云 $AABB$ 包围盒的边长 l_x、l_y、l_z。

$$\begin{cases} l_x = x_{\max} - x_{\min} \\ l_y = y_{\max} - y_{\min} \\ l_z = z_{\max} - z_{\min} \end{cases} \tag{6.4-3}$$

设定三维体素栅格大小 v，其 x、y、z 轴方向上可分为 L、M、N 份，则三维体素栅格的个

数为 $L \cdot M \cdot N$。

$$\begin{cases} L=\dfrac{l_x}{v} \\ M=\dfrac{l_y}{v} \\ N=\dfrac{l_z}{v} \end{cases} \tag{6.4-4}$$

对所有的三维体素栅格进行编号，记为(i,j,k)，将每个数据点划分到所属三维体素栅格内。

$$\begin{cases} i=\dfrac{x_i-x_{\min}}{v} \\ j=\dfrac{y_i-y_{\min}}{v} \\ k=\dfrac{z_i-z_{\min}}{v} \end{cases} \tag{6.4-5}$$

计算每个三维体素栅格的重心，记为 w_{ijk}，以重心代替该体素内的所有点。

$$w_{ijk}=\frac{1}{n}\sum_{i=1}^{n}p_i \tag{6.4-6}$$

式中，n 为第(i,j,k)个体素栅格内的点数；p_i 为第 i 个点。

经过以上步骤，可以完成点云数据体素滤波过程，如图 6.4-6 所示。对轨道交通原始激光点云进行体素滤波，结果如图 6.4-7 所示，由图可知过滤后点的密度大小和整齐程度与过滤前不同，虽然处理后的数据量大大减少，但其所含有的形状特征和空间结构信息与原始点云大致相同。

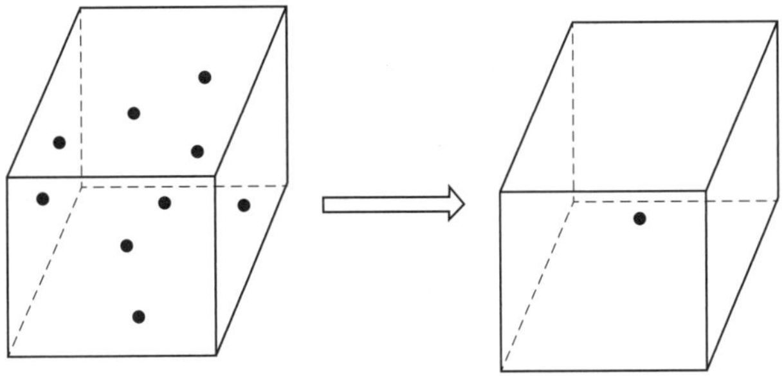

图 6.4-6　体素滤波过程

在使用体素栅格滤波进行下采样时，体素的大小选择很重要，过大容易出现点云失真，无法准确还原环境的特征。较小的体素相比大体素可以显著增加激光点云的密度，使点云对环境信息的表达更加细腻。但是较小的体素会增加处理器运算量，出现滤波效果和后续处理效率提升不明显的情况，无法实现显著提高点云处理效率和达到实时处理点云数据的效果，因此需要在算法效果、速率、实时性与点云密度之间进行选择。

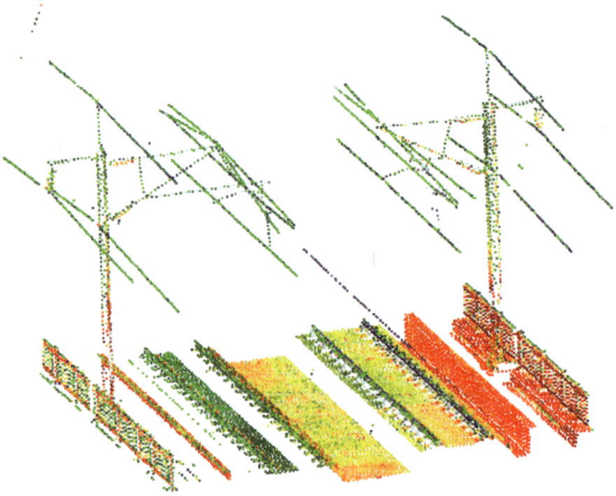

图 6.4-7 体素滤波后的轨道交通激光点云

3. 统计滤波

对于每个点，计算其与 K 个近邻点的平均距离，统计滤波假设得到的这些平均距离服从高斯分布，其形状由均值和标准差决定，并且认为每个点都可以表达一定的信息量。当邻域内的点越密集时，信息量越大；点越稀疏时，信息量就越少。因为噪声是孤点和离群点，所以包含的信息量就会相对较少，统计滤波正是利用这一特性来对原始点云的离群点进行去除，即平均距离在标准范围(由全局距离平均值和方差定义)之外的点被定义为离群点并可从数据集中去除掉。

设数据集中共有 N 个点，第 n 个点 p_n 的坐标为(x_n, y_n, z_n)，$n=1,2,3,\cdots,N$，其 K 邻域集合中的任意一点 p_i 的坐标为 (x_i, y_i, z_i)，两点之间的距离 d_i：

$$d_i=\sqrt{(x_n-x_i)^2+(y_n-y_i)^2+(z_n-z_i)^2} \tag{6.4-7}$$

计算遍历每个点到 K 邻域集合内任意点之间距离的平均值 μ_n 为

$$\mu_n=\frac{1}{K}\sum_{i=1}^{K}d_i \tag{6.4-8}$$

全局距离平均值 $\overline{\mu}$ 为

$$\overline{\mu}=\frac{1}{N}\sum_{n=1}^{N}\mu_n \tag{6.4-9}$$

平均值的标准差 σ 为

$$\sigma=\sqrt{\frac{1}{N}\sum_{n=1}^{N}(\mu_n-\overline{\mu})^2} \tag{6.4-10}$$

设标准差倍数为 m，当某点邻近 K 个点的平均距离在标准距离范围$(\mu-m\cdot\sigma,\mu+m\cdot\sigma)$内时保留该点，不在该范围内定义为噪声点予以删除。图 6.4-8 为对图 6.4-4 所示的轨道交通激光点云进行统计滤波的结果，由该图可知统计滤波可以较好地去除点云表面的噪声点，但在去除表面噪声点的同时也会去除一些可能包含关键信息的表面拐点信息，对后续的处理造成一定的影响。

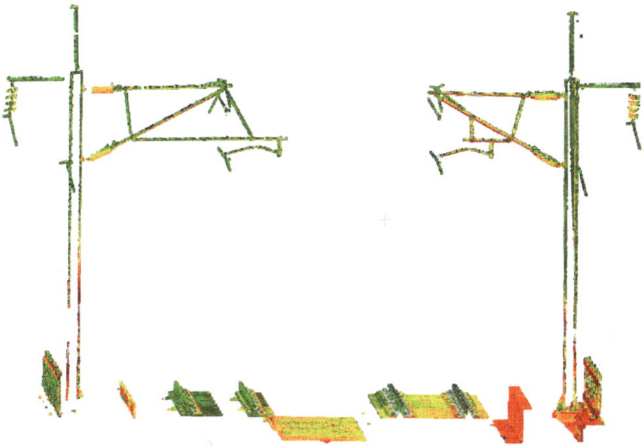

图 6.4-8　统计滤波后的轨道交通激光点云

4. 条件滤波

条件滤波即根据设定的一个或多个约束条件对点云数据进行精简，满足约束条件的点云予以保留，不满足约束条件的点云从原始点云中剔除，通过此方法可高效地筛选出指定范围的点云数据。其中约束条件可以有多个，如可基于点云的 x、y、z 坐标来设置约束条件，见式(6.4-11)。对图 6.4-4 所示的轨道交通激光点云使用条件滤波器得到图 6.4-9 所示的轨道激光点云。

$$\begin{cases} X_{\min} < X < X_{\max} \\ Y_{\min} < Y < Y_{\max} \\ Z_{\min} < Z < Z_{\max} \end{cases} \tag{6.4-11}$$

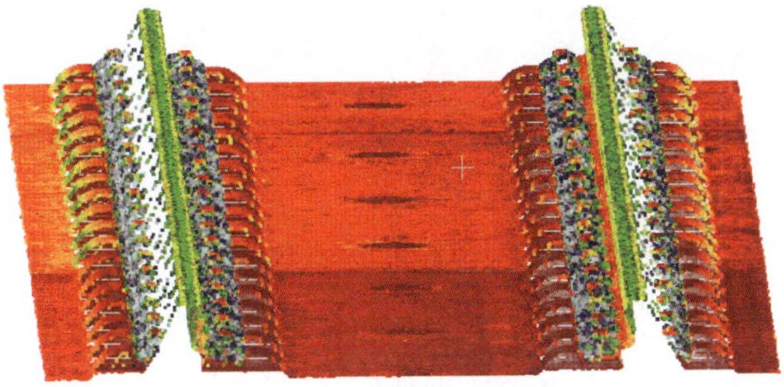

图 6.4-9　条件滤波得到的轨道激光点云

5. 双边滤波

双边滤波算法(Chaudhury，2012)主要用于对点云数据的小尺度起伏噪声进行平滑光顺。双边滤波应用于三维点云数据去噪，既有效地对空间三维模型表面进行降噪，又可以保持点云数据中的几何特征信息，避免三维点云数据被过度光滑。在点云模型中设点 p_i 的 k 邻域点集及单位法向量分别为 $N_k(\boldsymbol{p}_i)$ 与 $\boldsymbol{n}_i$，双边滤波可以定义为

$$\hat{\boldsymbol{p}}_i=\boldsymbol{p}_i+\lambda\boldsymbol{n}_i \tag{6.4-12}$$

式中，$\hat{p}_i$ 为双边滤波后更新的点；λ 为双边滤波因子，其计算公式为

$$\lambda=\frac{\sum\limits_{\boldsymbol{p}_j\in N_k(\boldsymbol{p}_i)} W_{\mathrm{C}}(\|\boldsymbol{p}_j-\boldsymbol{p}_i\|)W_{\mathrm{S}}(\|\langle\boldsymbol{n}_j-\boldsymbol{n}_i\rangle-1\|)\langle\boldsymbol{n}_i,\boldsymbol{p}_j-\boldsymbol{p}_i\rangle}{\sum\limits_{\boldsymbol{p}_j\in N_k(\boldsymbol{p}_i)} W_{\mathrm{C}}(\|\boldsymbol{p}_j-\boldsymbol{p}_i\|)W_{\mathrm{S}}(\|\langle\boldsymbol{n}_j-\boldsymbol{n}_i\rangle-1\|)} \tag{6.4-13}$$

式中，$\langle\cdot,\cdot\rangle$ 表示向量的内积；$\boldsymbol{n}_j$，$\boldsymbol{n}_i$ 为点的法向量，可以用主成分分析法（principal component analysis，PCA）或最小二乘法求得；W_{C}，W_{S} 分别表示双边滤波函数的空间域和频率域权重函数，它们分别控制着双边滤波的平滑程度和特征保持程度。其形式是以 σ_{C}，σ_{S} 为标准差的高斯核函数，具体形式为

$$\begin{cases} W_{\mathrm{C}}(x)=\mathrm{e}^{-\frac{x^2}{2\sigma_{\mathrm{C}}^2}} \\ W_{\mathrm{S}}(x)=\mathrm{e}^{-\frac{x^2}{2\sigma_{\mathrm{S}}^2}} \end{cases} \tag{6.4-14}$$

式中，σ_{C} 为数据点 p_i 到邻域点的距离对点 p_i 的影响因子，σ_{C} 越大对点云的光顺效果越好，但其特征保持能力就越差；σ_{S} 为数据点 p_i 与其近邻点的法向偏差对点 p_i 的影响因子，σ_{S} 越大对特征的保持效果越好。通常情况下，σ_{C} 取点的邻域半径，σ_{S} 取为邻域点的标准偏差。双边滤波的具体步骤如下：

(1)计算每个数据点 $\boldsymbol{p}_i$ 的 k 邻域点 $N_k(\boldsymbol{p}_i)$；

(2)对 $\boldsymbol{p}_i$ 的每个邻近点求取 W_{C} 的参数 $\|\boldsymbol{p}_j-\boldsymbol{p}_i\|$ 和 W_{S} 的参数 $\|\langle\boldsymbol{n}_j-\boldsymbol{n}_i\rangle-1\|$，以及参数 $\langle\boldsymbol{n}_i,\boldsymbol{p}_j-\boldsymbol{p}_i\rangle$；

(3)由式(6.4-14)计算高斯核函数 W_{C} 和 W_{S}；

(4)根据式(6.4-13)计算出双边滤波因子 λ；

(5)根据式(6.4-12)计算滤波后的数据点；

(6)依次计算所有数据点完成点云双边滤波光顺。

6. 半径滤波

半径滤波同样也是滤去离群点（远离模型的点）和稀疏点。半径滤波的原理为：针对不同的点云数据集设置不同的半径阈值 r 和邻域内点的个数阈值 n。对每个查询点搜索其半径为 r 的球体内点的数量。如果半径为 r 的球内点的个数小于 n，认为该查询点为离群点，将其删除。相反，如果半径为 r 的球体内点的个数大于 n，说明该点周围点的数量多且稠密，则认为该点为模型主体点云上的点，将其保留。半径滤波原理如图 6.4-10 所示。

7. 随机采样一致性算法

在计算机视觉领域广泛应用不同的采样一致性估计算法，用于排除错误的样本，样本

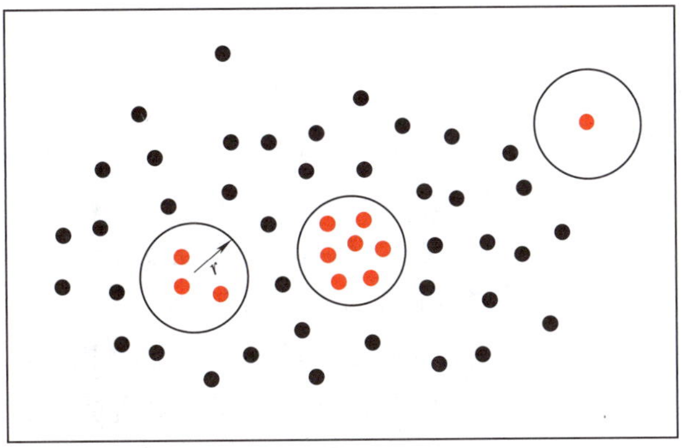

图 6.4-10　半径滤波示意图

不同，对应的应用则不同，例如剔除错误的配准点对，分割出在模型上的点集等。RANSAC (Fischler，1981)是一种随机参数估计算法。该算法从样本中随机抽选一个样本子集，使用最小方差估计算法对这个子集计算模型参数，然后计算所有样本与该模型的偏差，再使用一个预先设定的阈值与偏差比较。当偏差小于阈值时，该样本点属于模型内样本点，简称内点(inliers)；否则为模型外样本点，简称外点(outliers)。记录下当前最佳模型参数，所谓最佳，即内点的最多，此时对应的 inliers 个数为 best_inliers。每次迭代的末尾，都会根据期望的误差率、best_inliers、总样本个数、当前迭代次数，计算一个迭代结束评判因子，据此决定是否迭代结束。迭代结束后，最佳模型参数就是最终的模型参数估计值。RANSAC 算法基本步骤如下：

(1)从样本数据中随机抽取能够估计模型参数的最小样本数据；

(2)根据抽取的样本数据估计模型参数；

(3)将估计的模型参数代入总数据样本，统计其内点率，若当前内点率为最大内点率，则判定此估计模型为最优模型；

(4)判定当前最优模型的内点率是否大于设定阈值或迭代次数是否大于设定最大迭代次数，若是则停止迭代，否则重复(1)～(3)；

(5)最优模型输出。

上述中最大迭代次数 N 确保在一定的置信度范围内，即至少存在一组抽样数据都为内点。

$$N=\frac{\lg(1-p)}{\lg(1-e^m)} \tag{6.4-15}$$

式中，e 为样本数据的内点率；m 为估计模型参数时的最小样本数据；p 为置信度。p、N、m 和 e 的关系为

$$1-(1-e^m)^N=p \tag{6.4-16}$$

Loss 函数为

$$\text{Loss}(v)=\begin{cases}0 & 当\ |v|<c \\ \text{const} & 其他\end{cases} \tag{6.4-17}$$

式中，c 为数据点的距离阈值。

RANSAC 理论上可以剔除外点的影响，并得到全局最优的参数估计。但是 RANSAC 有两个问题：首先，在每次迭代中都要区分 inliers 和 outliers，因此需要事先设定阈值，当模型具有明显的物理意义时，还比较容易设定，但是若模型比较抽象时，这个阈值就不那么容易设定了，而且固定阈值不适用于样本动态变化的应用；第二个问题是，RANSAC 的迭代次数是运行期决定的，不能预知迭代的准确次数（迭代次数的范围是可以预测的）。除此之外，RANSAC 只能从特定的数据集中估计一个模型，当两个或者多个模型存在时，RANSAC 不能找到别的模型。图 6.4-11 演示了从一组简单的点集中通过 RANSAC 进行计算找到平面，绿色代表拟合的平面，红色点为内点，黑色点为外点。

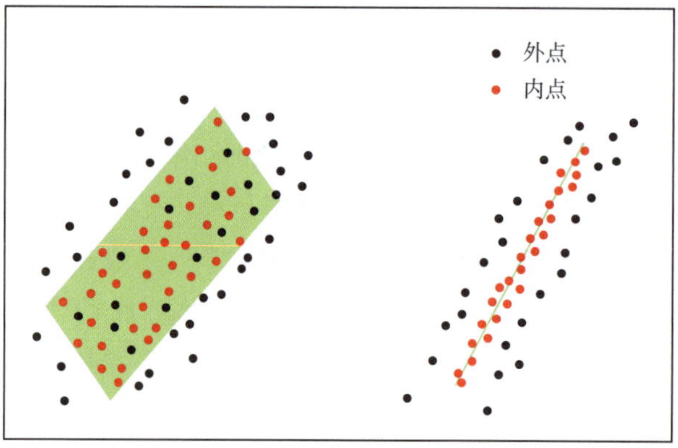

图 6.4-11　RANSAC 拟合平面

6.4.4　点云强度增强

激光点云强度是目标对发射激光的后向散射光功率，经转换和放大后的电信号强度测量值，表征被测目标对激光的反射光谱特性（谭凯和程效军，2015），与激光三维坐标存在精确的一一对应关系，通过该特性可对目标的几何形状、表面特性等物理特征信息进行提取和反演，进而实现点云的可视化、分类和特征提取以及目标的探测和识别。

车载激光点云强度受到目标光谱反射特性、目标和激光扫描仪之间的距离、激光的入射角度、车辆行驶速度等多种因素的影响，存在较大的偏差。相同材质的目标可能存在强度值不同的现象，不同材质的目标测得的强度值也可能相同，导致同物异谱、异物同谱的现象广泛存在，进而导致车载激光点云中存在大量的“椒盐噪声”和“高斯噪声”，严重影响利用强度信息进行目标分类与识别的精度。作为目标对发射激光光束后向散射回波的光功率，扫描仪测得的激光强度并不能直接用于目标反射特性的提取，需要对其进行辐射修正，消除各种因素的影响。辐射修正是指分析激光能量传输的整个过程及其衰减的影响因素和产生机理，通过一定的模型对原始激光强度值中的各种影响因素进行改正或消除，使得修正后的强度值能直接反映目标表面的反射特性，对充分挖掘和利用目标的属性信息具有重要意义。

激光扫描仪发射的激光信号，经过大气传输到目标表面，经反射后返回激光扫描仪，整个过程可用激光雷达测距方程定量表示：

$$P_R = \frac{P_E D_R^2}{4\pi R^4 \beta_E^2} \eta_{sys} \eta_{atm} \sigma \tag{6.4-18}$$

式中，P_R 为激光反射功率；P_E 为激光发射功率；D_R 为扫描仪接收孔径；R 为扫描仪和目标点之间的距离；β_E 为激光波束宽度；η_{atm} 和 η_{sys} 分别为大气传输因子和光学系统传输因子；σ 为目标散射截面，σ 定义为

$$\sigma = 4\pi\rho A_S / \Omega \tag{6.4-19}$$

式中，Ω 为散射立体角，为物体在以观测点为球心的球面上投影面积 S 与球半径 r 平方值之比，视觉中表现为光束的粗细；ρ 为目标在激光波长下的反射率；A_S 为激光照射在目标表面上的光斑面积。

激光扫描仪具有很高的分辨率，使得物体的尺寸远大于其分辨单元，则物体可视为扩展目标。如图 6.4-12 所示，对于扩展目标，光斑半径 $r = R\beta_E/2$，则光斑面积 A_S 可表示为

$$A_S = \pi R^2 \beta_E^2 / 4 \tag{6.4-20}$$

目标表面对激光的实际辐射通常较为复杂，为了简化，我们通常将目标表面假设为朗伯面(Lambertian)，即以入射点为中心，目标将入射激光束均匀地散射到一个半球空间中，此时的散射立体角 $\Omega = \pi$，如图 6.4-13 所示，入射激光束与法向量之间的角度 α 为激光入射角，范围为 0～90°。此时，在整个半球空间内任何角度观察反射面，其反射亮度都是一个常数。这种向四周各向同性的反射激光的现象，称为漫反射，也称为各向同性反射。

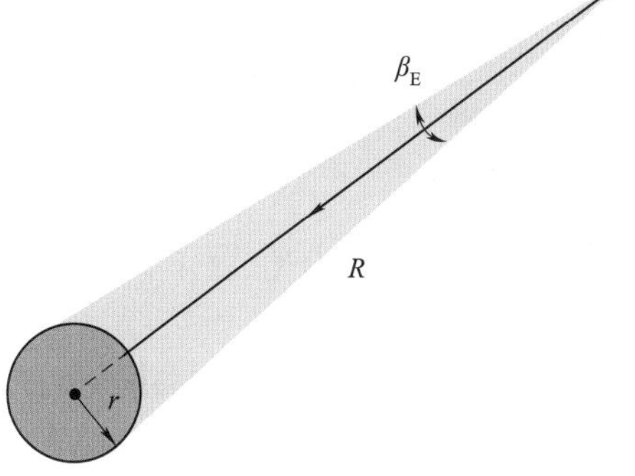

图 6.4-12　激光光斑示意图

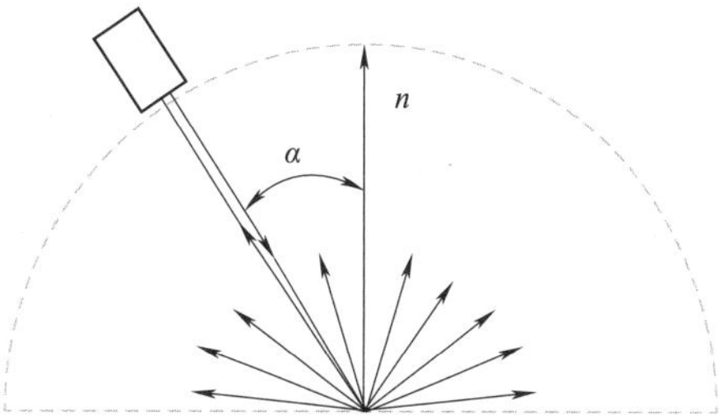

图 6.4-13　朗伯散射模型

根据朗伯余弦定理，对于朗伯面，不同角度接收到的光强与入射角 α 的余弦成正比，因此目标散射截面 σ 可表示为

$$\sigma=\pi R^2\beta_E^2\rho\cos\alpha \tag{6.4-21}$$

此时，可得扩展朗伯目标的激光雷达测距方程为

$$P_R=P_E D_r^2\rho\cos\alpha\eta_{atm}\eta_{sys}/(4R^2) \tag{6.4-22}$$

大气对激光的吸收和散射作用对于机载激光雷达的扫描强度值具有较大的影响，而对于近距离地面的车载移动激光扫描，大气对激光传输衰减的影响因子 η_{atm} 可忽略不计。此外，激光发射功率 P_E、扫描仪接收孔径 D_r 以及光学系统传输因子 η_{sys} 在同一次扫描过程中都可视作稳定不变的，因此式(6.4-22)可进一步简化为

$$P_R=C\rho\cos\alpha/R^2 \tag{6.4-23}$$

式中，C 为与系统参数相关的常数，$C=P_E D_r^2\eta_{sys}/4$。

根据式(6.4-23)可知，激光反射功率主要与目标反射率、激光入射角以及目标和激光扫描仪之间的距离有关。由于目标反射率是被测物体表面的固有属性，不需进行额外的校正。扫描距离和激光入射角是进行激光强度校正的重点。从式(6.4-23)中可观察到，扫描距离和入射角对激光强度的作用在理论上是相互独立的，因此可以分开处理。

激光反射信号经过光电信号转换后，通过辐射系统专有函数放大和生成离散整数值，即激光强度值。据相关研究（杨梅洁，2020），激光入射角的余弦值与激光强度值呈正相关关系，激光距离与激光强度值呈负相关关系，并且通常情况下，该相关关系并非简单的线性关系。经试验验证，以泰勒插值、分段多项式、分段高斯函数等为代表的多项式模型具有较好的拟合效果。

1. 基于距离因素的点云强度修正模型

根据强度修正原则，针对目标距离因素的修正，在式(6.4-23)中需保证系统相关常数 C、目标反射率 ρ 和激光入射角 α 已知，控制相同变量，把目标距离因素独立分离出来。在实际情况中，为避免无法全部获取上述参数的情况，采用等比关系建立基于距离因素的激光强度修正模型：

$$\frac{I}{I_S}=\frac{C\rho\cos\alpha/R^2}{C\rho\cos\alpha/R_S^2} \tag{6.4-24}$$

$$I_S=\frac{f(R_S)}{f(R)}I \tag{6.4-25}$$

式中，I_S 为修正后的激光强度值；R 为目标点到扫描仪之间的距离；R_S 为拟合函数极值点处的距离。

点云强度和距离之间的函数关系可视为连续可导函数。采用泰勒插值多项式作为激光强度的距离修正模型具有较好的效果（杨梅洁，2020）。为消除函数的可导不确定性，利用拉格朗日插值法建立的扫描距离和激光强度值之间的关系式为

$$f_{Taylor}(R)=\sum_{i=0}^{n}c_iR^i \tag{6.4-26}$$

式中，c_i 为泰勒多项式系数；n 为函数最高阶次，则距离修正模型可表示为

$$I_S^{\text{Taylor}}=\frac{f_{\text{Taylor}}(R_S)}{f_{\text{Taylor}}(R)}I \tag{6.4-27}$$

式中，I_S^{Taylor} 为激光强度值 I 经模型修正后的强度值。

2. 基于入射角因素的点云强度修正模型

对于入射角因素，双向反射分布函数(BRDF)是描述激光入射角和目标表面之间相互作用最全面的模型，然而该模型在实际应用中需要目标表面的粗糙度和介电常数等众多先验信息。通常车载移动扫描场景范围内目标物的种类繁多，模型中所需先验参数无法定量获取，因而双向反射分布函数模型应用的困难性较大。因此在考虑入射角对激光强度的影响时，仅考虑入射角及目标表面光谱特性即可，其模型可表示为

$$I=h(1-n+n\cos\alpha) \tag{6.4-28}$$

式中，h 和目标表面光谱特性 ρ 相关；参数 n 与目标表面粗糙度正相关。假定待校正后的数据来自粗糙度均匀的表面，则入射角修正模型可表示为

$$I_\alpha=\frac{I}{h(1-n+n\cos\alpha)} \tag{6.4-29}$$

式中，I_α 为激光强度值 I 经模型修正后的强度值。

6.4.5 数码影像匀色

全景相机是车载移动测量系统获取沿线影像的标配传感器。目前市场上常用的全景相机根据其成像方式主要分为折反射式系统、旋转式扫描全景相机、多镜头组合式全景相机三类。折反射式系统主要利用光学的反射和折射原理，光线通过反射进入光学透镜，然后经透镜组折射汇聚到传感器成像。因为第一个过程是镜面反射，可将环绕 360°全景一次成像出来，但是俯仰视角受限，画面中心不可避免地存在盲区。旋转式扫描全景相机主要通过在云台上安装高清单反相机，通过相机旋转固定角度拍摄不同方向的序列影像进行拼接。多镜头组合式全景相机则是将多个朝向不同的高清相机按照一定规律系统集成起来，设置曝光同步让各相机在同一时刻从不同的角度对场景进行拍摄。随着车载移动测量技术的发展，对全景影像有了更高的要求，即需满足以拍摄为中心的整个球面成像，称为 720°全景，而目前满足该要求的相机设计只有多镜头组合式，因而被广泛采用。

多镜头组合式全景相机中，相邻相机采集的图像之间有重叠区域，通过重叠区域同名控制点点对，利用图像匹配方法计算图像变换矩阵，从而拼接成一幅全景图像，如图 6.4-14～图 6.4-16 所示。

然而，由于相机自身硬件(感光元件)及拍摄环境(光照、大气条件、太阳高度)等因素的影响，同一区域来自不同相机的图像在亮度、色彩等方面会存在差异，如果对这些图像直接进行拼接，则全景图像在重叠区域会存在明显的接缝线，从而影响全景图像的视觉和美观效果。因此，对于多相机图像拼接亮度和色彩分布不均现象进行亮度和色彩的一致性校正(称为匀光匀色)处理是非常必要的。

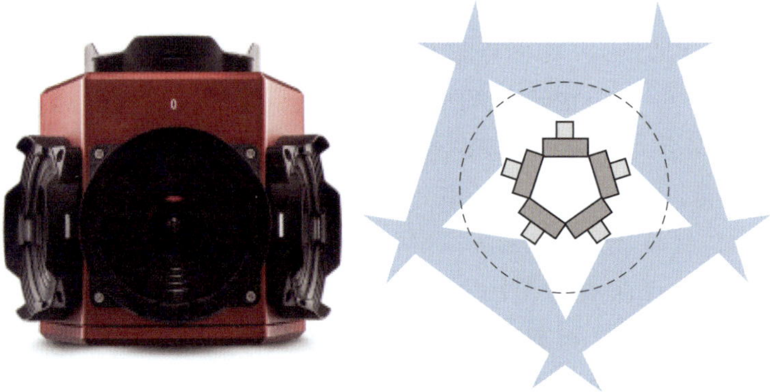

图 6.4-14　Ladybug 5 全景相机

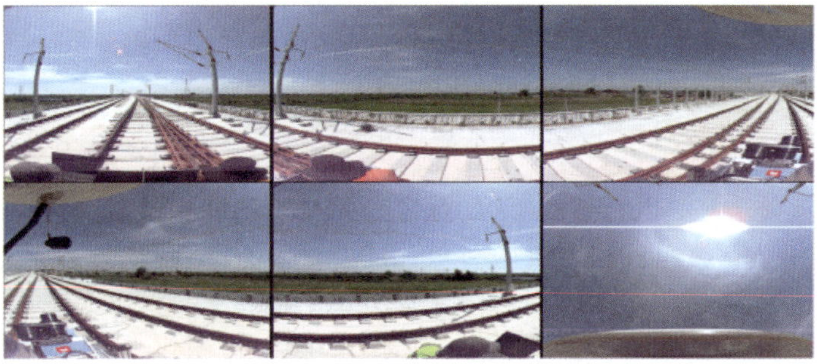

图 6.4-15　Ladybug 5 分镜头影像

图 6.4-16　Ladybug 5 全景影像

影像间的匀色主要是指区域范围内图幅与图幅之间的色彩一致性调整。常用的处理算法有模型匹配、直方图匹配以及基于均值和标准差统计的方法。模型匹配方法是使用简化的光照成像模型来建立原始影像和目标影像之间的变换关系，常见的变换有 Gamma 校正。直方图匹配方法通过改变直方图形状分布来校正图像间的亮度和颜色差异，应用较为广泛。基于均值和标准差统计的方法以 Wallis 匀色算法为代表，在影像匹配和融合中应用广泛。

1. Gamma 校正

Gamma 校正起源于 CRT(显示器/电视机)成像。在早期的电视机和显示器中,显像管发生的电子束及其图像亮度并不随显像管的输入电压呈线性变化,而是按照幂指数函数关系变化。如果直接将相机或摄像机采集到的线性图像输入,显示出的图像暗部区域会比实际更暗,亮部区域比实际更亮。因此要使显示图像与原图一致,需要采用与 CRT 响应曲线相反的校正进行补偿,即为 Gamma 校正,如图 6.4-17 所示。

在计算机绘图领域以屏幕输出电压和其对应亮度的转换关系曲线称为 γ 曲线。Gamma 校正是对影像的 γ 曲线进行编辑,从而完成对影像色调的非线性调整,具有算法简单、处理速度快的优点。其基本形式为

$$I_{out} = I_{in}^{\gamma} \tag{6.4-30}$$

式中,I_{in} 和 I_{out} 分别为校正前后的影像亮度值;γ 为校正参数,其取值直接决定了校正效果。当 $\gamma < 1$ 时,图像整体灰度值增大、亮度增强,低灰度值区域对比度增强,高灰度值区域对比度降低;当 $\gamma > 1$ 时,图像整体灰度值减小、整体亮度降低,低灰度值区域对比度降低,高灰度值区域对比度增强。

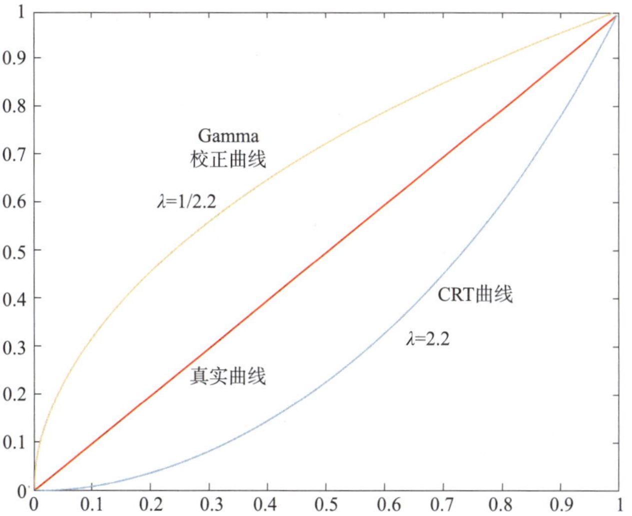

图 6.4-17　Gamma 校正示意图

2. 直方图匹配

在统计学中,直方图是一种对数据分布情况的图形表示,是一种二维统计图表,也是多种空间域处理技术的基础。在计算机视觉及图像处理领域,常通过调整直方图的方式对影像进行均衡匀色等处理。如图 6.4-18 所示,影像的直方图中横坐标代表影像的某种属性特征值,纵坐标代表该属性特征值对应的像素数量。

直方图匹配又称为直方图规定化,是一种通过调整直方图为规定形状,从而实现影像信息变换的方法,反映了图像像素值分布的统计特征。相邻影像之间存在一定比例的重叠

(a)

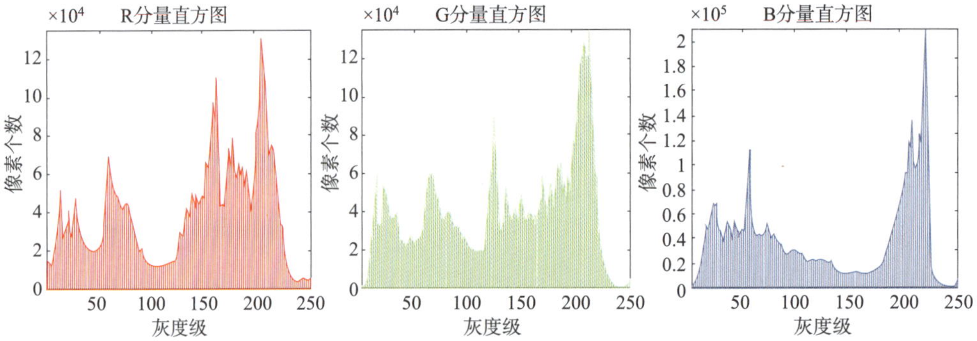

(b)

图 6.4-18　影像及其 RGB 分量灰度直方图

区域，直方图的相似度会很高。其处理思想是首先计算出参考影像的直方图，根据参考影像的直方图信息对待校正影像的直方图进行校正，使得待校正影像的直方图与参考影像的直方图趋于一致，最终实现匀色处理。如图 6.4-19 所示，具体流程如下：

(1)计算给定待匀色处理影像的直方图 $p_r(r)$，并用它寻找式(6.4-31)的直方图均衡变换：

$$s_k = T(r_k) = (L-1)\sum_{j=0}^{k} p_r(r_j) = \frac{L-1}{MN}\sum_{j=0}^{k} n_j, k = 0,1,2,\cdots,L-1 \quad (6.4\text{-}31)$$

式中，s_k 为经直方图均衡变换后的灰度值，四舍五入保留为 $[0, L-1]$ 范围内的整数；MN 为影像的像素总数；n_j 为灰度值，是 r_j 的像素数量；L 为影像中可能的灰度级数量。

(2)用式(6.4-31)对 $q=1,2,3,\cdots,L-1$ 计算变换函数 G 的所有值,其中 $p_z(z_i)$ 是规定的直方图值。把 G 的值四舍五入为 $[0,L-1]$ 范围内的整数并存储。

$$G(z_q)=(L-1)\sum_{i=0}^{q}p_z(z_i) \tag{6.4-32}$$

(3)对每一个 $s_k,k=0,1,2,\cdots,L-1$,使用步骤(2)中的变换函数 G 值寻找相应的 z_q 值,使 $G(z_q)$ 最接近 s_k,存储这些映射关系。当满足给定 s_k 的 z_q 值多于一个时(映射不唯一),按惯例选择最小的值。

(4)首先对输入图像进行均衡化,然后使用步骤(3)找到的映射关系将该图像中的每个均衡后的像素值 s_k 映射为直方图规定化后的图像中的相应 z_q 值,形成直方图规定化后的图像。

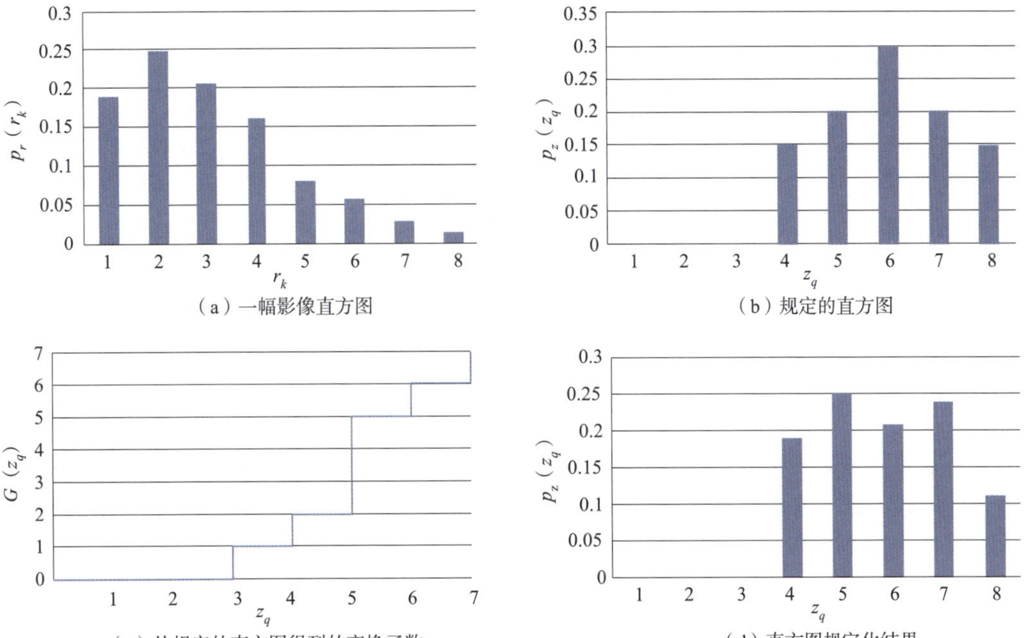

(a)一幅影像直方图 (b)规定的直方图

(c)从规定的直方图得到的变换函数 (d)直方图规定化结果

图 6.4-19 影像的直方图及变换函数

3. Wallis 匀色

Wallis 变换是一种局部影像变换,使得影像不同位置的灰度方差和均值具有近似相等的数值,从而使得图像各位置的亮度、反差、色调和饱和度基本一致。目前已被广泛应用于影像匹配和融合中。Wallis 变换可表示为

$$f(x,y)=[g(x,y)-m_{\mathrm{g}}]\frac{cs_{\mathrm{f}}}{cs_{\mathrm{g}}+(1-c)s_{\mathrm{f}}}+bm_{\mathrm{f}}+(1-b)m_{\mathrm{g}} \tag{6.4-33}$$

式中,$g(x,y)$ 和 $f(x,y)$ 分别为原始影像和 Wallis 变换结果影像的灰度值;m_{g} 和 s_{g} 分别为原始影像的局部灰度均值和标准偏差;m_{f} 和 s_{f} 分别为结果影像局部灰度均值和标准偏差的目标值;c 为影像方差的扩展常数,$c\in[0,1]$;b 为影像的亮度系数,$b\in[0,1]$,当 $b\to 1$ 时,影像均值被强制到 m_{f},当 $b\to 0$ 时,影像均值被强制到 m_{g}。典型 Wallis 变换中,$c=1$,

$b=1$，此时式(6.4-33)可变为

$$f(x,y)=[g(x,y)-m_g]\frac{s_f}{s_g}+m_f \tag{6.4-34}$$

Wallis 算法匀色的处理流程如下：

(1)统计各幅影像的均值和标准差，确定标准参数(目标均值和标准偏差)。其中影像均值和标准差可分别采用式(6.4-35)和式(6.4-36)计算。

$$\text{mean}=\frac{1}{N}\sum_{i}^{h}\sum_{j}^{w}\text{pixel}[i,j,k] \tag{6.4-35}$$

$$\text{std}=\frac{1}{N-1}\sum_{i=1}^{h}\sum_{j=1}^{w}(\text{pixel}[i,j,k]-\text{mean})^2 \tag{6.4-36}$$

式中，mean 为影像全局均值；N 为像素总数；h 和 w 分别为影像的像素高和宽；pixel$[i,j,k]$为影像中坐标为(i,j)的像素值；k 为要计算的颜色通道标志位，$k=0$ 表示计算所有通道。为了避免灰度级的合并，选取的标准参数应保证 $s_f/s_g\geqslant 1$，由目标的标准偏差决定；为减少灰度级(0～255 范围)存储限制而造成的信息丢失，通常选取各幅影像均值的平均值作为目标均值。

(2)计算两幅影像之间的均值差值 Diff，选取其中一幅作为参考影像，另一幅作为目标影像，并根据下式修正其像素值：

$$\text{pixel}_{\text{new}}=\begin{cases}\text{pixel}[i,j,k]+\text{abs}(\text{Diff}) & \text{当 Diff}\leqslant 0\\ \text{pixel}[i,j,k]-\text{abs}(\text{Diff}) & \text{当 Diff}>0\end{cases} \tag{6.4-37}$$

式中，$\text{pixel}_{\text{new}}$为目标影像中被修正的像素值。

(3)修正后的影像像素值有可能会出现超越灰度级存储限制(0～255)的情况，为避免造成像素信息损失，需要进行临界判断：

$$\text{pixel}[i,j,k]_{\text{dest}}=\begin{cases}0 & \text{当 pixel}_{\text{new}}\leqslant 0\\ \text{pixel}_{\text{new}} & \text{当 }0<\text{pixel}_{\text{new}}\leqslant 255\\ 255 & \text{当 pixel}_{\text{new}}>255\end{cases} \tag{6.4-38}$$

式中，$\text{pixel}[i,j,k]_{\text{dest}}$为修正后影像对应的像素值。对各幅影像通过上述步骤进行处理后，各幅影像具有近似一致的均值和标准偏差，表现在视觉方面即各幅图像之间的色彩亮度趋于一致并且过渡光滑。

第7章 综合应用

车载移动测量技术作为高新测量技术，突破传统单点测量方式的弊端，可以快速获取被测物体表面海量点云的高精度三维坐标、反射率和纹理等信息，从而复建出被测目标的三维模型。由于其具有无接触、实时、动态、高密度、高精度、数字化、自动化等特性，该技术在文物保护、土木工程和数字城市等方向有了很多的尝试、应用和探索。中国铁设测绘院积极开展车载移动测量技术在轨道交通检测、监测领域中的应用研究，集成开发了多套车载移动测量系统和配套轨道交通点云数据处理软件，并将研究成果成功应用到贵广客专、南昆铁路、盐通高铁、京沪高铁等多条高速和普速铁路的检测任务中(图 7.0-1)，累计检测线路长度达 5 000 余公里。本章基于积累的大量数据资料、项目经验与科研成果，对轨道交通中的轨道、接触网、限界、桥梁和隧道的检测予以介绍。

图 7.0-1　车载移动测量系统检测轨道交通

7.1 轨道检测

铁路和城市轨道交通均是轮轨体系，轨道结构作为重要的基础设施，它的性质和状况决定了铁路和城市轨道交通车辆的运行品质(高亮，2014)。钢轨作为轨道结构中的重要组成部件，为车轮提供连续、平顺和阻力最小的滚动表面，引导列车运行方向，其几何状况直接影响到高速运行状态下列车的安全性和平稳性。为了保证轨道具有理想的几何参数和高平顺性，必须有针对性、合理性地对轨道几何形位进行检测，使轨道几何状态满足行车条件。

7.1.1 概　　述

铁路线路经过长期的运营维护，线路的地理空间位置会发生移动，轨道的几何形位和线路中心线的位置会发生改变。轨道检测是及时掌握轨道几何状态、指导工务养护、保证铁路安全运行的重要手段。传统轨道几何形位静态检测方式，主要依靠道尺（图 7.1-1）、轨道检测小车（图 7.1-2）等设备，进行接触式逐点测量。此类方法不仅测量效率低，而且需要测量人员到达铁路线路进行测量，干扰正常的列车运营，存在很大的安全隐患。轨道几何形位动态检测，主要靠综合检测列车（图 7.1-3）和轨检车（图 7.1-4）进行定期检测。

图 7.1-1　道尺检测

图 7.1-2　轨检小车（安伯格 GRP1000）

图 7.1-3　高速综合检测列车

图 7.1-4　轨检车

然而，由于开行检测列车要占用大量的运输资源，检测列车自身的设备成本和人力资源成本较高，检查只能在固定时间内进行，直到下次检测时才能发现突变的病害，检测频次不足使得难以有效获取轨道几何形位的劣化特征，进而难以精确预测缺陷的发展规律。表 7.1-1 列举了不同线路类型的检测周期。目前，铁路既有线测量主要依靠水准仪、全站仪、GNSS-RTK、钢卷尺等仪器，测量效率低，所需测量人员多。截至 2021 年底，我国铁路运营里程超过 15 万 km，轨道检测任务繁重，将车载移动测量系统引入到轨道检测工作中，对我国以后的高速铁路建设和列车提速能提供技术支撑，具有十分重要的理论和现实意义。

表 7.1-1　轨检车/综合检测列车检测周期

线路类型	检测方式	检测频率
120～200 km/h 既有铁路线路	轨检车	每月不少于 2 遍
200～250 km/h 既有线提速线路	轨检车、综合检测列车交替检查	每 5 d 一遍
200～300 km/h 新建有砟轨道线路	综合检测列车	10～15 d 检查一遍
200～300 km/h 新建无砟轨道线路	综合检测列车	10～15 d 检查一遍

7.1.2　内容及要求

1. 检测内容

轨道基本几何形位要素包括轨距、水平、高低、轨向和轨底坡。本节重点介绍这五个基本几何形位要素与既有线测量的方法。

轨距：指钢轨踏面（顶面）下 16 mm 范围内两股钢轨工作边之间的最小距离（图 7.1-5）。我国的标准轨距为 1 435 mm。轨距超过容许误差时将会使列车发生剧烈的振动。因此，为保证列车平稳运行，需确保轨距在误差范围内。

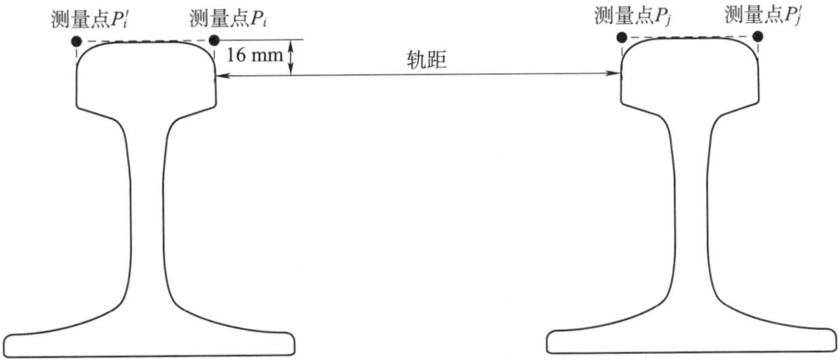

图 7.1-5　轨距测量示意图

水平：指轨道左右两股钢轨顶面的相对高差（图 7.1-6）。为使两股钢轨在列车车轮作用力下受力均匀，保证列车平稳运行，两股钢轨顶面在直线轨道线路段应保持同一水平；在曲线轨道线路段应按相关的设计标准要求设置钢轨的超高，如图 7.1-6 所示。

高低：指轨道沿线路方向的竖向平顺性（或称为前后高低）。轨道的高低应保持设计后的状态，但新铺或经过大修后的轨道，即使轨面是平顺的，经过一段时间列车运行后，由于部件破损和路基沉陷等原因，轨道也会出现高低不平顺，如图 7.1-7 所示。轨道高低不平顺，会引起钢轨轮轨间的冲击和振动，将使钢轨与道床产生变形，影响列车运行的平稳性。

轨向：指轨道中心线在水平面上的平顺性。轨道中心线的位置应与其设计位置一致。

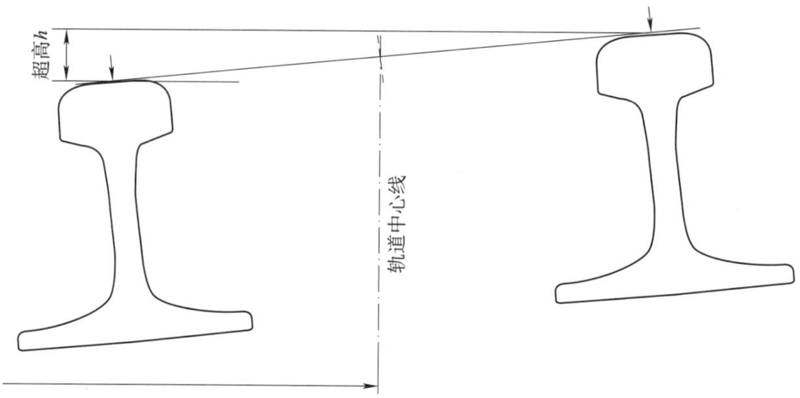

图 7.1-6　超高示意图

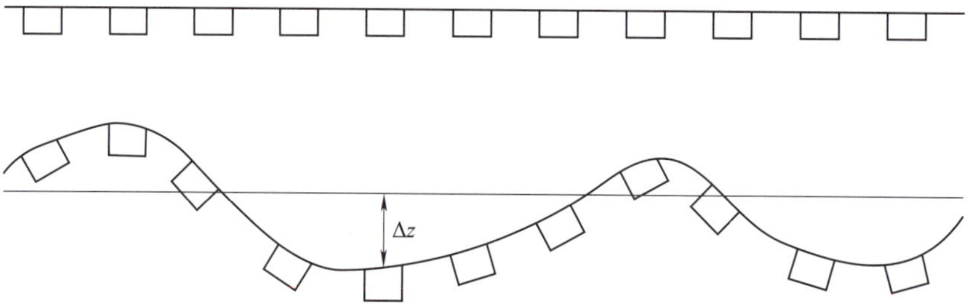

图 7.1-7　轨道高低不平顺

为了保证行车的平稳和安全，直线轨道的轨向应是笔直的，曲线轨道的轨向应是平顺的。但在轮轨力和温度应力的作用下，直线轨道的轨向不再保持笔直，曲线轨道的轨向也出现偏差，如图 7.1-8 所示。轨向不良将会引起列车运行产生横向运动，影响列车的运行速度，甚至有可能引发列车脱轨，严重威胁行车安全。

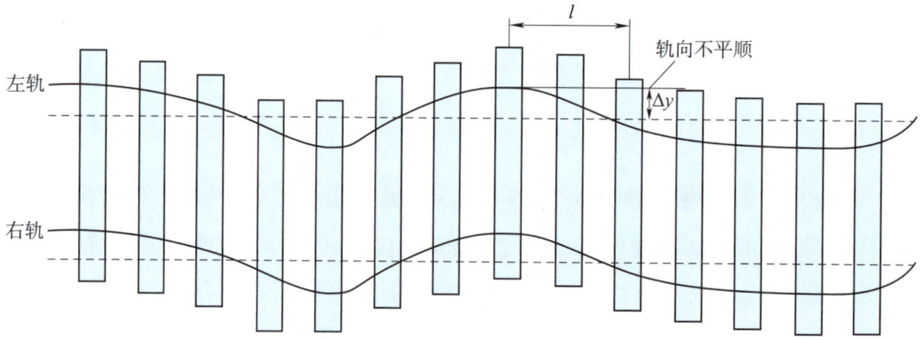

图 7.1-8　轨向不平顺

轨底坡：轨底与轨道平面之间形成的横向坡度，是轮轨关系中轨道受力计算和轨道部件设计的一项重要参数。轨底坡可以使轮轨接触点集中于轨顶中部，提高钢轨的横向稳定能力，避免或减小钢轨偏载，减轻轨头不均匀磨耗和轨头塑性变形，延长钢轨使用寿命。目前我国铁路直线地段的轨底坡统一设为 1∶40,如图 7.1-9 所示。由于曲线的超高设置,轨枕处于倾斜状态,当倾斜到一定程度时,内股钢轨中心线将偏离垂直线而外倾,在车轮荷载作用下,钢轨有倾斜的可能性。因此,在曲线地段应根据外轨超高值加大内轨的轨底坡。表 7.1-2 列出曲线内股钢轨轨底坡的调整值。

表 7.1-2　曲线内股钢轨轨底坡的调整值

外轨超高/mm	轨枕面最大斜度	铁垫板或承轨槽面倾斜度		
		0	1/20	1/40
		垫楔形垫板或枕木砍削的坡度		
0～75	1∶20	1∶20	0	1∶40
80～125	1∶12	1∶12	1∶30	1∶17

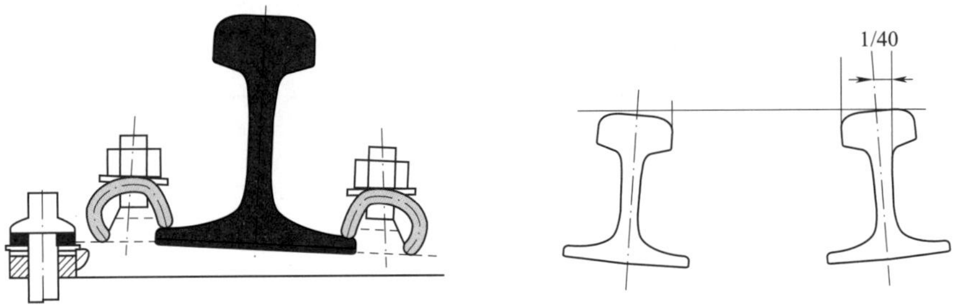

图 7.1-9　轨底坡

实测轨面高程和中线平面的坐标后,在给定弦长下可计算出任一位置的轨道几何形位、检测点的高程正矢值和平面正矢值,同理可计算得到该检测点高程和平面的设计正矢值。高程实测正矢值与高程设计正矢值的偏差即为高低值,平面实测正矢值与平面设计正矢值的偏差即为轨向。高低和轨向检测的原理均分短波、中波与长波进行检测,检测的限差值标准也相同。以 10 m 弦长的正矢值为例,高低和轨向的检测示意如图 7.1-10 所示。

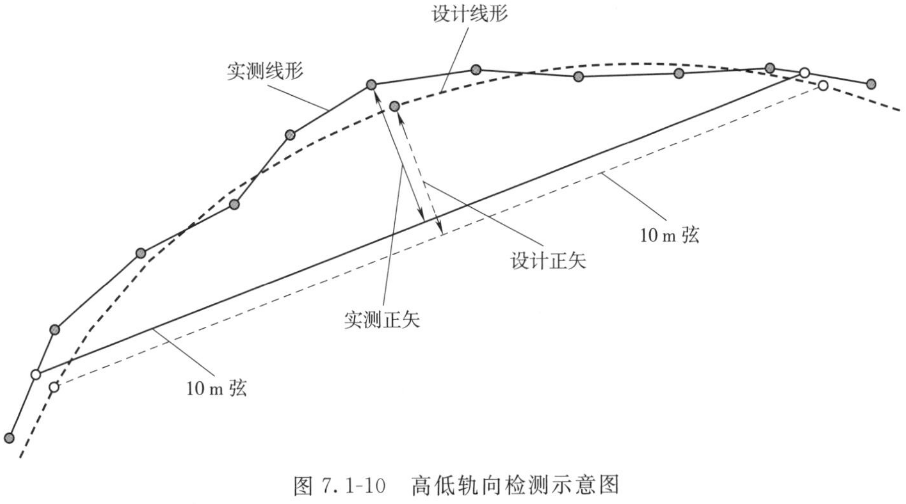

图 7.1-10　高低轨向检测示意图

既有线测量:指铁路线路的里程测量、既有铁路中线测量、既有铁路轨面高程测量。

2. 检测精度

《普速铁路线路修理规则》(TG/GW 102—2019)规定了线路轨道几何不平顺容许偏差管理值,见表 7.1-3。

表 7.1-3 线路轨道静态几何不平顺容许偏差管理值(混凝土枕线路)　　单位:mm

项目		160 km/h<v_{max} 正线			120 km/h<v_{max}<160 km/h 正线			80 km/h<v_{max}<120 km/h 正线			v_{max}<80 km/h 正线及到发线		
		作业验收	计划维修	临时补修	作业验收	计划维修	临时补修	作业验收	计划维修	临时补修	作业验收	计划维修	临时补修
轨距		+2 −2	+4 −3	+6 −4	+4 −2	+6 −4	+8 −6	+6 −2	+7 −4	+14 −7	+6 −2	+7 −4	+16 −8
水平		3	5	8	4	6	10	4	6	14	4	6	17
高低		3	5	8	4	6	11	4	6	15	4	6	19
轨向(直线)		3	4	7	4	6	9	4	6	12	4	6	15
三角坑	缓和曲线	3	4	5	4	5	6	4	5	7	4	6	8
	直线和圆曲线	3	4	6	4	6	8	4	6	11	4	6	13

7.1.3 检测方法

近年来,国内外学者基于车载移动激光点云,对钢轨点云提取与轨道模型重建开展了大量研究。Yang 等(2015)利用钢轨邻域高程差异和钢轨反射率与周边不一致等信息实现钢轨点云的自动提取,此方法在铁路道岔区域,会存在轨道点云错误分类的情况。Arastounia 等(2013)利用轨道局部平行特征和高度信息可实现轨道点云分类与中线提取。Jwa 等(2015)提出采用卡尔曼滤波方法和三阶多项式重建轨道模型,实现轨道点云自动提取,但是在铁路道岔区域,该方法存在轨道点云错误分类的情况。Sander 等(2015)提出基于轨道局部平行特征和高度信息,分别采用局部点云的高程直方图统计信息,实现轨道点云粗略提取,再分别使用线性采样一致性算法和马尔可夫链蒙特卡罗(markov chain monte carlo, MCMC)算法实现钢轨点云的精细提取与模型重建,最终提取线路中心线。笔者利用轨道上方有接触网的先验知识进行点云粗略分类时注意到,非电气化铁路线路(没有接触网)以及有线岔结构的接触网的情况下,上述方法无法正确地进行钢轨点云粗略分类。

以上几种方法虽然能够实现钢轨点云自动提取与轨道检测,但是均需要处理全部点云数据,比较耗费计算机运算时间,容易出现钢轨点云错误分类的情况。根据现有基于激光点云数据的轨道检测研究成果,本节提出一种精度高、效率高、稳定性高的轨道检测方法,该方法流程如图 7.1-11 所示。

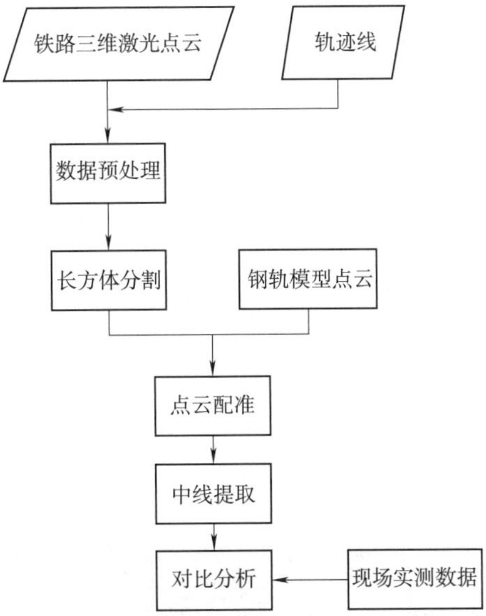

图 7.1-11　轨道检测流程

1. 点云数据预处理

车载移动激光扫描仪一般以正下方为扫描起始方向，采用机械式旋转反射棱镜方式扫描，实现 360°圆周断面扫描，扫描角度范围从－180°～180°。再通过扫描仪搭载平台在轨道上的移动，实现铁路范围及两侧一定距离范围激光点云数据的获取。移动激光扫描仪进行扫描作业时，搭载平台的轮对卡在两轨之间且两根钢轨之间的轨距是固定值(图 7.1-12)，扫描仪相对轨道的空间位置稳定，所以轨道结构对应的扫描角度是在一个稳定的范围。

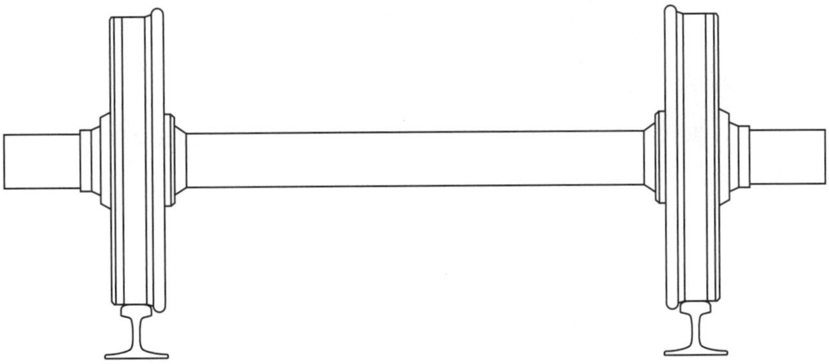

图 7.1-12　轮轨关系图

根据扫描仪安装高度、安装角度、分割区域几何尺度等参数，通过空间几何关系，利用三角函数公式计算得到分割区域所在的角度范围，或者在轨道点云上直接选择轨道左右侧边界点，查看选择点的扫描角度值。再设定一定角度值的浮动值，根据式(7.1-1)，遍历所有激光点云，即可分割出轨道结构点云数据。

$$P_i \in \begin{cases} \text{Segment}_{\text{railtrack}} & \text{当 } \theta_{\min} - \delta \leqslant \theta_{Pi} \leqslant \theta_{\max} + \delta \\ \text{Segment}_{\text{other}} & \text{其他} \end{cases} \tag{7.1-1}$$

式中，P_i 为第 i 个激光点；$\text{Segment}_{\text{railtrack}}$，$\text{Segment}_{\text{other}}$分别为轨道点云、其他点云；$\theta_{\min}$，$\theta_{\max}$分别为轨道对应的最小扫描角度和最大扫描角度，°；$\delta$ 为角度分割浮动值；θ_{Pi} 为轨道点云中第 i 个激光点的扫描角度，°。

如果移动测量系统含有多个扫描仪，需要分别按照扫描仪角度分割激光点云，再将多个扫描仪分割的激光点云进行合并。合并后的轨道激光点云，受扫描仪测量误差等因素影响，会出现远离轨道主体结构的少量激光噪声点，此类少量孤立点会影响钢轨提取结果。可以使用统计滤波算法并设定判断准则进行"离群点"判断，实现孤立噪声点剔除，预处理得到的轨道点云如图 7.1-13 所示。

图 7.1-13　预处理后的轨道点云

2. 钢轨点云提取

铁路线路全断面激光点云经过预处理后，背景点云、其他结构点云和噪声点被剔除，仅保留扫描仪下方一定截面宽度的点云数据。这部分数据结构比较简单，仅包含轨道结构点云数据。本节将从这些数据中自动提取钢轨激光点云。

移动测量系统的轨迹线文件包含了扫描设备的空间位置数据、姿态数据和时间信息。轨迹线的空间位置数据记录了不同时刻移动测量系统中心在地理坐标系中的三维坐标。当移动测量系统的载体轮对在轨道上进行扫描作业时，测量系统相对左右钢轨的水平距离和高度值将在很小的范围内浮动。可以利用轨迹线的空间位置和轨道之间相对稳定的位置关系实现钢轨点云的提取、钢轨点云分割原理如图 7.1-14 所示，具体包括以下步骤：

(1)轨迹线分段拟合

为提高钢轨点云的提取效率和提取精度，采用分段的方法提取钢轨点云。改进空间直线的最小二乘拟合算法，使之能对轨迹线进行固定步长的线形拟合，获得间距为 D 的多段线。

(2)轨迹线段平移

选择钢轨的右侧顶面中心点 R 和左侧顶面中心点 L，采用距离判别法，得到 R 和 L 对应分段拟合的轨迹线段 AB。将轨迹线段 AB 平移到 R 处，平移后的轨迹线段为 $A'B'$。同理，左侧钢轨的轨迹线段为 $C'D'$。

(3)长方体分割

利用钢轨几何尺寸以及平移后的轨迹线段 $A'B'$，建立长方体包围盒，分割钢轨点云。以直线 $A'B'$ 为轴，在 $A'B'$ 长度范围内两侧各 s(s 为钢轨底面宽度的一半)宽度，建立竖直面作为长方体包围盒的左右侧面。设 $A'B'$ 的最大高程为 H_{max}、最小高程为 H_{min}，钢轨的高度为 H_{rail}。运营线路钢轨光带会导致钢轨顶面点云的离散度较大，因此设置一个高度浮动值 ε，长方体包围盒顶面高程确定为 $H_{max}+\varepsilon$、底面高程为 $H_{min}-H_{rail}-\varepsilon$。循环遍历轨道点云，分割长方体包围盒内的钢轨点云，钢轨点云分割结果如图 7.1-15 所示。

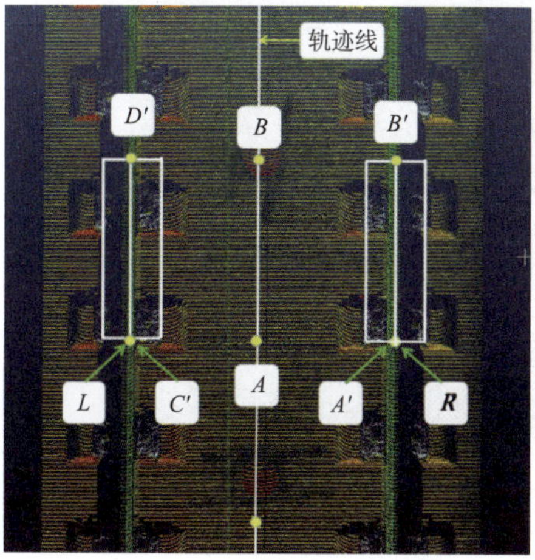

图 7.1-14 钢轨点云分割原理

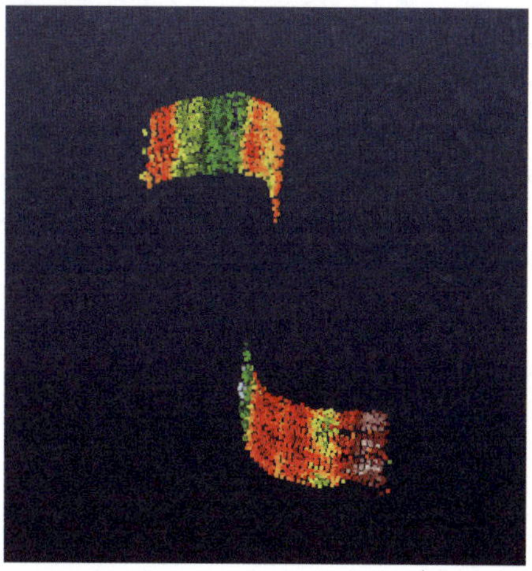

图 7.1-15 钢轨点云分割结果

3. 点云配准

在完成钢轨点云的分割后，采用 PCA 和泛化迭代最近点算法(generalized iterative closest point，GICP)使钢轨点云与钢轨模型点云精确配准，从而获取钢轨的精确空间几何参数。配准流程如图 7.1-16 所示。

(1)标准钢轨模型点云生成

根据检测线路所使用钢轨的标准断面图，建立网格化三维钢轨模型并对其进行均匀采样，形成标准钢轨模型点云，如图 7.1-17 所示。

(2)基于 PCA 的点云粗配准

经典的迭代最近点配准算法(iterative closest point，ICP)和其改进的算法都对初始配准条件要求相对严格，需要待配准点云的重叠度高，否则容易陷入局部最优陷阱，所以需要

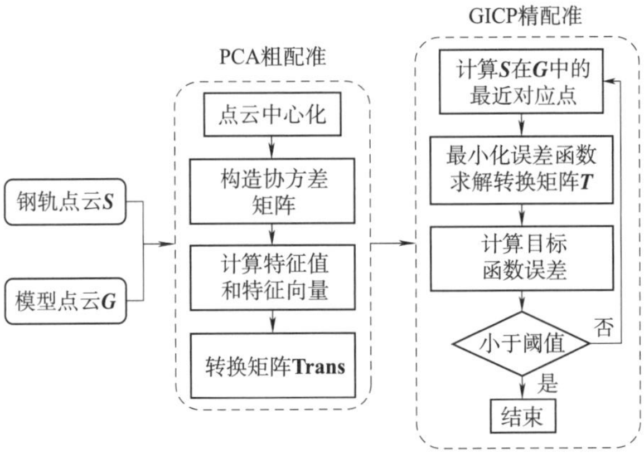

图 7.1-16　配准流程图

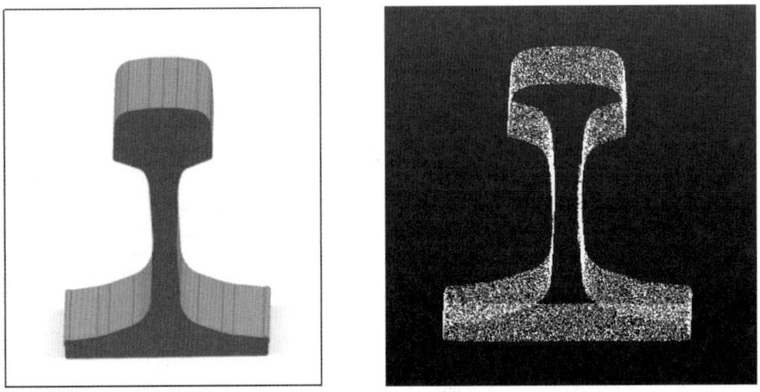

（a）网格化钢轨模型　　（b）标准钢轨模型点云

图 7.1-17　标准钢轨模型

先利用粗配准算法使待配准点云基本对齐。考虑到钢轨长度远大于钢轨高度和宽度，钢轨点云具有在空间内呈线形分布这一明确的几何特征，利用钢轨模型点云与钢轨点云的主方向应该一致的特点来调整模型的空间姿态，为精配准提供较好的初始匹配参数。采用 PCA 算法计算钢轨点云与钢轨模型点云的主方向，并构造刚性转换矩阵使待配准点云主方向基本对齐。PCA 粗配准的具体流程如下：

假设提取的钢轨点云为 $\boldsymbol{S}_i(x_i, y_i, z_i)$，$i=1,2,3,\cdots,m$；钢轨模型点云为 $\boldsymbol{G}_i(x_i, y_i, z_i)$，$i=1,2,3,\cdots,n$。计算两组点云的均值 $\overline{\boldsymbol{S}}$ 和 $\overline{\boldsymbol{G}}$。

$$\overline{\boldsymbol{S}} = \frac{1}{m}\sum_{i=1}^{m}\boldsymbol{S}_i \tag{7.1-2}$$

$$\overline{\boldsymbol{G}} = \frac{1}{n}\sum_{i=1}^{n}\boldsymbol{G}_i \tag{7.1-3}$$

分别构造两组点云的协方差矩阵 $\mathbf{COV}_S$ 和 $\mathbf{COV}_G$。

$$\mathbf{COV}_S=\frac{1}{m}(\boldsymbol{S}_i-\overline{\boldsymbol{S}})(\boldsymbol{S}_i-\overline{\boldsymbol{S}})^{\mathrm{T}} \tag{7.1-4}$$

$$\mathbf{COV}_G=\frac{1}{m}(\boldsymbol{G}_i-\overline{\boldsymbol{G}})(\boldsymbol{G}_i-\overline{\boldsymbol{G}})^{\mathrm{T}} \tag{7.1-5}$$

通过奇异值分解算法(singular value decomposition,SVD)计算协方差矩阵 $\mathbf{COV}_S$ 和 $\mathbf{COV}_G$ 的特征值和特征向量。

$$\mathbf{COV}_S=\boldsymbol{U}_S\boldsymbol{D}_S\boldsymbol{V}_S^{\mathrm{T}} \tag{7.1-6}$$

$$\mathbf{COV}_G=\boldsymbol{U}_G\boldsymbol{D}_G\boldsymbol{V}_G^{\mathrm{T}} \tag{7.1-7}$$

PCA 配准的刚性变换矩阵 **Trans** 由旋转矩阵 $\boldsymbol{R}_{\mathrm{P}}$ 和平移矩阵 $\boldsymbol{T}_{\mathrm{P}}$ 构成。

$$\boldsymbol{R}_{\mathrm{P}}=\boldsymbol{U}_G\boldsymbol{U}_S^{-1} \tag{7.1-8}$$

$$\boldsymbol{T}_{\mathrm{P}}=\overline{\boldsymbol{G}}-\boldsymbol{R}\overline{\boldsymbol{S}} \tag{7.1-9}$$

$$\mathbf{Trans}=\begin{bmatrix}\boldsymbol{R}_{\mathrm{P}} & \boldsymbol{T}_{\mathrm{P}}\\ 0 & 1\end{bmatrix} \tag{7.1-10}$$

式中,$\boldsymbol{U}_G$ 和 $\boldsymbol{U}_S$ 为由协方差矩阵特征向量构成的矩阵。

(3)基于 GICP 的钢轨点云精配准

经过 PCA 粗配准后,两组点云已基本重合,这为精确配准提供良好的初始条件。本节采用由 Segal(2009)提出的 GICP 算法进行精配准,该算法将“点到点”ICP 和“点到面”ICP 结合到概率框架模型上,利用点云的协方差矩阵来构建配准的成本函数,提高了经典 ICP 配准的速度和鲁棒性,原理如下:

假设通过最近点查找,找到两组点云 $\boldsymbol{A}$ 和 $\boldsymbol{B}$:

$$\begin{cases}\boldsymbol{A}=\{\boldsymbol{a}_i \mid i=1,2,3,\cdots,N\}\\ \boldsymbol{B}=\{\boldsymbol{b}_i \mid i=1,2,3,\cdots,N\}\end{cases} \tag{7.1-11}$$

式中,$\boldsymbol{a}_i$ 和 $\boldsymbol{b}_i$ 相互匹配。

在概率模型中,我们假设有一组潜在的点$\hat{\boldsymbol{A}}$和$\hat{\boldsymbol{B}}$:

$$\begin{cases}\hat{\boldsymbol{A}}=\{\hat{\boldsymbol{a}}_i\}\\ \hat{\boldsymbol{B}}=\{\hat{\boldsymbol{b}}_i\}\end{cases} \tag{7.1-12}$$

两组点云 $\boldsymbol{A}$ 和 $\boldsymbol{B}$ 可通过高斯分布来生成:

$$\begin{cases}\boldsymbol{a}_i\sim N(\hat{\boldsymbol{a}}_i,\boldsymbol{C}_i^A)\\ \boldsymbol{b}_i\sim N(\hat{\boldsymbol{b}}_i,\boldsymbol{C}_i^B)\end{cases} \tag{7.1-13}$$

式中,$\boldsymbol{C}_i$ 为每个点的协方差矩阵。

定义刚体平移旋转矩阵为 $\boldsymbol{T}$,则每一对对应点的配准误差 $\boldsymbol{d}_i$ 为

$$\boldsymbol{d}_i=\boldsymbol{b}_i-\boldsymbol{T}\boldsymbol{a}_i \tag{7.1-14}$$

因为 $\boldsymbol{a}_i$ 和 $\boldsymbol{b}_i$ 相互独立且都服从高斯分布,因此 $\boldsymbol{d}$ 也服从高斯分布:

$$\boldsymbol{d}_i \sim N(0, \boldsymbol{C}_i^B + \boldsymbol{T}\boldsymbol{C}_i^A\boldsymbol{T}^{\mathrm{T}}) \tag{7.1-15}$$

利用极大似然估计，计算刚体平移旋转矩阵 $\boldsymbol{T}$ 的成本函数为

$$\boldsymbol{T} = \arg\min \sum \boldsymbol{d}_i^{\mathrm{T}} (\boldsymbol{C}_i^B + \boldsymbol{T}\boldsymbol{C}_i^A\boldsymbol{T}^{\mathrm{T}})^{-1} \boldsymbol{d}_i \tag{7.1-16}$$

利用 PCA 和 GICP 计算得到的变换矩阵实现钢轨点云和钢轨模型点云精确配准，配准结果如图 7.1-18 所示。

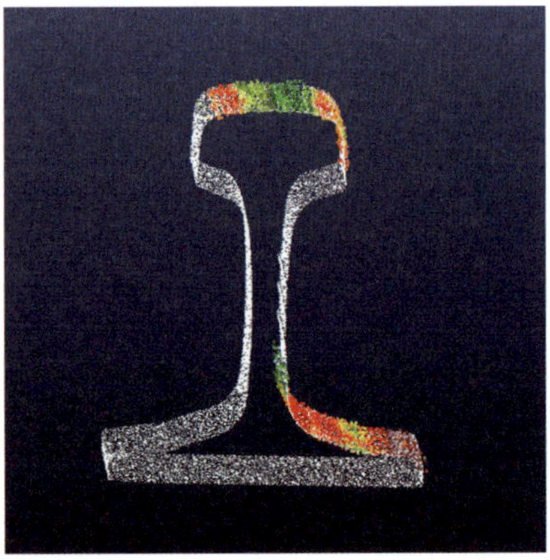

图 7.1-18　点云配准结果

(4)轨道几何形位检测

利用配准后的钢轨模型点云，进行轨道几何参数的计算，得到实际轨距、水平、轨向、高低等信息。根据基准轨道的定义，确定基准轨道后，再以基准轨道为基础，向另外一根钢轨水平偏移 1/2 标准轨距(中国定义的标准轨距为 1 435 mm)，分段计算线路中线点位，然后将这些分段提取的轨道中线点依次连接，形成线路中线，将所形成的线路中线再进行平滑处理，得到相对平滑的线路中心线，如图 7.1-19 所示。

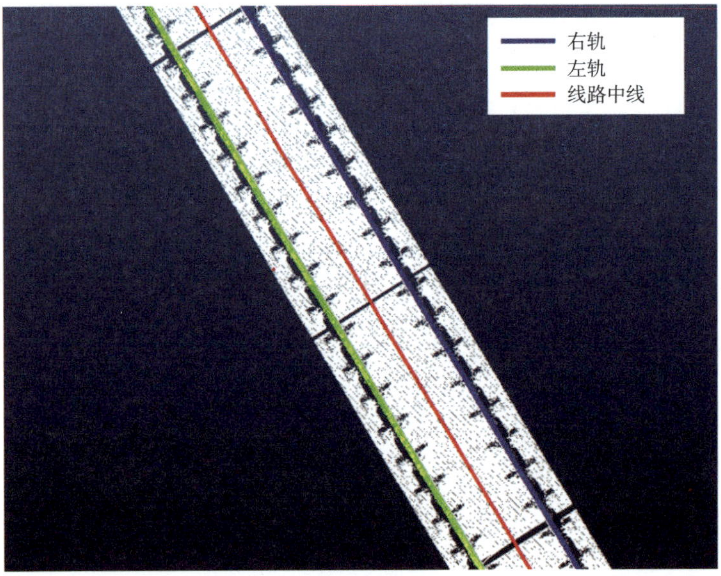

图 7.1-19　线路中线检测结果

7.1.4　试验分析

为了验证本节提出方法的正确性，使用 RIEGL VMX-450 Rail 系统进行数据获取。这个系统主要由三部分组成：①两个全波段 VQ-450 激光扫描头；②4 个高分辨率工业相机；

③POSPAC LV510 GNSS/IMU 定位与定姿系统。我们将这套系统安装在汽车顶部，然后将汽车固定在火车上平板车的尾部，使激光扫描仪可以获得下部轨道数据。选择在哈尔滨至牡丹江的铁路线上约 100 km 长度的一段区域，进行往测和返测扫描，原始扫描点云如图 7.1-20 所示。由于试验线路处于正常运营使用期，在扫描时需要对正常行驶的列车进行避让，中间有多个时间段的停留，扫描时间为 7:20～21:20，历时 14 h。在正常行驶过程中，平均移动速度约 60 km/h。共计约 200 km 长度的扫描，预处理后的点云和影像数据约 1.78 TB。沿线间隔约 10 km 架设一个 GNSS 基准站，共计架设 9 个，基准站采样频率统一设置为1 Hz，全程不间断接收 GNSS 信号。精度约 8 mm，最大有效测量速率约每秒 110 万个点，扫描仪底部铁路路基上点密度约 1 200 点/m^2。钢轨配准与中线测量结果如图 7.1-21 所示。

图 7.1-20 车载移动测量系统获取的铁路点云

图 7.1-21 钢轨配准与中线测量结果

为了验证提取轨道中线的精度，采用铁路二等几何水准测量方法，对轨道顶部高程进行测量。选择一段 2.76 km 的线路，几何水准测量闭合差为 4.2 mm。将几何水准测量轨面高程作为参考值，轨道点云提取的高程值与之比较。统计中误差为 12.4 mm，最大误差为 26.3 mm。统计结果如图 7.1-22 所示。该提取线路中线几何精度为 10～30 mm，满足既有铁路中线测量精度要求。

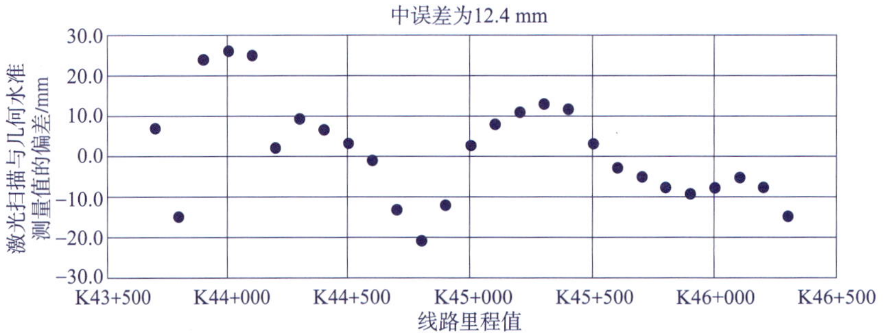

图 7.1-22　提取的轨道顶部高程与水准测量高程比较

7.2　接触网检测

截至 2021 年底，我国电气化铁路总里程突破 11 万 km。接触网作为电气化铁路的核心部分，在保障铁路运输安全、提高运输效率、降低运输能耗等方面发挥着重要作用。图 7.2-1 所示为高速电气化铁路。接触网检测是接触网施工调整和运营维护不可缺少的技术基础，它为施工部门的试验和工程交验提供技术依据，为设计部门评判和优化弓网关系提供试验数据，为运营管理部门维修提供指导信息，为状态检修提供理论基础和技术条件。

图 7.2-1　高速电气化铁路

7.2.1　概　　述

接触网是电气化铁路工程的主构架，是沿铁路线上空“之”字形架设的供受电弓取流的高压输电线。接触网一般由支柱与基础、支持装置、定位装置、接触悬挂及供电辅助设施等组成，如图 7.2-2 所示。支柱与基础是接触网重要的承力设施，承受接触网全部机械载荷。支持装置主要用于承力索的悬挂和定位装置的支承。定位装置主要用于固定接触线。接触悬挂是承力索、接触线及装配零件的统称，是牵引电流的载体与受电弓的滑道，是接触网的核心部件。除此之外，接触网还必须设置保障自身设备安全和人员安全的防雷、接地、标志和安保等设施。作为铁路的重要组成部分，接触网本质上是一种特殊的电力输电线路。一方面，接触网通过集电装置(受电弓)向机车提供电能；另一方面，接触网还是受电弓的滑道。

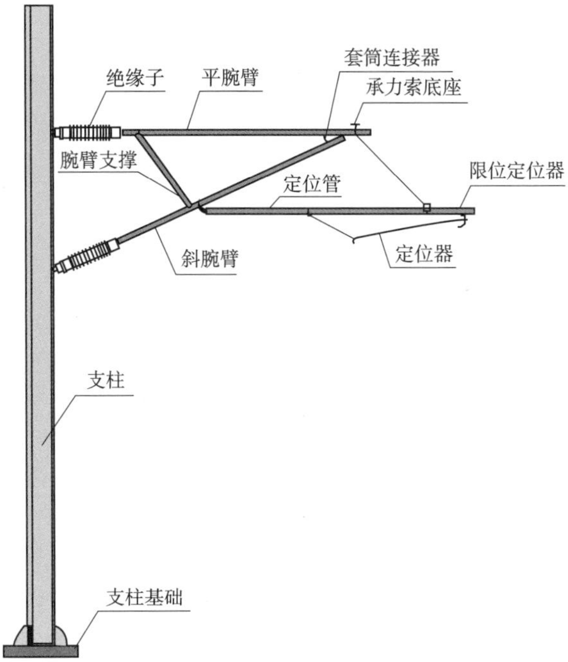

图 7.2-2　接触网基本结构图

《高速铁路电力牵引供电工程施工技术指南》(铁建设〔2010〕241 号)规定：接触网工程竣工后，应采用非接触式接触网检测车或综合检测列车对接触网几何参数进行检测。接触网处于露天环境中，受到风、雨、雪、沙尘等恶劣自然天气的影响，难免会出现结构松动、老化以及几何位置变化等现象。同时，在列车运行中，由于运行不规律、弓网间关系异常、结构长期振动、载流过大、电气腐蚀等方面的原因，接触网会出现变形甚至断线的情况。当接触网发生故障时，由于无备用线路，整条铁路线路的运营都将会受到影响，从而造成巨大的经济损失和不良的社会影响。为了避免接触网在运营期间发生故障，提高牵引供电系统的安全性和可靠性，需要对接触网进行常态化检测，及时掌握整条线路的接触网几何状态。

接触网几何参数检测方式主要分为接触式和非接触式两类。接触式检测是通过在受电弓滑板上安装各种接近感应传感器，实现接触网几何参数的动态测量。这种方法增加了滑板的重量，影响了弓网之间的跟随性，存在电磁干扰严重、可靠性低、维护不便等缺陷。非接触式测量方法多是使用图像检测和激光检测的方式。图像检测一般是基于线结构光视觉测量技术或双目线阵主动视觉测量技术进行接触网几何参数测量(图 7.2-3)。这种方式易受到天气和光照等因素的影响，存在检测质量不稳定、目标识别难度较大、准确度较低等问题。

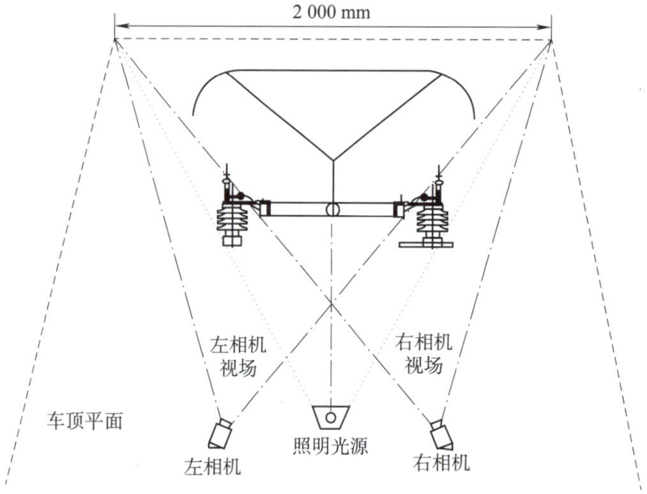

图 7.2-3　双目视觉测量系统原理图

目前，供电段、维管段各工区现场一般采用传统的便携式激光测量设备(图 7.2-4)，在天窗点内对接触线几何参数进行静态点式测量。在接触线每个定位点处，利用激光测距仪人工瞄准捕获接触线进行参数的抽样测量，劳动强度大、作业效率低、安全系数低，检测成果单一。车载移动测量系统作为高新测量技术，具有检测效率高、检测精度高、自动化程度高等特点，采用这种技术对接触网包含几何参数在内的各项参数指标进行非接触式检测，以排除隐患，有非常重要的意义。

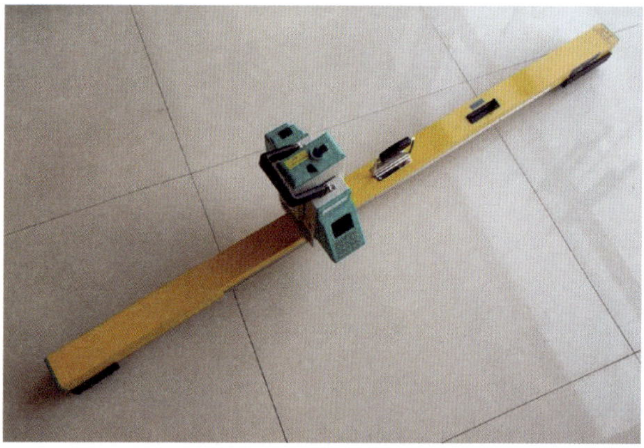

图 7.2-4　DJJ-8 型接触网激光测量仪

7.2.2　内容及要求

1. 检测内容

接触网检测的内容可以分为几何参数、弓网关系参数和辅助参数三种类型的参数。拉出值、导线高度、平行线间距、定位器坡度等属于接触网几何参数(图 7.2-5)，它们是接触网中与运营安全密切相关的接触网自身结构参数(董昭德和李岚，2014)。

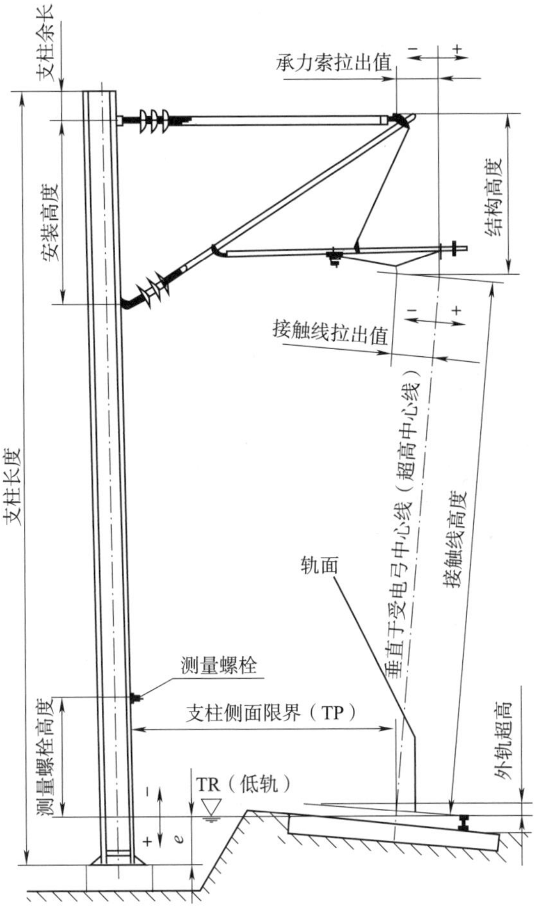

图 7.2-5　接触网几何参数

拉出值：为了使电力机车受电弓碳滑板磨耗均匀，架空接触线需要按照“之”字形合理布设，如图 7.2-6 所示，其在定位点对受电弓中心线的偏移量。由于受电弓碳滑板长度的限制，要求接触线拉出值的大小限定在一定范围内。当拉出值过大时，遇到大风等恶劣天气，接触线容易越限，导致刮弓或钻弓等弓网事故；当拉出值过小时，接触线作用在受电弓碳滑板的区域过于集中，损耗碳滑板的使用寿命(于万聚，2003)。直线区段接触网拉出值为接触线垂直投影后距线路中心线的距离，可以从点云数据中提取接触线和线路中线进行比对。曲线段接触网拉出值按照下式计算：

$$a=m+c \tag{7.2-1}$$

$$c=h\times\frac{H}{L} \tag{7.2-2}$$

式中，a 为接触网拉出值；m 为定位点接触线与线路中心的水平距离；c 为定位点受电弓中心与线路中心的水平距离；h 为外轨超高；H 为接触线高度；L 为轨距。

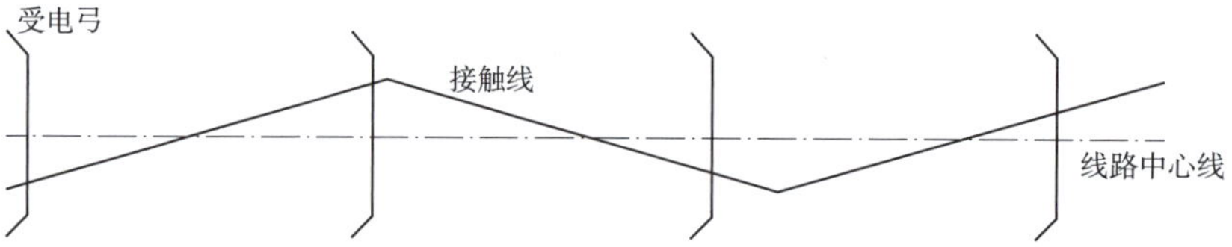

图 7.2-6　接触线“之”字形布设示意图

接触线导高：接触导线底端至轨面连线的垂直距离。接触线导高是评价接触网工作状态的重要指标。若导高过大，可能会使受电弓离线，产生电弧，加剧接触线与受电弓的磨损；若导高过小，则容易发生钻弓事故，影响乘车人员以及运载货位的安全。导高测量应从点云数据中识别提取接触线悬挂点的高程和对应位置的轨道中心线高程，求差后获取接触网导高值。

接触线坡度：工作支接触线相邻悬挂点高度变化。接触线坡度太大容易引起弓网脱离或弓网异常磨损，对弓网间受流质量也有很大的影响。

双支接触线的高度差：锚段关节处两支接触线的高度差。一个锚段与另一个锚段相衔接的接触网悬挂结构叫锚段关节。在锚段关节两个锚段的接触导线有一段是平行的，且有一段或有一点等高。要求机车运行时，能使受电弓从一个锚段平滑地过渡到另一个锚段。

双支接触线的水平距离：锚段关节处两支接触线的水平距离。

2. 接触网几何参数检测精度

《接触网悬挂状态检测监测装置(4C)暂行技术条件》(TJ/GD 006—2014)对接触网悬挂状态检测、监测装置测量静态几何参数的范围与精度做出规定，见表 7.2-1。

表 7.2-1　接触网测量静态几何参数的范围与精度表

参数名称	测量范围	测量精度
接触线高度/mm	5 100～6 600	10
接触线拉出值/mm	−600～600	25
双支接触线高度差/mm	0～200	25
双支接触线横向距离/mm	0～800	25

注：采样点间隔应不大于 250 mm。

7.2.3 检测方法

目前基于三维激光扫描技术的接触网几何参数检测方法，多是将激光雷达搭载于轨道车顶，扫描获取接触网结构激光点云，利用接触线的高度特性实现接触线点云的识别提取并计算得到接触线相对激光雷达中心的位置关系，再根据激光雷达与轨道车、轨道车与轨道的相对位置关系，辅以振动补偿，实现接触网几何参数的检测。

本节提出一种基于车载移动测量系统获取的轨道交通全断面接触线提取及静态几何参数检测方法，首先从铁路全断面激光点云中提取接触线点云，再结合从轨道点云中提取钢轨的空间几何信息和线路中心线，计算得到接触网的各项静态几何参数值。近年来，许多国内外学者利用车载移动测量技术获取铁路三维激光点云，对接触线点云的自动提取做了大量研究。

Arastounia(2012,2015)等提出利用接触线点与轨道最近点连线方向的单位向量的 z 轴分量接近于 1 的特性，首先选择合适的 z 轴分量阈值进行接触线、承力索、回流线点云的粗提取，然后采用三维主成分分析法识别和粗提取点云中的线性区域，最后采用区域生长算法实现接触线的精细提取。上述方法在采样点稀疏、有遮挡和目标交叉点处，提取效果较差。Zhang 等(2016)使用自适应空间区域生长算法提取平行于轨道的电源线，并用主成分分析和信息熵理论来判断一段电力线路是否为固定点以及属于哪种类型的固定点。该方法利用防护栅栏分割电力线区域宽度，但某些铁路线路没有防护栅栏。Sánchez-Rodríguez(2018,2019)等使用维度分析法得到接触网点云，将接触网点云栅格化并投影到 yz 平面，使用 MASC 方法实现接触线点云的提取。该方法需要将点云分段、旋转，不能批量处理点云数据且处理过程复杂，接触线提取效率不高。

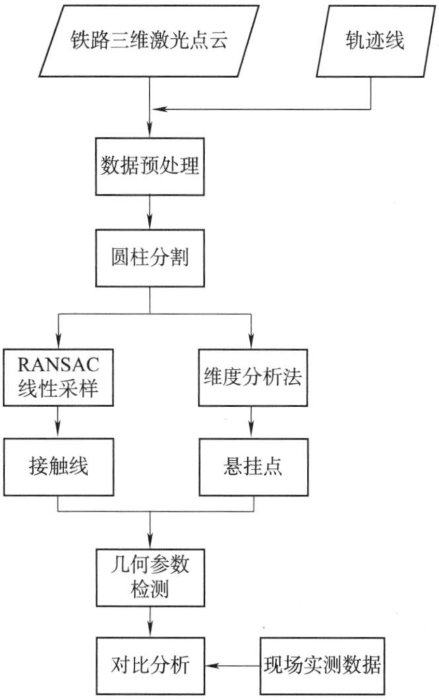

图 7.2-7　接触网几何参数检测流程

现有方法虽然在一定程度上能够实现接触线点云自动提取，但是需要处理全部点云数据，比较耗费计算机运算时间，还会出现接触线错误分类以及在接触网锚段关节处出现两根接触线替换使用的情况，不能使提取的接触线始终为受电弓取流线路，不能很好满足实际工程的需求。基于现有的接触线提取方法，本节提出一种效率高、准确性高且能实现接触线自动检测的方法，很好地解决以上方法的弊端。该方法流程如图 7.2-7 所示，具体方法如下：

1. 接触网点云数据预处理

接触网沿线路敷设，其空间位置是由线路空间位置、受电弓几何形状和尺寸、受电弓安装位置、受电弓包络线、列车车辆限界、运输货物限界等因素决定的，可变动范围有限。因此，接触网结构对应的扫描角度在一个稳定的范围，可以利用角度阈值分割算法实现接触网点云分割。对于分割后接触网点云的噪声点，同样可以使用统计滤波算法予以滤除，预处理结果如图 7.2-8 所示。

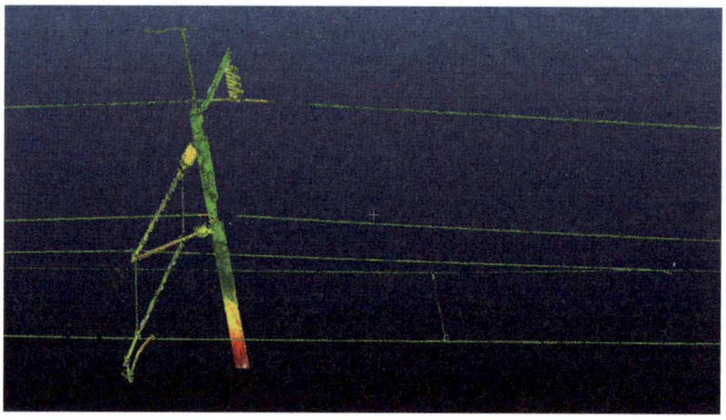

图 7.2-8　接触网点云预处理结果

2. 接触线与悬挂点点云分割

中国电气化铁路的接触线呈“之”字形布设，接触线的拉出值沿线连续变化且极值位于接触网立柱的定位器处。利用车载移动扫描的轨迹线和接触线之间局部相对固定的空间位置关系，使用圆柱分割算法分割接触线和悬挂点点云，分割原理图如图 7.2-9 所示。对于预处理后的接触网点云，首先，选择接触线点 C，获得其三维坐标；其次，采用距离判别法，获取点 C 对应的轨迹线段 MN，将轨迹线段 MN 平移到 C 处，平移后的线段为 $M'N'$；最后，以 $M'N'$ 为轴，半径为 r 建立圆柱，遍历接触网结构点云，分割得到圆柱内的接触线和悬挂点点云。《高速铁路接触网运行维修规则》(TG/GD 124—2015)和《普速铁路接触网运行维修规则》(TG/GD 116—2017)规定，普速铁路和高速铁路接触线拉出值的限界值为 450 mm。按照拉出值的极限条件情况考虑，圆柱半径 r 可按下式计算：

$$r=\frac{900\times D}{L} \tag{7.2-3}$$

式中，L 为接触网立柱间距，一般为 50 m。

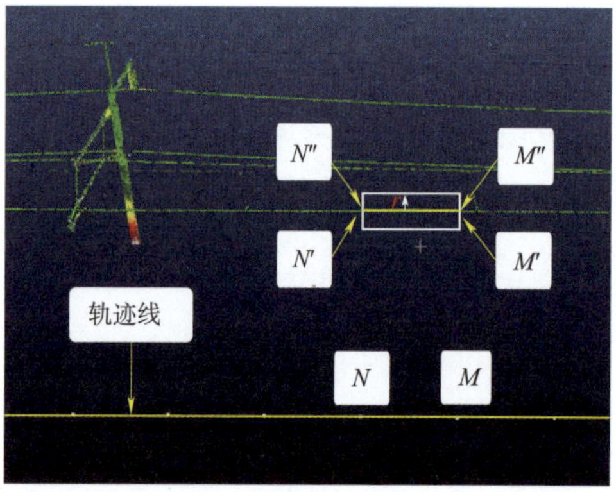

图 7.2-9　接触线分割原理

因接触线截面积较小且距离扫描仪较远，当扫描作业速度过快时，会导致接触线点云稀少，出现一个接触线断面只有少量点的情况，故采用随机采样一致性算法的直线模型。将接触线的实际截面直径设置为直线采样的距离阈值，线性采样获取接触线点云和拟合直线 $M''N''$ 的参数。

3. 非工作支接触线的分段提取

为了实现接触线在接触网的机械分段和电气分段，安装张力补偿装置或其他电气设备，提高接触网供电的灵活性，缩小事故范围，保证吊弦以及支持和定位装置的偏移不超过规定值，必须按一定的规律将接触悬挂分成一定长度的独立段落，这种独立段落称作锚段，如图 7.2-10 所示。锚段与锚段之间的衔接部分称为锚段关节，此处工作支接触线逐渐转换为非工作支接触线，之后接触线坡度迅速增大且水平投影远离轨道结构，如图 7.2-11 所示。设置接触线的纵向坡度阈值、横向坡度阈值和拉出值阈值，判断工作支接触线是否转变为非工作支接触线。在工作支接触线转变为非工作支接触线后，采用人工交互方式，选择转换柱位置的非工作支接触线点，再次进行接触线的提取。

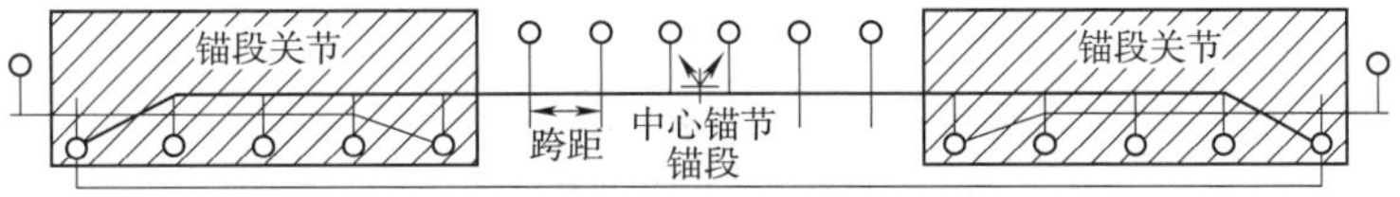

图 7.2-10　接触网纵向结构示意图

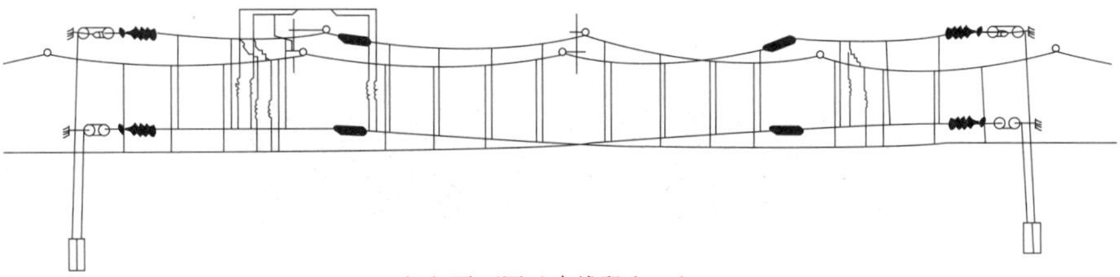

(a) 平面图 (直线段之一)

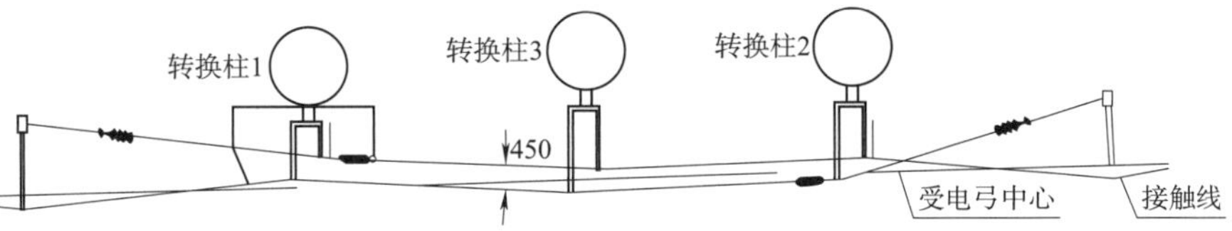

(b) 平面图 (直线段之二)

图 7.2-11　四跨绝缘锚段关节示意图(单位：mm)

4. 接触线悬挂点提取

使用 PCA 解算出目标点邻域点云集合对应的特征向量和特征值，然后根据特征值 λ_1、λ_2、λ_3 ($\lambda_1>\lambda_2>\lambda_3$)判断点云维数特征。维度分析法原理如图 7.2-12 所示。遍历圆柱分割后的点云，计算目标点 r 邻域点云的线性特性值 L_λ，设置线性特征值阈值，提取悬挂点。对于悬挂点位置点云，可以根据与 λ_1 对应的特征向量判断方向，与地面垂直的特征向量所对应的点为吊弦悬挂点，近似平行的为定位悬挂点。将直线模型终点 N''点替代 C 点，作为新的处理起始点，重复以上过程，直至完成所有接触线和悬挂点的提取，提取结果如图 7.2-13 所示。

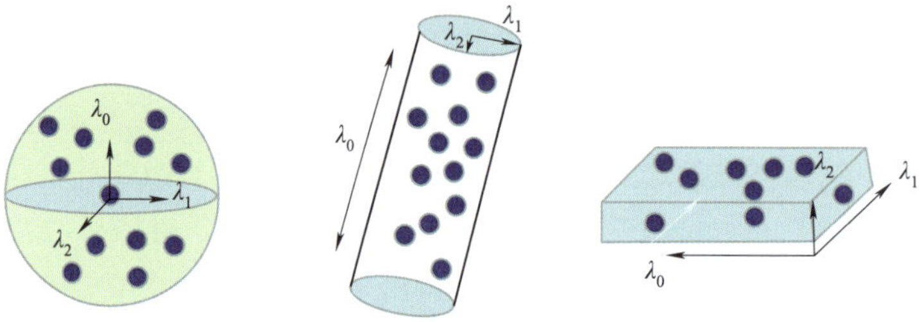

(a) $\lambda_0 \approx \lambda_1 \approx \lambda_2$　(b) $\lambda_0 \gg \lambda_1 \approx \lambda_2$　(c) $\lambda_0 \approx \lambda_1 \gg \lambda_2$

图 7.2-12　维度分析法原理

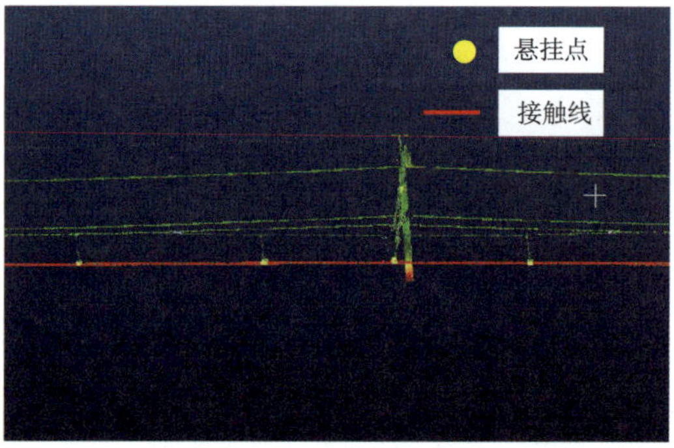

图 7.2-13　接触线和悬挂点提取结果

7.2.4 试验分析

为了验证本节方法的正确性，使用轻型铁路移动测量系统(图 7.2-14)获取点云数据。轻型铁路移动测量系统由轻型组装式轨道车、定位系统(包括 GNSS 接收机、惯性测量单元)、激光扫描仪和全景相机组成，具有上线方便、作业方式灵活、检测精度和检测效率高等特点，可以获取铁路三维激光点云和高清全景影像数据。轻型铁路移动测量系统的最高测量速度为 30 km/h，激光发射频率为 1 000 kHz，扫描线频率为 200 线/s，最大测程为 119 m，测量的相对精度优于 1 mm。利用轻型铁路移动测量系统以 20 km/h 的速度在盐通高铁全线进行扫描作业，采集盐通高铁线路高精度、高密度三维点云数据，其中轨道平均点密度为 9 000 点/m^2，接触线平均点密度为 60 点/m。采集得到的盐通高铁点云数据如图 7.2-15 所示。

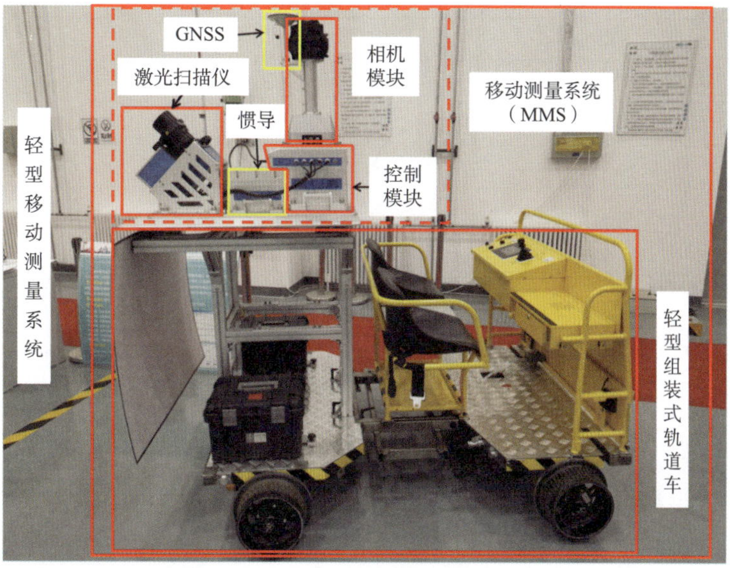

图 7.2-14　轻型铁路移动测量系统

图 7.2-15　盐通高铁点云

山东省科学院激光研究所济南蓝动激光技术有限公司研制的 DJJ-8 型激光接触网测量仪在国内接触网几何参数静态检测中得到广泛使用和认可。该仪器的导高测量精度为 ±3 mm，拉出值测量精度为 ±4 mm。将本节所用方法的测量结果和 DJJ-8 型激光接触网测量仪检测数据进行比较，测量结果见表 7.2-2，比较结果如图 7.2-16 所示。经统计，拉出值差值的中误差为 6.0 mm，最大差值为 9.9 mm；导高差值的中误差为 6.6 mm，最大差值 9.6 mm。测量精度满足规范要求。

表 7.2-2 测量结果

测　　点	点云测量值/mm		DJJ-8 测量值/mm		导高差/mm	拉出值差/mm
	导高	拉出值	导高	拉出值		
S1828	5 301.6	194.2	5 305.0	186.9	−3.4	7.3
D1	5 298.5	95.1	5 294.2	95.5	4.3	−0.4
D2	5 296.9	−2.3	5 289.4	4.4	7.5	−6.7
D3	5 291.3	−105.5	5 286.7	−112.8	4.6	7.3
S1830	5 291.5	−197.0	5 294.6	−206.9	−3.1	9.9
D1	5 297.1	−114.1	5 287.5	−111.4	9.6	−2.7
D2	5 297.0	−42.7	5 291.7	−36.9	5.3	−5.8
D3	5 299.0	36.5	5 306.2	36.2	−7.2	0.3
D4	5 293.1	117.2	5 302.3	117.6	−9.2	−0.4
S1832	5 302.9	195.1	5 305.5	190.7	−2.6	4.4
D1	5 306.3	120.5	5 301.1	112.5	5.2	8.0
D2	5 303.1	46.1	5 294.0	47.8	9.1	−1.7
D3	5 301.6	−29.8	5 294.9	−38.5	6.7	8.7
D4	5 305.5	−105.9	5 314.1	−103.6	−8.6	−2.3
S1834	5 303.8	−183.9	5 301.4	−191.8	2.4	7.9
D1	5 299.5	−106.0	5 305.6	−99.6	−6.1	−6.4
D2	5 303.9	−37.6	5 313.3	−32.0	−9.4	−5.6
D3	5 295.3	39.6	5 289.1	47.0	6.2	−7.4

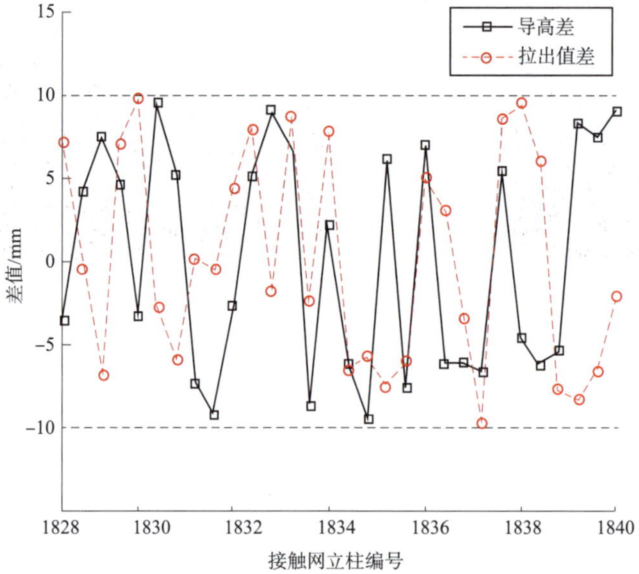

图 7.2-16　导高、拉出值检测的差值统计

7.3 限界检测

限界是指为了确保机车车辆在铁路线路上运行的安全，防止机车车辆撞击邻近线路的建筑物和设备，而对机车车辆和接近线路的建筑物、设备所规定的不允许超越的轮廓尺寸线。对铁路限界实现精确检测，实时安全预警，对于保证铁路运行安全，提高铁路运营能力等具有重要的理论意义和应用价值。图 7.3-1 所示为限界检测。

图 7.3-1　限界检测

7.3.1 概　　述

铁路限界包括机车车辆限界和建筑限界。车辆限界是一个和线路中心线垂直的极限横断面轮廓。机车车辆无论是空车或是重车，无论是最大标准公差的新车或是具有最大标准公差和磨耗限度的旧车，停放在水平直线上，都无侧向倾斜与偏移，除电力机车升起的集电弓外，其他任何部分都应容纳在限界轮廓内，不得超越。建筑限界同样也是一个和线路中心线垂直的极限横断面轮廓，在此轮廓内，除机车车辆和与机车车辆有相互作用的设备（车辆减速器、接触电线及其他）外，其他设备或建筑物均不得侵入。基本建筑限界如图 7.3-2 所示。

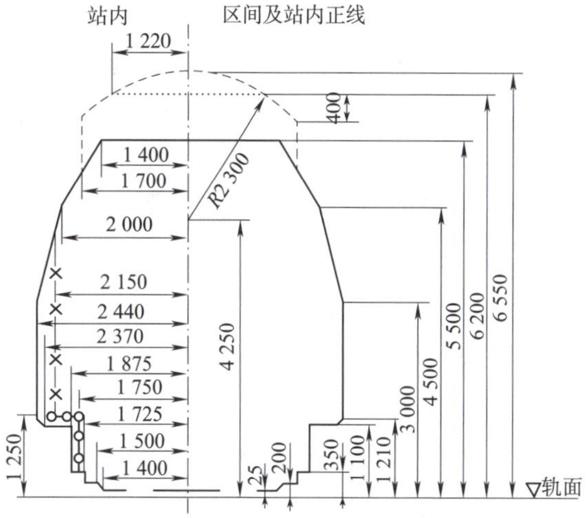

图 7.3-2　基本建筑限界图（单位：mm）

目前，常用的建筑限界检测方法有横断面法、综合断面法、轨迹法、断面摄像法、激光扫描法等。

1. 横断面法

横断面法需停车测量，是一种定位测量断面法，即先选定施测横断面位置，逐个测出桥隧的净空轮廓，然后综合全桥或全隧道各横断面的最小内轮廓点(包括附属设备突出点)，构成综合最小限界的方法。通常采用净空检查尺或净空检查架来实施。净空检查尺可直接测量得到各点纵横坐标值，测量结果的整理比较简单，但工作效率低，只适用个别断面的测量，靠近隧道拱顶处的宽度不便检查，因此精度不高。

2. 综合断面法

综合断面法是一种定高测宽法，可以移动测量，直接测出距轨面不同高度处的左右侧宽高。通常采用开屏式限界检查车和桥隧净空检查车。开屏式限界检查车系统在平车上组立检查架，检查架外围装设测量触手，触手位置和方向固定，一般按横断面法中的测点要求布置，触手量测断面受阻时可自动偏转通过，但不会自动复位，用轨道车或机车牵引通过桥隧时即可得到各触手的读数。

3. 轨　迹　法

轨迹法的特点是定向连续测距，动车量测，通过测绘触手外端点的运动轨迹可以得到：当触手位于车体竖轴上端并与之夹角为 0°时，直接得到隧道净空的变化线；当触手位于距轨面不同高度，而与车体竖轴垂直时，直接得出不同高度处左、右侧净宽的变化线；当触手位于轨距面不同高度，而与车体竖轴夹角为 0～90°时，通过换算可得出不同高度处净宽的变化线。

4. 断面摄像法

断面摄像法通常由线形激光投射到被测建筑物上，从而得到建筑物断面轮廓线，检查车上装有固定摄像机，并对该轮廓的光带进行拍摄，经过图像处理后，判读换算出建筑物的实际位置尺寸。该方法操作简便，使用安全，运用范围广，可与客、货车连挂，对运输干扰少，检测精度较高，大范围的限界检测多采用此法。但对于隧道外建筑限界检测易受阳光干扰，系统可靠性较低。

5. 激光扫描法

激光扫描法主要是以目前比较流行的基于激光扫描技术的铁路限界检测系统为基础，通过一台或多台激光扫描设备连续不断地测量周围建筑物的距离信息，形成建筑物限界剖面图。它是伴随激光测距技术发展而形成的一种新兴的限界测量方法，具有快速、实时、准确、可靠的特点，同时设备受外界阳光干扰少，能够在复杂环境下使用。

以上几种检测方法中，除断面摄像法和激光扫描法外，其他多为人工操作，在对站台、房屋、雨棚等建筑物和设备进行检测时还靠手工检测，效率低、工作量大、可靠性差、准确性不高。基于断面摄像法的自动化程度较高的隧道限界检测车仅能对隧道进行检测，对隧道外的回流线、通信线路和电力线无法检测，并受光的干扰较大。激光扫描法作为铁路限界测量的新方法，具有快速、高精度、无接触的优势，近几年逐步被应用于铁路限界测量。

7.3.2　内容及要求

基于车载三维激光扫描的限界测量应从点云数据中提取铁路周边建筑和设施断面，分析其与铁路限界标准的关系，判断是否出现侵限。限界测量内容应包括隧道、桥梁、天桥、站台、雨棚、高架候车室、信号机、通信设备、电力设备、车辆设备、接触网设施、安全检测装置及线路附近其他建筑物和设备等的测量。《铁路建筑实际限界测量和数据格式》(TB/T 3308—2013)规定，限界测量有以大地为测量基准和以轨面为测量基准两种基准。本节所述的限界是以轨面为测量基准，在垂直于线路中心线的断面内，测量建筑物和设备的内轮廓点(最近点或最高点或最低点)距两轨顶连线的垂直高度，和其距垂直平分两轨顶连线的直线的距离。

1. 限界测量范围

水平测量范围直线区段宜为线路中心两侧各 2 600 mm，曲线区段为线路中心两侧各 3 300 mm；竖向测量范围宜为距离轨面高度 6 000 mm 以内；对于限界高度要求大于 6 000 mm 的线路，按限界要求高度测量，隧道及其附属物进行全断面测量。

2. 铁路曲线限界加宽

由于建筑限界图上的尺寸是为水平直道上的线路制定的，在曲线地段有超高、曲线半径和轨距加宽的因素，普速铁路曲线地段的限界需要加宽，高速铁路曲线地段的限界可不考虑加宽。《铁路技术管理规程》(普速铁路部分)对铁路曲线地段限界加宽值的计算公式及加宽方法规定为

曲线内侧加宽(mm)：

$$W_{内}=\frac{40\,500}{R}+\frac{H}{1\,500}h \tag{7.3-1}$$

曲线外侧加宽(mm)：

$$W_{外}=\frac{44\,000}{R} \tag{7.3-2}$$

曲线内外侧加宽总计(mm)：

$$W=W_{内}+W_{外} \tag{7.3-3}$$

$$W=W_{内}+W_{外}=\frac{84\,500}{R}+\frac{H}{1\,500}h \tag{7.3-4}$$

式中，R 为曲线半径(m)；H 为计算点自轨面算起的高度(mm)；h 为外轨超高。

$\frac{H}{1\,500}h$ 的值也可以用内侧轨顶为轴，将有关限界旋转 θ 角按下式求得：

$$\theta=\arctan\frac{h}{1\,500} \tag{7.3-5}$$

《铁路技术管理规程》(普速铁路部分)及《高速铁路设计规范》(TB 10621—2014)规定，曲线上建筑限界的加宽范围，包括全部圆曲线、缓和曲线和部分直线，采用阶梯加宽方法，

即缓和曲线中点前 13 m 至缓圆点之间加宽值规定为与圆曲线地段相同，缓和曲线中点前 13 m 至直缓点前 22 m 之间加宽值规定为圆曲线地段加宽值的二分之一，如图 7.3-3 所示。

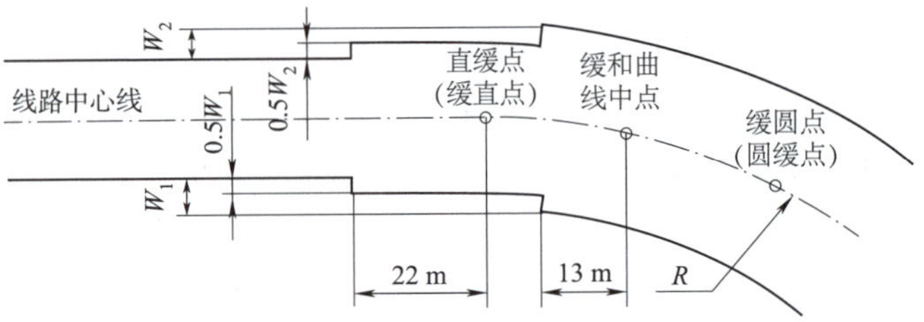

图 7.3-3　曲线限界加宽图示

《铁路工程设计技术手册·站场及枢纽》对无缓和曲线的曲线变加宽地段的加宽值计算方法为

$$W_{内}=\begin{cases}\dfrac{|18+x|^3}{0.243R} & 当 -18\leqslant x<0\\[2ex] \dfrac{|18+x|^3}{0.243R}-\dfrac{500x^2}{R} & 当 0\leqslant x<9\end{cases}\tag{7.3-6}$$

$$W_{内}=\begin{cases}\dfrac{1\,000(22+x)^3}{9R} & 当 -22\leqslant x<-4\\[2ex] \dfrac{44\,000}{R}-500\dfrac{x^2}{R} & 当 -4\leqslant x<0\end{cases}\tag{7.3-7}$$

3. 检测精度

限界测量允许误差主要参考行业标准《铁路建筑实际限界测量和数据格式》(TB/T 3308—2013)的有关规定，见表 7.3-1。

表 7.3-1　限界测量允许误差要求

测 量 项 目	允许误差
里程测量偏差/m	±1
检测横断面间隔/m	≤0.5
相邻线间距测量偏差/mm	0～40
建筑物和设备测量偏差/mm	0～40

7.3.3 检测方法

为了克服上述传统限界检测方法的弊端，近年来机器视觉、移动式三维激光扫描等技术在限界检测应用方面得到广泛研究，移动式三维激光扫描技术更是显示出巨大的应用潜力。

杨洪权等(2019)研发了一种基于激光扫描原理的隧道限界检测系统，利用激光扫描传感器扫描铁路隧道断面轮廓，应用水平射线法判断隧道限界侵限问题，并对侵限点的侵限值进行计算。该方法没有阐明线路中心线的确定方法。张亚勇(2021)利用三维激光扫描系统获取城市轨道交通隧道点云,再根据扫描中心与钢轨间的固定几何位置关系,快速分割出钢轨点云,采用经改进的迭代最近点算法将钢轨点云与标准钢轨断面模型进行精确配准,提取左右轨轨顶面中心坐标,实现点云数据与建筑限界模型的叠加,并开展侵限点分析。该方法未考虑飞点、离群点和接触网等设备会对侵限判断产生的影响。

针对既有轨道交通限界测量存在的问题,本节提出一种基于车载移动三维激光扫描技术的限界检测方法并在此基础上开发了 CRDC_RMS_Gauge 限界检测软件。该软件具有测量成果丰富、检测效率高、检测精度高、自动化程度高、人工复核简单快捷等特点,限界测量具体流程如下:

1. 横断面点云分割

利用车载移动测量系统沿铁路线路进行全断面扫描,获取的激光点云的数量较大。为了减少限界测量处理的点云数据量,提高软件计算效率,降低数据处理算法的复杂度,在利用第 7.1 节方法提取的线路中心线的指定里程范围设定断面分割起终点、断面间距 S 和断面宽度 D,生成垂直于线路中心线的断面线(图 7.3-4),设定断面厚度 L 截取铁路断面点云。

图 7.3-4　断面线生成

通过遍历所有激光点云,计算激光点至断面线的水平距离 l(沿扫描方向)以及至线路中心线的水平距离 d(垂直扫描方向),如果点 P_i 至断面线的距离 l 小于 L,且点 P_i 至线路中心线的距离 d 小于断面厚度 D,则可判断 P_i 属于此断面点云 P。利用式(7.3-8)提出的算法，实现一定厚度和宽度铁路断面点云的切割，分割结果如图 7.3-5 所示。

$$P=\begin{cases}\text{Section}_k & \text{当 } 0\leqslant l_{P_i}\leqslant L \text{ 且 } 0\leqslant d_{P_i}\leqslant d\\ \text{Section}_{\text{other}} & \text{其他}\end{cases} \tag{7.3-8}$$

式中，P_i 为第 i 个激光点，$i=1,2,3,\cdots,n$；Section_k、$\text{Section}_{\text{other}}$ 分别为第 k 个断面的点云、其他断面点云。

2. 轨道坐标系建立与对齐

假设铁路断面点云线路中心线方向是 $\boldsymbol{m}(a,b,c)$，则以 $\boldsymbol{m}$ 方向为 x 轴，以垂直于左右钢轨顶面的连线方向为 y 轴方向，垂直于 xOy 平面向上为 z 轴方向建立轨道坐标系，如图 7.3-6 所示。定义 φ、θ、ψ 表示轨道坐标系与空间直角坐标系之间的旋转角度，h 为外轨超高，d 为左右钢轨顶面中心间距。

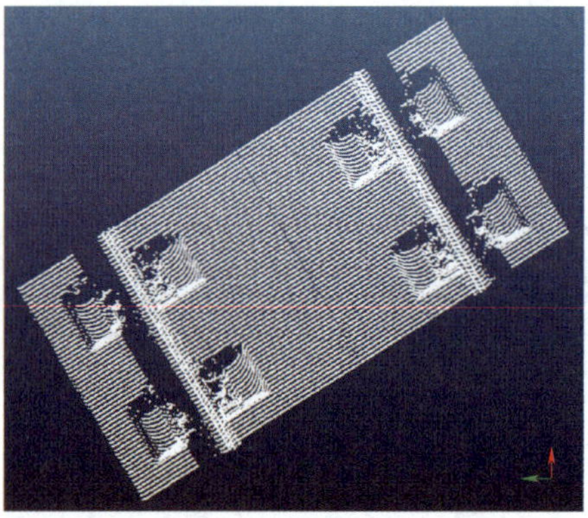

图 7.3-5 分割后的断面点云

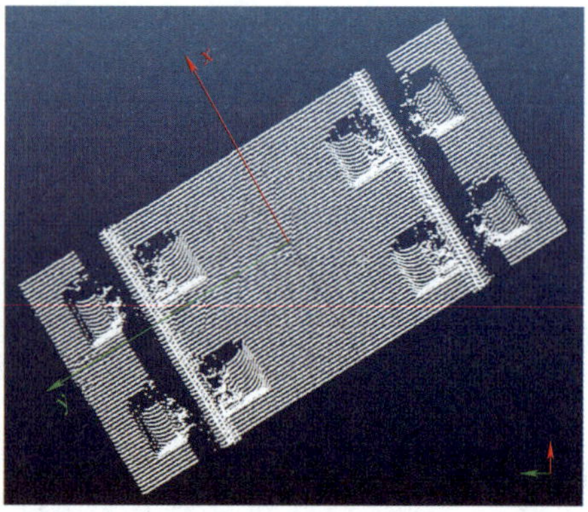

图 7.3-6 轨道坐标系建立

采用刚体的转换矩阵 **Trans** 对点云变换，实现轨道坐标系与空间直角坐标系的轴对齐，具体步骤如下：

设断面点云中心 $\overline{P}$ 的坐标为 $(\overline{P}_x,\overline{P}_y,\overline{P}_z)$，构造平移矩阵 $\boldsymbol{T}$：

$$\overline{P}=\frac{1}{n}\sum_{i=1}^{n}P_i \tag{7.3-9}$$

$$\boldsymbol{T}=\begin{bmatrix}-\overline{P}_x\\ -\overline{P}_y\\ -\overline{P}_z\end{bmatrix} \tag{7.3-10}$$

利用刚体转换矩阵 **Trans** 对轨道点云进行转换，实现轨道坐标系与空间直角坐标系的轴对齐，如图 7.3-7 所示，**Trans** 由平移矩阵 $\boldsymbol{T}$ 和旋转矩阵 $\boldsymbol{R}$ 计算得到

$$\boldsymbol{R}=\begin{bmatrix}\cos\theta\cos\psi & \cos\theta\sin\psi & -\sin\theta\\ -\cos\phi\sin\psi+\sin\phi\sin\theta\cos\psi & \cos\phi\cos\psi+\sin\phi\sin\theta\sin\psi & \sin\phi\cos\theta\\ \sin\phi\sin\psi+\cos\phi\sin\theta\cos\psi & -\sin\phi\cos\psi+\cos\phi\sin\theta\sin\psi & \cos\phi\cos\theta\end{bmatrix}$$

$$\mathbf{Trans}=\begin{bmatrix} \boldsymbol{R} & \boldsymbol{T} \\ 0 & 1 \end{bmatrix} \tag{7.3-11}$$

式中，$\psi=\arccos\dfrac{a}{\sqrt{a^2+b^2}}$，$\theta=\arccos\dfrac{c}{\sqrt{a^2+c^2}}$，$\phi=\arctan\dfrac{h}{d}$。

图 7.3-7　点云对齐

3. 限界测量

在以上轨道检测、接触网检测和断面点云分割的原理及方法的基础上，开发了基于轨道交通车载激光点云的铁路限界检测软件 CRDC_RMS_Gauge，可根据不同构筑物和铁路附属设施的限界测量要求进行检测。

(1)隧道限界测量

隧道限界测量应按照直线 50 m、曲线 20 m 的间距施测，突变处应加测，隧道限界测量精度为 10 mm。CRDC_RMS_Gauge 隧道限界测量如图 7.3-8 所示。

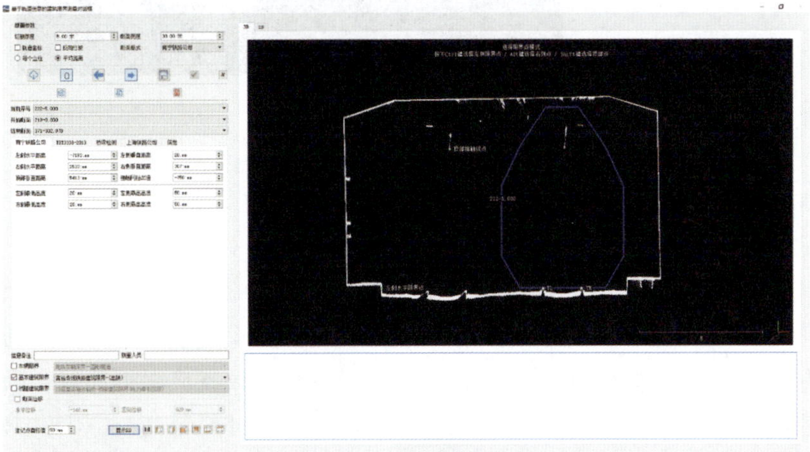

图 7.3-8　隧道限界检测

(2)天桥、雨棚限界测量

天桥、雨棚限界测量按 1 m 间距从点云数据中提取内轮廓断面,和标准限界轮廓进行比对,测量允许偏差为 0～20 mm。CRDC_RMS_Gauge 天桥、雨棚限界测量如图 7.3-9 所示。

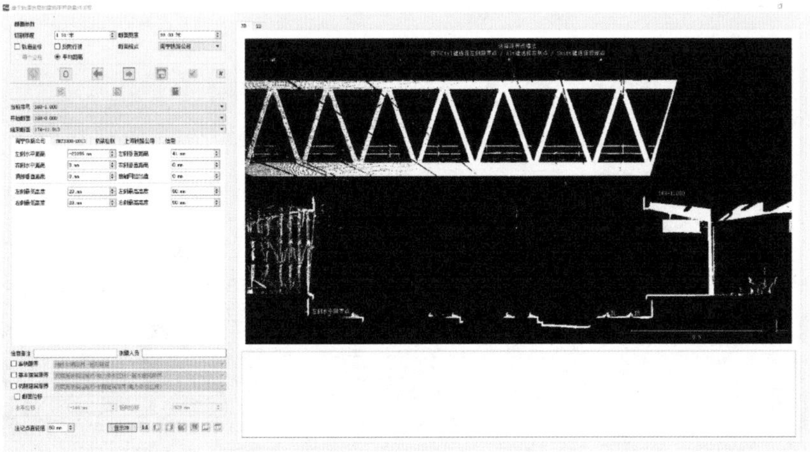

图 7.3-9　天桥、雨棚限界测量

(3)站台限界测量

站台限界测量从点云数据中提取站台帽石边缘至铁路轨道中心线的横向距离和竖向高差,测量允许偏差为 0～20 mm。CRDC_RMS_Gauge 站台限界测量如图 7.3-10 所示。

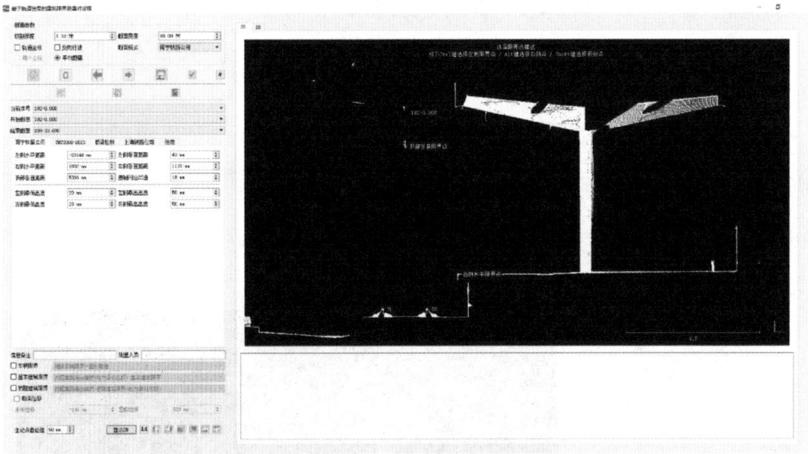

图 7.3-10　站台限界测量

(4)信号设备限界测量

信号设备限界测量应从点云数据中提取不同高度信号设备距线路中心线的距离,测量允许偏差为 0～20 mm。曲线内、外侧以及道岔区段的信号设备应根据曲线半径、设备所处的曲线位置进行加宽计算,同时曲线内侧加宽值需要考虑外轨超高。CRDC_RMS_Gauge 站台限界测量如图 7.3-11 所示。

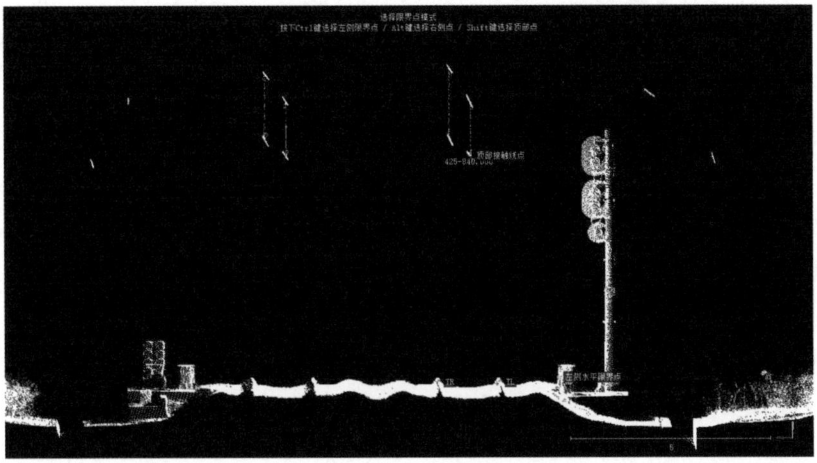

图 7.3-11 信号设备限界测量

(5)接触网限界测量

接触网限界测量内容应包括接触网导高、拉出值、支柱和吊柱侧面限界、吊柱底面高度等。支柱(吊柱)侧面限界是从点云数据中提取支柱内缘边界至线路中心的水平距离,测量允许偏差为0～20 mm。吊柱底面限界测量是从点云数据中提取吊柱底面和对应位置的轨面高程,求差后获取吊柱底面高度值,测量允许偏差为0～20 mm。CRDC_RMS_Gauge接触网限界测量如图7.3-12所示。

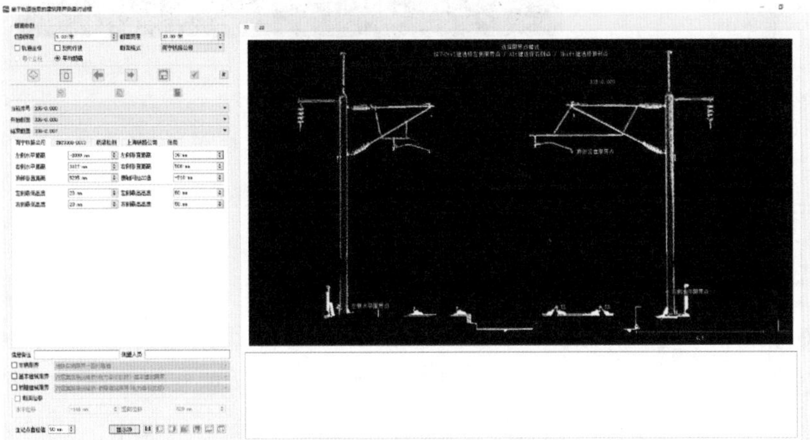

图 7.3-12 接触网限界测量

7.3.4 侵限判断方法

三维激光扫描仪采集到的点云是一系列扫描轮廓点。从几何学角度上来说,标准的铁路限界是一个多边形。因此可将限界检测中的三维碰撞问题转换为平面上点与多边形的位置关系，将判断是否侵限问题转换为判断“点是否在多边形内”问题。解决该问题的方法有很多，有周角法、标号法、符号法、弧长法和射线法等，其中射线法在判断点与多边形关系的算法中和在限界检测程序中得到广泛应用。射线算法的基本思想是求解通过该点的水平射线与多边形各边的交点个数。如果单边交点为奇数，则该点处于多边形内；如果单边交点为偶数，则该点处于多边形外。对于点在多边形边上以及通过点的射线与多边形顶点相交的情况，需要进行特殊处理。射线法原理如图 7.3-13 所示。

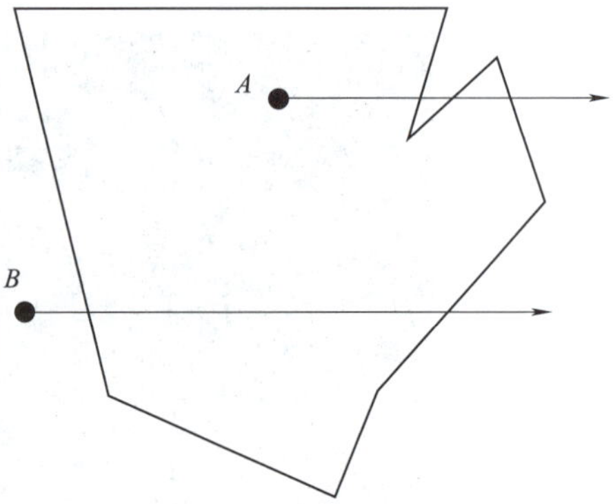

图 7.3-13　射线法原理

将建筑限界图形和断面点云叠加，采用射线法检测线路是否存在侵限点。CRDC_RMS_Gauge 侵限判断如图 7.3-14 所示。

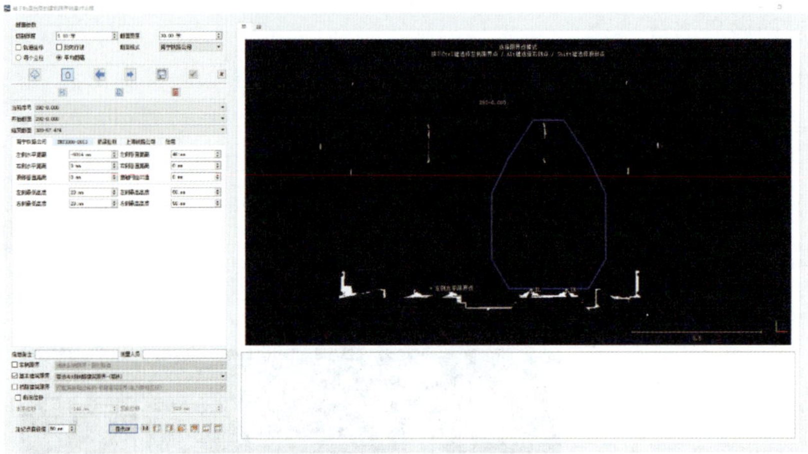

图 7.3-14　侵限判断

7.3.5　试验分析

为了验证本节方法的有效性，利用 Optech Lynx HS600 系统采集南三龙铁路隧道激光点云数据，如图 7.3-15 所示。按上述限界检测方法，以南三龙铁路芦林隧道为例，进行隧道限界检测和侵限检测。上、下行线扫描的隧道限界断面分别如图 7.3-16 和图 7.3-17 所示。

图 7.3-16 和图 7.3-17 中粗实线表示的是隧道实际限界，各点表示的是后处理程序自动检测到的限界点，红色的轮廓线代表隧道基本的建筑限界。由于该隧道为单洞双线隧道，从图 7.3-16 和图 7.3-17 中可以看出，如果只对一条线进行检测，只能保证单方向是否侵界的结果准确性，因此需要对上下行方向分别检测。表 7.3-2 为芦林隧道（上行）建筑限界检测成果。

图 7.3-15　南三龙铁路隧道激光点云数据

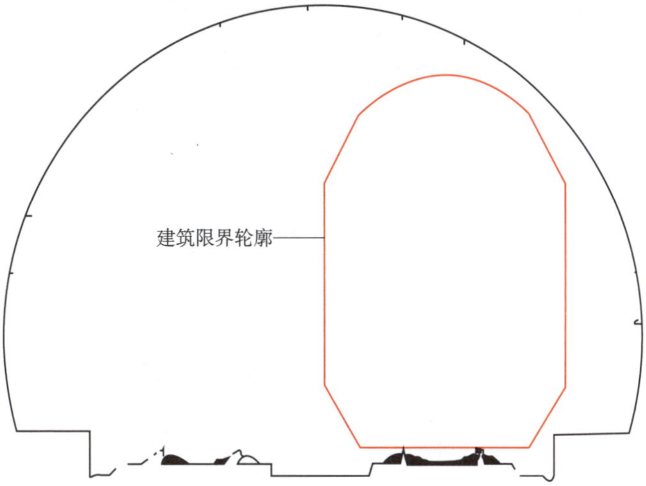

图 7.3-16　芦林隧道上行线隧道限界

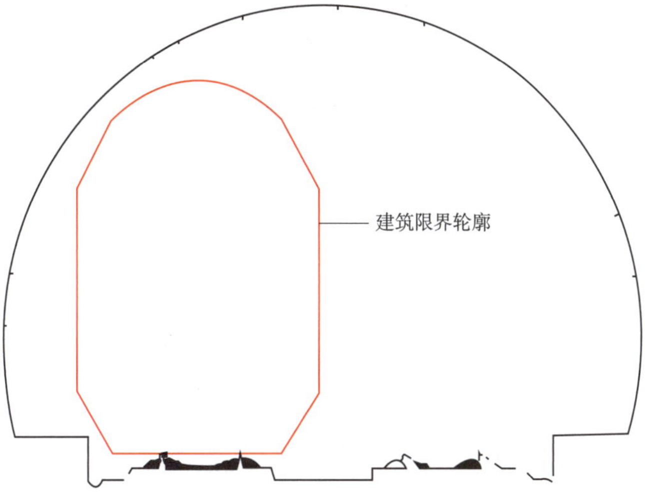

图 7.3-17　芦林隧道下行线隧道限界

表 7.3-2 芦林隧道(上行)建筑限界检测成果表

芦林隧道综合最小建筑限界尺寸表

线路名称(复线注明上下行)：南三龙铁路　　区段：(起讫站名)　　面向站名：

桥隧名称	芦林隧道	中心里程	207.564	起讫里程	LKJ204＋794～LKJ210＋333
最小曲线半径/m	4 505	最大外轨超高/mm		最低接触网高度/mm	5 704

距轨面高度/mm	直线部分				左曲线						右曲线					
	实际尺寸/mm		控制点位置、设施设备名称		折减后尺寸/mm		曲线半径/m		控制点位置、设施设备名称		折减后尺寸/mm		曲线半径/m		控制点位置、设施设备名称	
	左侧	右侧	左侧	右侧	左侧	右侧	左侧	右侧	左侧	右侧	左侧	右侧	左侧	右侧	左侧	右侧
8 000	0	0	1 770.4	1 770.4	0	32	4 505	4 505	845.6	572.2						
7 500	0	0	1 053.3	3 761.3	2	3	4 505	4 505	684.5	102.7						
7 000	730	5 055	4 848.3	5 378.2	1 012	5 377	4 505	4 505	548.7	783.1						
6 600	1 446	5 739	5 301.2	4 148.6	1 627	6 021	4 505	4 505	394.9	216.5						
6 400	1 824	6 083	4 663.8	4 148.2	2 055	6 452	4 505	4 505	0.0	2.2						
6 200	2 020	6 290	3 602.5	4 150.6	2 143	6 668	4 505	4 505	0.6	790.2						
6 000	2 225	6 495	4 663.7	4 150.1	2 445	6 844	4 505	4 505	0.0	790.4						
5 800	2 397	6 665	4 663.7	4 150.6	2 604	6 997	4 505	4 505	755.2	790.5						
5 600	2 554	6 814	4 663.8	4 150.2	2 751	7 154	4 505	4 505	755.4	790.6						
5 500	2 665	6 920	4 663.8	4 149.2	2 860	7 253	4 505	4 505	755.2	789.2						
5 400	2 731	7 001	4 414.8	4 150.4	2 927	7 322	4 505	4 505	755.3	217.1						
5 200	2 842	7 100	4 663.9	4 149.0	3 024	7 426	4 505	4 505	755.2	792.0						
5 000	2 958	7 227	4 663.7	4 148.9	3 151	7 531	4 505	4 505	755.3	215.2						
4 800	3 070	7 360	4 663.7	4 150.3	3 264	7 641	4 505	4 505	755.2	217.1						
4 600	3 174	7 470	4 665.6	4 149.1	3 316	7 737	4 505	4 505	845.9	217.2						
4 500	3 211	7 553	4 975.5	4 150.4	3 312	7 804	4 505	4 505	845.8	216.8						
4 400	3 258	7 596	3 834.3	4 150.6	3 354	7 797	4 505	4 505	803.2	215.9						
4 200	3 349	7 654	4 746.7	4 149.0	3 416	7 843	4 505	4 505	694.6	265.3						
4 000	3 396	7 726	4 668.6	4 165.2	3 528	7 946	4 505	4 505	828.3	564.6						
3 800	3 473	7 812	3 498.5	4 150.2	3 586	7 976	4 505	4 505	480.5	414.4						
3 600	3 530	7 879	3 571.7	4 151.8	3 646	8 000	4 505	4 505	828.9	214.5						
3 200	3 591	7 936	5 223.6	4 110.6	3 676	8 077	4 505	4 505	778.5	387.4						
3 000	3 672	8 035	4 663.7	4 145.9	3 726	8 143	4 505	4 505	564.3	566.5						
2 800	3 685	8 058	4 691.2	4 868.8	3 771	8 169	4 505	4 505	385.9	566.4						
2 400	3 699	8 101	5 028.9	2 516.3	3 771	8 169	4 505	4 505	564.3	567.6						
2 000	3 711	8 099	4 644.9	3 298.3	3 771	8 156	4 505	4 505	388.9	648.4						

续上表

距轨面高度/mm	直线部分				左曲线						右曲线					
	实际尺寸/mm		控制点位置、设施设备名称		折减后尺寸/mm		曲线半径/m		控制点位置、设施设备名称		折减后尺寸/mm		曲线半径/m		控制点位置、设施设备名称	
	左侧	右侧	左侧	右侧	左侧	右侧	左侧	右侧	左侧	右侧	左侧	右侧	左侧	右侧	左侧	右侧
1 600	3 685	8 084	3 917.9	3 853.6	3 738	8 154	4 505	4 505	682.0	360.0						
1 250	3 657	8 048	4 983.5	5 254.7	3 718	8 115	4 505	4 505	682.0	702.7						
1 210	3 661	8 043	4 983.5	4 981.6	3 750	8 095	4 505	4 505	526.6	329.5						
1 100	3 646	8 031	4 983.5	3 194.5	3 733	8 095	4 505	4 505	526.6	201.4						
1 000	3 599	7 994	4 339.1	3 122.0	3 711	8 089	4 505	4 505	526.6	779.1						
800	3 566	7 944	4 835.8	3 202.9	3 639	8 044	4 505	4 505	366.2	304.7						
600	2 236	6 717	4 982.3	1 640.0	3 621	6 700	4 505	4 505	368.2	63.3						
500	2 221	6 659	4 982.1	4 982.2	3 627	6 696	4 505	4 505	526.6	63.3						
350	2 175	6 546	1 304.7	3 430.1	2 318	6 630	4 505	4 505	525.4	825.6						
300	2 138	6 510	3 689.4	5 478.8	2 272	6 574	4 505	4 505	—0.4	527.0						
200	2 141	6 504	4 558.4	5 483.1	2 175	6 368	4 505	4 505	85.3	527.0						
150	1 780	6 413	5 532.4	5 254.9	2 156	6 211	4 505	4 505	83.6	374.6						
0	1 701	6 345	5 533.2	5 254.9	2 156	6 206	4 505	4 505	83.7	374.6						
线路中心线上方最低净高 5 704 mm																

注：本综合最小建筑限界包括桥隧内附属设施。控制点位置填距隧道起点的距离。

对于点云提取结果，使用全站仪对距轨面高度 0、3 600 mm 和 7 000 mm 处的限界值进行复核，共检测 50 个断面，差值对比结果如图 7.3-18 所示。由图 7.3-18 可知，在三个位置处，点云与全站仪检测的结果差值最大不超过 15 mm，限界检测精度满足规范 20 mm 要求。

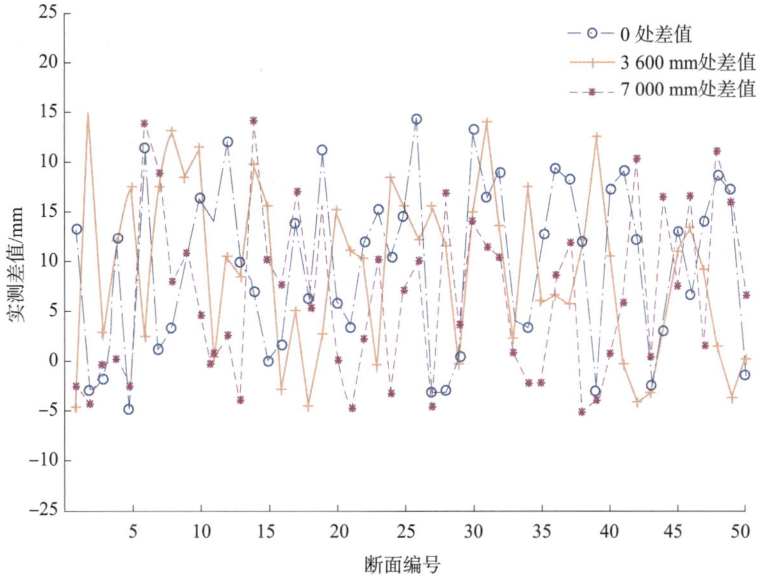

图 7.3-18　全站仪与点云测量结果差值

7.4 桥梁偏心检测

随着社会发展的需求，我国铁路正在大规模建设，截至目前投入运营的线路里程超过 15 万 km，铁路桥梁总数已超过 20 万座。受施工质量、运营维护、线路条件等因素影响，许多桥梁线桥关系已偏离设计位置，重载铁路病害情况尤为严重。对有偏心病害的桥梁在尽量不影响运输行车组织和行车安全的前提下，进行偏心值超限的病害整治，实施难度较大。

7.4.1 概　　述

铁路桥梁线路偏心是指桥上线路中线和梁跨中线间的偏差。铁路桥梁线路偏心状况超出误差允许范围的原因为施工中存在误差、墩台倾斜、线路发生横移和支座病害等。但因为线路偏心会使梁体承载力受到限制，从而可能导致横隔板被扭断，所以铁路项目施工时及后期投入使用过程中都需定期对线路偏心状况进行测量。

线路曲线桥的线路中线是曲线，而设置在曲线上的每孔梁仍是直线，因此线路中线与梁的中线不能完全吻合。在铁路曲线桥梁设计中，为了使梁受力较为均衡，梁跨中线的两端并不位于线路中线上，而是将梁跨中线向曲线外侧适当移动一段距离，称为偏距。铁路曲线桥上线路中线与梁跨设计中线的偏差即为铁路曲线桥梁偏心。当偏心量超过阈值时即为偏心超限。铁路曲线桥梁一旦出现偏心超限，将会增加梁体倾覆风险，给运输带来安全隐患。

国内某重载铁路一座跨度 28～32 m 预应力钢筋混凝土 T 形梁桥，其中有 24 孔在半径 400 m 的曲线上，曲线为左转曲线，桥头从圆曲线开始，桥尾进入直线段，该桥线桥偏心情况较严重，已危及行车安全。神朔铁路是国家 Ⅰ 级电气化重载铁路，承担着神华自产煤炭和部分地方煤炭的外运任务，年运量超过 2 亿 t。神朔铁路位于曲线区段的桥梁达 120 余座，经过 20 余年的运营，部分桥梁已出现较为严重的偏心超限病害，给铁路行车安全带来巨大隐患。

国内外针对铁路曲线桥梁偏心状态管理问题进行了大量研究。Bryant Le 等人(2013)基于 Markov 方法提出桥梁偏心状态预测及养护维修决策模型。Panayioti C 等人(2017)基于 Petri 网方法提出一种集桥梁偏心状态劣化、检测、维修于一体的桥梁偏心状态管理模型。王胜(2014)分析阜淮线下行小半径曲线线性不平顺及桥梁偏心的综合整治方案。上海铁路局工务处的杨旭东针对京九线下行茨园特大桥线梁偏心超限问题，提出拨道整治方法，并通过对不同整治方案进行必选寻找最优的政治方案(杨旭东，2016)。刘永孝等人针对铁路曲线整正计算方法及其优化进行研究(张伟，2009；刘永孝和张咏军，2010；孙晓丽等，2011；刘永孝等，2012)。李军等人(2017)以神朔铁路为例，对曲线桥梁偏心超限整治模型进行研究，表明该模型在辅助评定曲线桥梁偏心状态、合理制定养护维修计划、保障线路运营安全等方面是有效的。

7.4.2 内容及要求

根据《铁路桥隧建筑物大修维修规则》(铁运〔1999〕146号)第3.1.2条，桥上线路中线与梁跨设计中线的偏差，钢梁不得大于50mm，圬工梁不得大于70mm，超过偏差限值时，应进行检算。

7.4.3 检测方法

基于车载移动三维激光扫描系统获取的点云数据，利用后处理软件可实现桥梁偏心的快速智能检测。

1. 单线铁路桥梁偏心检测

单线铁路桥梁偏心检测示意如图7.4-1所示。

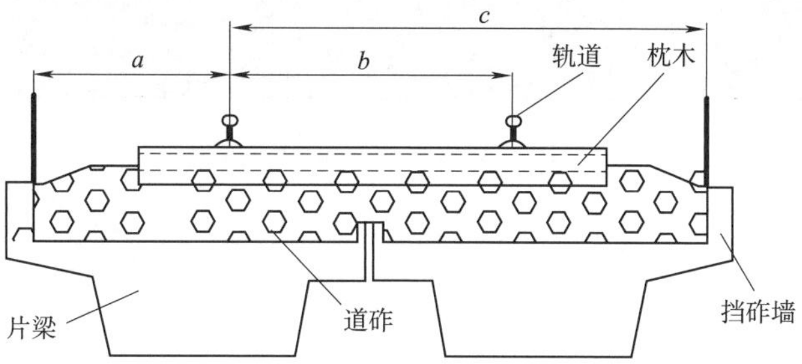

图7.4-1 单线铁路桥梁偏心检测示意图

图7.4-1中，a为左轨到左侧挡砟墙的距离，b为轨距，c为左轨到右侧挡砟墙的距离，则单线铁路桥梁偏心e按下式计算：

$$e=(a+b-c)/2 \tag{7.4-1}$$

2. 双线铁路桥梁偏心检测

双线铁路桥梁偏心值可通过量测L值和C值计算获得，L值为同一断面内两侧挡砟墙内侧水平距离，C值为轨道顶面内线路中线与同侧挡砟墙内侧距离。

图7.4-2中左侧限界点至铁路中线的水平距离规定为C值，右侧限界点至左侧限界点的水平距离为L值，那么，双线铁路桥梁偏心E按下式计算：

$$E=C-L/4 \tag{7.4-2}$$

7.4.4 试验分析

为了验证利用车载移动测量系统进行铁路线路桥梁偏心测量的有效性，利用Optech Lynx HS600系统采集南广铁路桥梁激光点云数据，按上述桥梁偏心检测方法，进行桥梁偏心值检测。

以老马香双线桥检测数据为例，将利用车载移动测量系统获取的点云数据进行桥梁偏心检测，其成果与全站仪实测结果的对比分析见表7.4-1和图7.4-3。

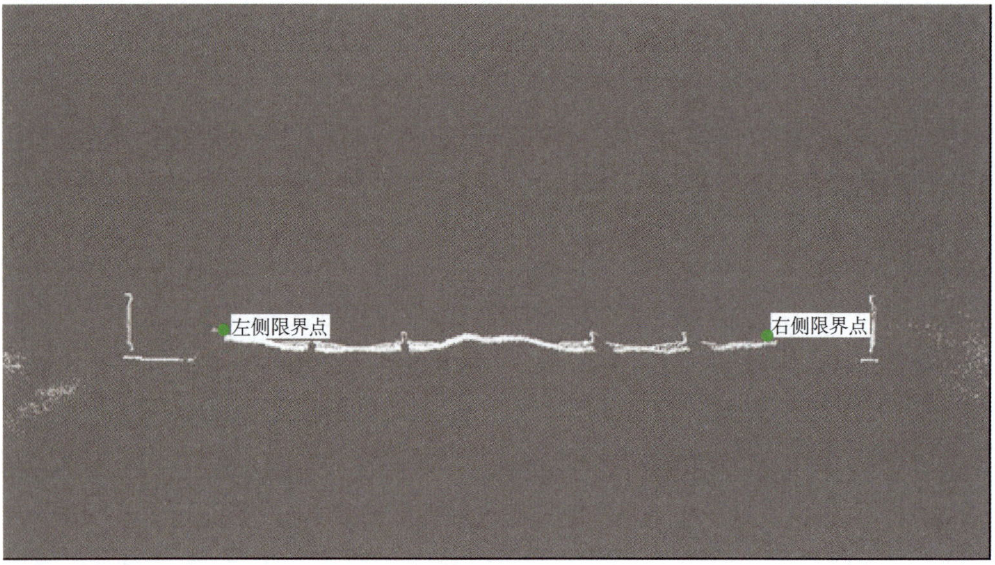

图 7.4-2 双线铁路桥梁偏心检测

表 7.4-1 桥梁偏心检测成果对比表

序号	测量部位	里　程	桥梁偏心/mm		桥梁偏心较差/mm
			点云计算	全站仪检核	
1	梁起点	K100＋326.750	−42.0	−46.0	4.0
2	梁中点	K100＋341.740	−41.0	−44.3	3.3
3	梁终点	K100＋356.730	−40.0	−43.5	3.5
4	梁起点	K100＋359.500	−41.3	−38.0	−3.3
5	梁中点	K100＋374.490	−44.3	−47.3	3.0
6	梁终点	K100＋389.480	−48.0	−47.3	−0.7
7	梁起点	K100＋392.250	−46.0	−43.5	−2.5
8	梁中点	K100＋407.240	−46.0	−42.3	−3.7
9	梁终点	K100＋422.230	−46.0	−46.3	0.3
10	梁起点	K100＋425.000	−41.0	−39.0	−2.0
11	梁中点	K100＋439.990	−45.0	−47.3	2.3
12	梁终点	K100＋454.980	−49.8	−43.3	−6.5
13	梁起点	K100＋457.750	−49.3	−42.0	−7.3
14	梁中点	K100＋472.740	−50.5	−46.3	−4.2
15	梁终点	K100＋487.730	−51.8	−48.8	−3.0
16	梁起点	K100＋490.500	−46.8	−40.8	−6.0

续上表

序号	测量部位	里　程	桥梁偏心/mm		桥梁偏心较差/mm
			点云计算	全站仪检核	
17	梁中点	K100＋505.490	－34.8	－40.3	5.5
18	梁终点	K100＋520.480	－23.8	－31.0	7.2
19	梁起点	K100＋523.250	－30.8	－24.8	－6.0
20	梁中点	K100＋538.166	－34.3	－34.5	0.2
21	梁终点	K100＋553.081	－37.8	－43.3	5.5
22	梁起点	K100＋555.424	－38.8	－40.3	1.5
23	梁中点	K100＋566.497	－40.5	－34.3	－6.2
24	梁终点	K100＋577.570	－42.0	－38.0	－4.0

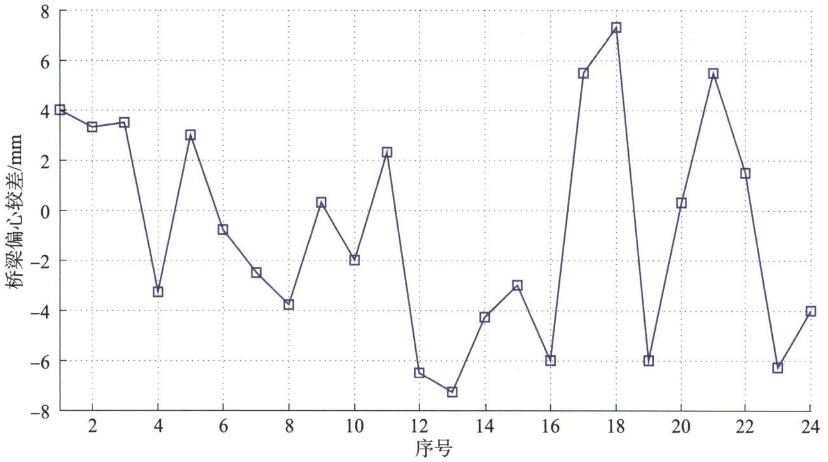

图 7.4-3　桥梁偏心检测成果对比

从表 7.4-1 可以看出，车载移动测量系统计算的桥梁偏心与全站仪方法获得的结果较差均在 10 mm 以内。结果说明，利用车载移动测量系统进行铁路桥梁偏心检测满足铁路桥梁偏心检测的应用需求。

7.5　隧道病害检测

在我国轨道交通隧道工程建设正处于高潮期的背景下，随着越来越多的线路投入运营，已通车的轨道交通隧道逐渐暴露出许多问题。由于地下工程具有隐蔽性、复杂性和不确定性的特点，隧道的建造养护难度相比于地面建筑要高出很多，许多可能引起隧道结构病害的问题难以及时被查知。此外，隧道工程还具有投资大、周期长和风险高的特点，一旦建成后几乎没有重建或大修的可能，具有显著的不可逆性。随着运营时间的增加和服役环境的不断变化、材料老化等内外因素的共同作用下，隧道结构的病害状况日益凸显，健康服役正面临着严峻的挑战。因此，如何保证轨道交通隧道在其设计生命周期内能够安全、经济地运营，已成为目前工程界和学术界最为关心的重要问题。

7.5.1 概　　述

随着我国城镇化率超过60%，轨道交通隧道工程正由“建设为主”向“建养并重”转变。由于建设速度快、工期紧张、技术人员及现场工人短缺、隧道施工拼装问题、隧道周边环境扰动等，轨道交通隧道运营中逐渐显现出不同程度的病害。这些病害已经严重威胁到隧道的运营安全和结构耐久性，其引起的轨道交通安全问题已经成为各级政府和全社会关注的热点。为此，对轨道交通隧道结构的安全评估和管理提出了更高的要求，更需要掌握隧道健康状态的精细化信息，其中包括表观和隐蔽结构问题，如收敛变形、错台、渗漏水、掉块等。

隧道收敛变形是指受周边环境诸因素影响，隧道周边应力场重新分布导致隧道主体结构发生收拢或形变的现象，直接影响着隧道的结构性能和运营安全。当隧道存在较大不对称变形时，会导致车体倾斜和侵限状况发生，倾角过大且列车速度较快时易发生脱轨、碰撞等事故。错台是指盾构法隧道管片拼缝不对齐的现象，包括相邻环间错台和单环内错台两种。渗漏水是指因隧道衬砌结构密封性失效所导致的地下水流入隧道内部的现象，依据程度的不同可分为洇湿、渗水、滴漏和漏泥沙四类。隧道渗漏水不仅会改变周围土体的孔压分布，造成周围土体固结沉降进而导致地表及隧道的长期沉降，还会腐蚀衬砌结构缩短隧道服役寿命。掉块是指由于制作、养护、吊运、安装和外力等因素影响造成的隧道内壁衬砌结构表面缺损或剥落的现象。收敛变形、错台、渗漏水和掉块是评价隧道结构健康状态的重要指标，对其进行定期检测是隧道设计、施工和维护的一个重要部分。

7.5.2 内容及要求

根据长期监测数据及外观状况的检查结果，目前轨道交通隧道病害主要表现为断面收敛、管片错台等结构变形和渗漏水、掉块等表观损坏。为确保病害检测成果的有效性，便于后期资料的汇总统计和分析，应明确病害检测的主要内容和要求，保证准确性、规范化和标准化。

1. 断面收敛

隧道断面的收敛变形是隧道结构形态的重要评价指标，也是保证隧道安全运营的重要因素，其检测工作一直是设计与研究人员关注的重点。如果收敛变形过大，会造成混凝土压碎、接头渗漏水、螺栓屈服，还会减小隧道的安全限界，直接影响轨道交通的安全运营。

根据施工建造技术的不同，轨道交通隧道主要分为矿山法隧道和盾构法隧道(图7.5-1、图7.5-2)，相应的断面收敛检测方式也有所不同。矿山法又称为浅埋暗挖法。我国的铁路、公路等地下工程绝大多数采用此法修筑。其原理是利用土层在开挖过程中短时间的自稳能力，采取适当的支护措施，使围岩或土层表面形成密贴型薄壁支护结构的不开槽施工方法，其断面形状多为马蹄形。

盾构法是盾构机在地下暗挖隧道的一种全机械化施工方法，适用在松软含水地层掘进隧道。我国的地铁隧道多采用此法进行修筑。其基本原理是利用一组有形的钢质组件沿隧道设计轴线开挖土体而向前推进，其断面形状可分为圆形、拱形、矩形和马蹄形四种。其中圆形的抗土层、抗水层压力较好，衬砌拼装简便且易于更换，因而应用较为广泛。

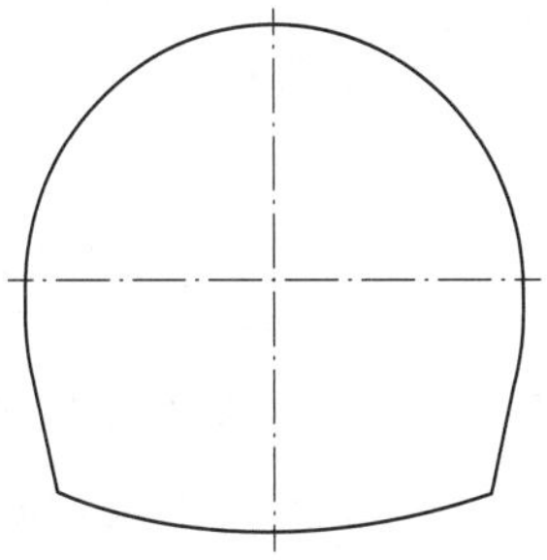

（a）标准Ⅰ型

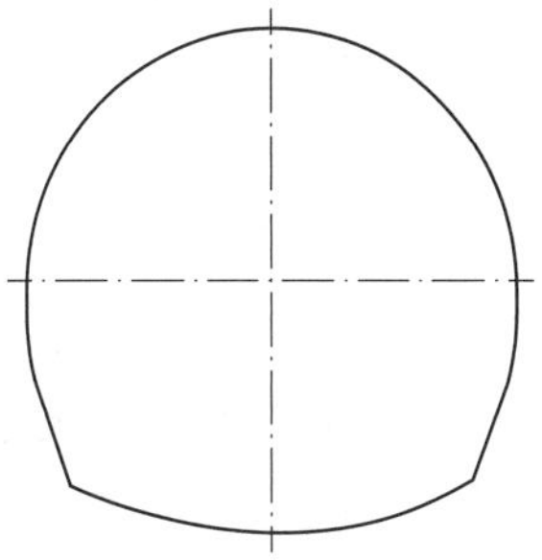

（b）标准Ⅱ型

图 7.5-1　标准Ⅰ、Ⅱ型马蹄形矿山法隧道

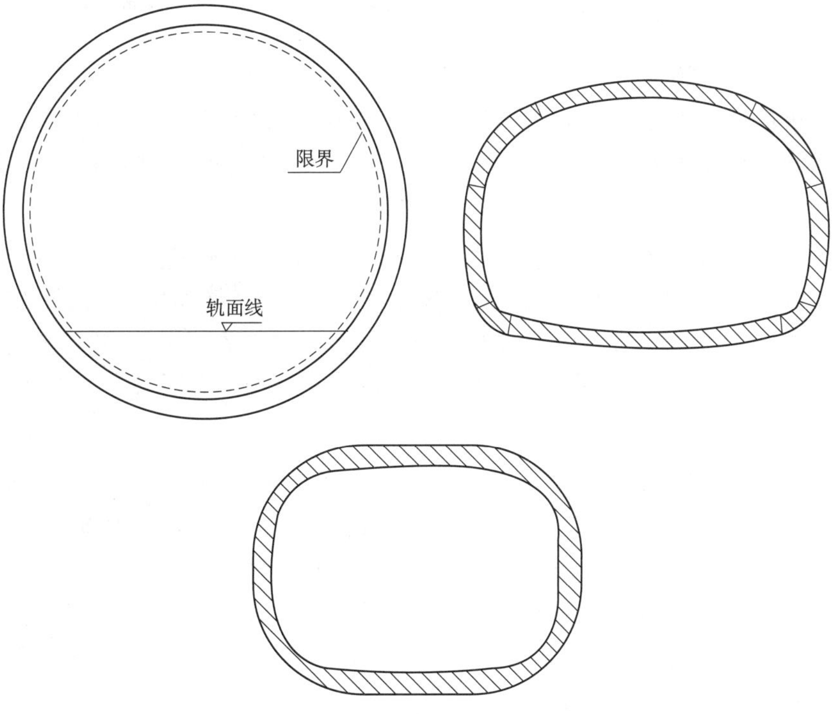

图 7.5-2　单圆形、拱形、矩形盾构法隧道

根据《城市轨道交通工程监测技术规范》(GB 50911—2013)的规定,矿山法隧道收敛监测断面和监测点布设应符合:监测断面应垂直于隧道轴线布设,断面布设间距在车站区域宜为 5～10 m,在区间宜为 10～15 m。监测点宜在隧道拱顶、两侧拱脚处(全断面开挖时)或拱腰处(半断面开挖时)布设,收敛测线宜为 1～3 条,包括水平测线和竖直测线。

盾构法隧道收敛监测断面和监测点布设应符合:监测断面宜布设在联络通道附近、左右线交叠或邻近段、小半径曲线段等区段,下穿或邻近重要建(构)筑物、地下管线、河流湖泊等周边环境条件复杂区段,存在地层偏压、围岩软硬不均、地下水位较高等地质条件复杂区段。每个监测断面宜在拱顶、拱底、两侧拱腰处布设监测点,监测点数量不宜少于 5 个。

当盾构法隧道为单圆形隧道时,根据理论计算和实际监测发现,隧道发生收敛变形后隧道断面有从圆形变化为椭圆形的趋势,因此采用椭圆拟合方法进行隧道断面收敛变形监测是切合实际的。椭圆轮廓能够随时间的变化定义二维向量来表征形变过程,其中椭圆方向的变化代表隧道断面形变的方向,椭圆的长轴和短轴分别代表形变的最大和最小方向,衬砌环椭圆度代表形变的整体程度。《盾构法隧道施工与验收规范》(GB 50446—2017)规定,不同类型隧道的衬砌环椭圆度允许偏差值见表 7.5-1。

表 7.5-1 不同类型隧道的衬砌环椭圆度允许偏差值

检测项目	地铁隧道	公路隧道	铁路隧道	水工隧道	市政隧道	油气隧道
衬砌环椭圆度/‰	±6	±8	±6	±10	±8	±8

检测控制指标通常包括最大变化量、累计变化量、变化速率等,其数值需根据相关规范和工程经验结合具体工程实际合理设置。对于不同的隧道环境,断面收敛检测的控制指标有很大的不同。在穿山隧道挖掘中,隧道墙体较小的形变一般是可以接受的,比如直径十几米的隧道发生厘米级的形变。对形变量级的监测应保证不影响隧道支撑结构。由于在山体中或其他远郊地区的隧道通常和地表距离很大,隧道的收敛对地表几乎没有影响,所以这类隧道在直径上发生厘米级的形变是容许的。较小的形变一般也对隧道的使用没有实质影响。因此,山区和远郊地区的隧道监测中,形变测量的精度可以适当降低。

与此相反,在城市环境进行隧道挖掘中,很小的形变都不能轻易忽略。任何微小的位移都会对地表和挖掘区域周边的建筑物和市政工程产生影响。因此,在城市环境中,对隧道形变的测量必须有较高的精度和准确度。尽可能地接近隧道工作面来监测形变尤为重要。接近隧道工作面进行监测是为了最大限度地捕捉到隧道轮廓挖掘后最初始的形变。如果隧道收敛超出了预期,可以及时地增加支撑物并调整挖掘方式。

2. 错台检测

盾构法隧道目前主要采用单层装配式衬砌(通称为管片),材料主要有钢材、钢筋混凝土等。其中,钢衬砌重量轻、强度高、防水性能好,但制造复杂并且造价昂贵,仅在受力复杂的缺口圆环等部位使用。混凝土衬砌制作方便、刚度大、耐久性和耐压性好、造价便宜等优点，使用高精度钢模板就可保证其尺寸精度，因此被国内外普遍采用，主要有箱形管片和平板形管片两种类型，如图 7.5-3 所示。相比于箱形管片，平板形管片因为是实心结构，能承受盾构机千斤顶较大的压力，因此施工安装较为方便。除此之外，平板形管片内表面平整光滑，通风阻力小，更有利于运营通风，并且厚度相等时，其抗弯刚度和强度均大于箱形管片，通用于中小直径和大直径的隧道，在地面荷载大或穿越地面建筑群的隧道段落中优势明显。

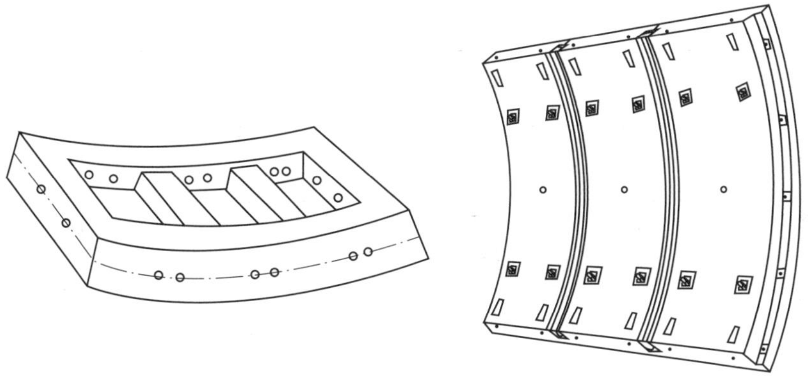

图 7.5-3　盾构法隧道箱形管片和平板形管片

盾构管片是构成盾构环的所有分块的统称，主要包括标准块（A 型管片）、邻接块（B 型管片）和封顶块（K 型管片）三种类型。其中，标准块具有固定的尺寸；而封顶块较小，一般为标准块的 1/3～1/4；与封顶块相邻的邻接块的尺寸需要依据实际需要确定，可以与标准块一致，也可不一致。整个盾构环内管片的分块数量需要根据隧道直径大小、拼装机械的抓举能力等因素综合确定，一般情况下地铁隧道常用的分块模式为 6 块（3A＋2B＋K）和 7 块（4A＋2B＋K）。盾构环分块示意如图 7.5-4 所示。

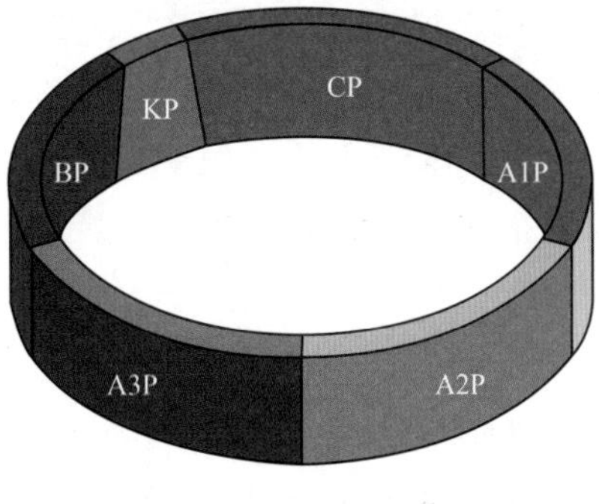

图 7.5-4　盾构环分块示意图

盾构法隧道管片错台是盾构法隧道最常见的病害之一。由于施工因素、周边环境变化、土层不均匀沉降等诸多因素影响，盾构法隧道主体结构不可避免地会产生相邻管片错台现象。其最直接的影响是改变管片受力特性，导致隧道渗漏水甚至管片开裂，对隧道施工质量和隧道正常运营造成隐患，也必然会影响隧道整体的抗震性能。管片错台分为纵向错台（也称环间错台）和环内错台。纵向错台指相邻盾构环之间在纵向接缝（也称环间接缝）处产生的高度偏差。环内错台指同一环内相邻管片在环内接缝处产生的高度偏差。图 7.5-5 所示为三个盾构环内弧面的平铺示意，其中横向接缝为盾构环纵向接缝，竖向接缝为环内接缝。

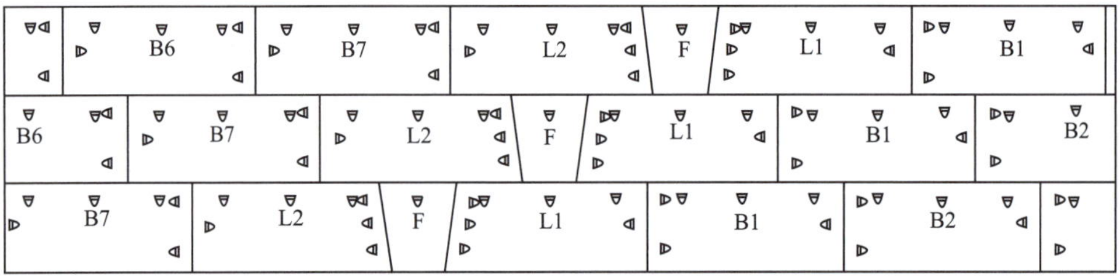

图 7.5-5　盾构环内弧面展开图

对于管片错台病害的检测，应明确错台位置及错台量。根据《盾构法隧道施工与验收规范》（GB 50446—2017）的规定，不同类型隧道的环间错台和环内错台允许偏差值见表 7.5-2。

表 7.5-2　隧道错台允许偏差值

检测项目	地铁隧道	公路隧道	铁路隧道	水工隧道	市政隧道	油气隧道
衬砌环间错台/mm	15	17	17	20	20	20
衬砌环内错台/mm	10	12	12	15	15	15

3. 渗漏水检测

渗漏水是最常见、典型的隧道表观病害，也是软土隧道最主要的病害，会对隧道的稳定、洞内设施、行车安全、地面建筑和隧道周围水文环境产生诸多不良影响甚至威胁。长期渗漏水容易造成衬砌结构劣化、剥落，降低衬砌承载能力和可靠性，影响隧道中电气化设施的使用功能，减少隧道结构的剩余寿命。隧道顶部的渗漏水还容易滴落在轨道上，危及行车安全。

隧道渗漏水主要是由材质防水不良或操作规程不当引起的，具体包括混凝土材料配比不合格、制作工艺不规范、养护时间和方法不正确致使衬砌表面出现收缩开裂，运输、安装过程中操作不当造成衬砌结构破损，拼装成型后密封材料防水性能不达标。

隧道渗漏水病害根据渗漏水程度的大小可细分为洇湿、渗水、滴漏和涌水四类，根据渗漏水的浑浊程度可分为漏泥沙和冒浆两类。其具体定义见表 7.5-3。

表 7.5-3 渗漏水分类

分类		定义
渗漏大小	洇湿	隧道衬砌内壁表面呈现明显色泽的潮湿斑块
	渗水	水渗入隧道衬砌内壁，出现水渍浸润
	滴漏	水呈滴状从隧道内壁上方滴落
	涌水	有明显出水点，水从出水点涌出形成水流
浑浊程度	漏泥沙	水中夹杂泥沙从隧道衬砌内壁出水点流出
	冒浆	水中夹杂浆液从隧道衬砌内壁出水点涌出

渗漏水发生的位置主要有衬砌接缝处、注浆孔处、螺栓孔处、衬砌裂缝处。根据《地下工程防水技术规范》(GB 50108—2008)的规定，隧道的防水等级不得小于二级，即不允许漏水，结构表面可有少量湿渍。进行检查时，应确认并记录渗漏水发生的位置及对应程度，并根据病害与结构要素的相对位置关系，明确渗漏范围，同时也应检查隧道结构及接缝处防水构造的有效性。此外还需具体量化指标特征，对于滴漏应确定滴水频率，记录表可参照表 7.5-4。

表 7.5-4 渗漏水病害记录表

渗漏类型	位置及范围	程度
洇湿		(m^2)
渗水		(m^2)
水珠		(s/滴)
滴漏		(滴/min)
线漏		(L/min、L/h)
漏泥沙		

4. 掉块检测

隧道掉块主要包括衬砌表面缺损和剥落两种情况，属于隧道表观损伤。缺损是指在衬砌端部、裂缝或接缝处产生的混凝土局部碎裂或缺角的情况。剥落是指混凝土表面水泥砂浆流失造成钢筋外露的现象。造成隧道掉块的主要原因包括衬砌制作工艺不达标，运输、安装和养护操作不规范，周边环境差异沉降明显，衬砌背后存在空洞且长期处于震动扰动的环境。

对于钢筋混凝土结构，衬砌掉块产生的蜂窝麻面现象会使得二氧化碳和侵蚀性离子更容易向混凝土内部扩散，加快混凝土的碳化和离析；掉块现象严重时，还会加快衬砌内部钢筋的锈蚀。钢筋锈蚀和混凝土腐蚀的分解产物的膨胀作用，又会加速衬砌的碎裂，形成恶性循环，极大地缩短隧道的服役寿命。同时，掉落的碎石还可能砸中列车、接触网或其他设备，严重危及行车安全，存在极大的安全隐患。

隧道掉块检查应记录病害发生的位置、区域及程度。

7.5.3 检测方法

轨道交通隧道病害检测具有其特殊性，要保证每天的正常运营，检测人员只能在每天运营结束后的有限时间内实施巡检，平均检测时间为 2～2.5 h。对于渗漏水和掉块等表观病害，其主要方式为人工手电筒照明、人眼观察、相机拍照、手工记录、次日整理分析。对于隧道收敛、错台等结构病害，其主要方式为采用全站仪、钢尺等工具量测。两种方式均对检测人员有较高的经验要求，并且由于工作量大且时间有限，检测人员往往仅能重点检查病害多发区域，极易引起漏判的发生。另外，由于隧道环境灰暗，经常出现照片模糊、病害位置记录不准确等情况，总体效率非常低下。虽然后来开发了 iPad 巡检助手、引入了自动全站仪等软硬件设备，但仍然没有从根本上解决问题，其检测结果的完整性、准确性和效率性以及检测人员的风险性问题依然突出。随着轨道交通隧道运营里程和服役寿命的增长，基于自动化、智能化的隧道病害检测与分析评估已成为发展的必然趋势。

为提高检测效率、规避人工检测主观误差、降低检测人员安全风险，近年来各国科研机构和学者针对隧道病害的自动化检测技术开展了一系列研究并取得了一定的进展。根据检测原理的不同，自动化检测技术可分为基于摄影测量的自动检测技术和基于移动激光扫描的自动检测技术。

1. 基于摄影测量的自动检测技术

摄影测量是利用拍摄的图像来计算三维空间中被测物体几何参数的一种测量手段。基于摄影测量的自动检测技术主要通过 CCD 工业高清相机对隧道衬砌表面进行连续拍摄，得到其表面图像，再通过图像识别与处理算法提取判别病害信息。其优点是影像分辨率高，可以获取准确的渗漏水和裂缝等隧道表观病害信息；缺点是无法获得隧道结构病害信息，对光源的要求较高，光源质量直接决定图像质量，从而影响图像处理算法的效果。传统的图像处理方法主要包括图像配准拼接、图像增强和图像识别三个步骤，内业人工目视解译工作量大，效率较低。目前，越来越多的学者开始采用基于深度学习的人工智能算法通过构建卷积神经网络对图像特征进行提取和判别，处理效率和效果较为理想。

2. 基于移动激光扫描的自动检测技术

移动激光扫描是通过高密度、高精度三维点云来量测目标物体几何特性和参数的一种测量手段。基于移动激光扫描的自动检测技术主要通过车载移动测量系统中的激光扫描仪对隧道衬砌表面进行连续扫描，通过反馈回来的激光信号获得隧道内部三维点云数据和隧道衬砌表面影像图。自移动三维激光扫描系统如图 7.5-6 所示。同基于摄影测量的自动检测技术相比，基于移动激光扫描的自动检测技术作业轻便、灵活性好、不依赖光源、数据采集效率高，可同时对断面收敛、管片错台、渗漏水、掉块等多种病害进行检测；但是针对裂缝检测时其速度和效率会大幅下降，尤其对于极细小的裂缝，该技术尚无法满足检测要求。

采用车载移动测量系统进行隧道病害检测，扫描仪通常采用 2D 激光扫描仪，点云数据以测线为单位，随载体移动整体呈螺旋线分布。经过后处理软件完成海量点云的数据融

图 7.5-6　自移动三维激光扫描系统

合、去噪、配准、正射影像图制作后，再通过系列分析算法进行断面收敛、错台、渗漏水、掉块等检测，实现各项隧道病害检测成果的快速输出。

(1)断面收敛检测

矿山法隧道常采用基线法进行断面收敛检测。根据隧道设计、地质条件、围岩类别、围岩应力分布情况、隧道跨度、埋深等因素沿隧道开挖方向间隔一定距离设置垂直断面，断面内设置水平测线和垂直测线。垂直测线一点(M 点)位于隧道顶部，另一点(N 点)位于道床面，用于计算拱顶沉降变化值；水平测线垂直于隧道中线沿水平径向设置，用于计算水平径向变化量，如图 7.5-7 所示。检测工具通常可采用收敛计、全站仪或红外激光测距仪等设备。

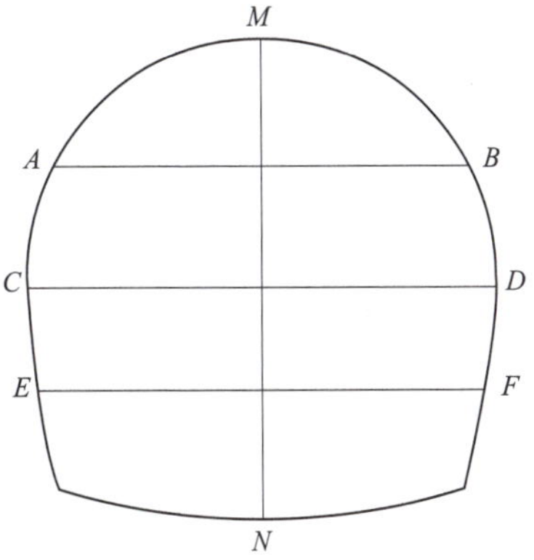

图 7.5-7　矿山法隧道断面收敛检测基线

盾构法单圆隧道因其结构的特殊性，常采用椭圆拟合方法进行检测分析。工程中对椭圆等一些特殊的二次曲线进行拟合的一般方法为：定义一个任意的测量坐标系，获得这个坐标系下可以表征物体形状参数的一系列离散点的平面坐标(x_i，y_i)，$i=1,2,3,\cdots,n$，然后利用这些离散点坐标求取曲线方程中的未知参数，从而达到拟合物体实际形状的目的。对隧道横断面点云数据进行椭圆拟合时，有几种不同的方法建立最佳拟合椭圆，这些方法可分为代数法和几何法两类。

①代数椭圆拟合

代数椭圆拟合是基于最小二乘法，方法更为简单，但因对噪声敏感，存在曲率偏差。对于采集精度较高、噪声较小的隧道轮廓数据，采用代数方法更快。椭圆一般式为

$$Ax^2+Bxy+Cy^2+Dx+Ey+F=0 \qquad (7.5\text{-}1)$$

式中，约束 $B^2-4AC\leqslant 0$。

为了将隧道轮廓数据进行椭圆拟合，将上式改写成：

$$Ax_i^2+Bx_iy_i+Cy_i^2+Dx_i+Ey_i+F=R_i \tag{7.5-2}$$

式中，(x_i,y_i)，…，(x_n,y_n)为数据点平面坐标。

令 $\boldsymbol{u}=[A\quad B\quad C\quad D\quad E\quad F]$，则有矩阵形式 $\boldsymbol{Xu}=\boldsymbol{R}$，即

$$\begin{bmatrix} x_1^2 & x_1y_1 & y_1^2 & x_1 & y_1 & 1 \\ \vdots & \vdots & \vdots & \vdots & \vdots & \vdots \\ x_i^2 & x_iy_i & y_i^2 & x_i & y_i & 1 \\ \vdots & \vdots & \vdots & \vdots & \vdots & \vdots \\ x_n^2 & x_ny_n & y_n^2 & x_n & y_n & 1 \end{bmatrix}\begin{bmatrix} A \\ B \\ C \\ D \\ E \\ F \end{bmatrix}=\begin{bmatrix} R_1 \\ \vdots \\ R_i \\ \vdots \\ R_n \end{bmatrix} \tag{7.5-3}$$

要获得最佳拟合椭圆，则要使 $\boldsymbol{R}$ 的模最小，即

$$\sum_{i=1}^{n}R_i^2=\min \tag{7.5-4}$$

上式可采用最小二乘法求解，但是所拟合的结果是普通的圆锥曲线而不是椭圆。为了确保求得的解是椭圆解，需要引入约束条件，令 $B^2-4AC=1$，椭圆参数最优解计算问题可以重新表述为

$$\boldsymbol{u}^{\mathrm{T}}\boldsymbol{Cu}=1 \tag{7.5-5}$$

式中，$\boldsymbol{C}$ 可表示为

$$\boldsymbol{C}=\begin{bmatrix} 0 & 0 & 2 & 0 & 0 & 0 \\ 0 & -1 & 0 & 0 & 0 & 0 \\ 2 & 0 & 0 & 0 & 0 & 0 \\ 0 & 0 & 0 & 0 & 0 & 0 \\ 0 & 0 & 0 & 0 & 0 & 0 \\ 0 & 0 & 0 & 0 & 0 & 0 \end{bmatrix} \tag{7.5-6}$$

在 $\boldsymbol{u}^{\mathrm{T}}\boldsymbol{Cu}=1$ 条件下通过构造拉格朗日函数、求偏导等过程可得到

$$\boldsymbol{X}^{\mathrm{T}}\boldsymbol{Xu}=\lambda\boldsymbol{Cu} \tag{7.5-7}$$

$$(\boldsymbol{X}^{\mathrm{T}}\boldsymbol{X}-\lambda\boldsymbol{C})\boldsymbol{u}=\boldsymbol{O} \tag{7.5-8}$$

通过求解上式的广义特征值 λ_i 和特征向量 $\boldsymbol{u}_i$，得到 $\boldsymbol{\mu}_i=\sqrt{\dfrac{1}{\boldsymbol{u}_i^{\mathrm{T}}\boldsymbol{Cu}_i}}$，进而可得到椭圆参数的最优解 $\mu_i\boldsymbol{u}_i$。

隧道衬砌内壁附着的管线、照明、疏散平台等设备，以及隧道中的灰尘和杂质会导致断面点云数据中存在大量的干扰信息，从而对代数椭圆拟合算法的精度产生较大影响。盾构法隧道断面拟合椭圆如图 7.5-8 所示。在拟合时常引入选权迭代、平差估计等方法，在粗差不可避免的情况下，使用系列抗差方法使参数的估值尽可能避免粗差的影响，得到正常模式下的最佳估值。

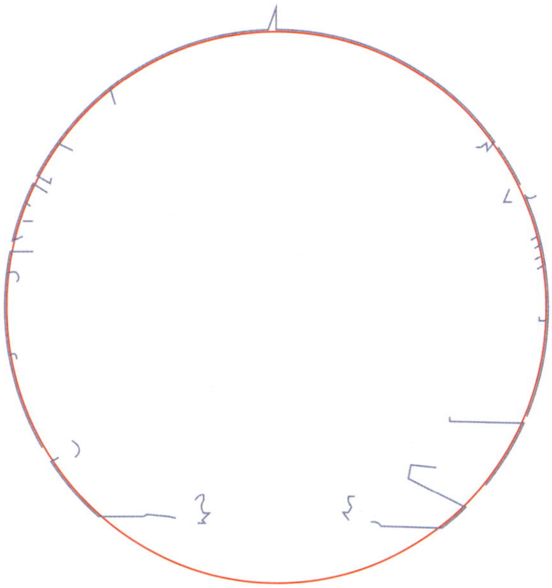

图 7.5-8 盾构法隧道断面拟合椭圆

通过上述过程计算得到的椭圆方程未知参数，可根据下式分别获得描述拟合椭圆特征的参数——中心坐标(x_c, y_c)、长轴 a、短轴 b、偏转角 θ 以及椭圆度 ω。

$$\begin{cases} x_c = \dfrac{CE-2BD}{4AB-C^2} \\ y_c = \dfrac{CD-2AE}{4AB-C^2} \end{cases} \tag{7.5-9}$$

$$\begin{cases} a = \sqrt{2\times\dfrac{Ax_c^2+By_c^2+Cx_cy_c-1}{A+B-\sqrt{(A-B)^2+C^2}}} \\ b = \sqrt{2\times\dfrac{Ax_c^2+By_c^2+Cx_cy_c-1}{A+B+\sqrt{(A-B)^2+C^2}}} \end{cases} \tag{7.5-10}$$

$$\theta = \frac{1}{2}\arctan\frac{C}{A-B} \tag{7.5-11}$$

$$\omega = \frac{a-b}{r}\times 100\% \tag{7.5-12}$$

式中，r 为隧道的标称内半径。

②几何椭圆拟合

几何椭圆拟合是基于正交欧式距离法，其目标是最小化各离散点和其在椭圆上对应点的欧式距离。对于采集精度较低、噪声较大的隧道轮廓数据，采用几何方法更快。椭圆的参数方程表示为

$$\begin{bmatrix} x \\ y \end{bmatrix} = \begin{bmatrix} x_0 \\ y_0 \end{bmatrix} + \begin{bmatrix} \cos\alpha & -\sin\alpha \\ \sin\alpha & \cos\alpha \end{bmatrix} \begin{bmatrix} a\cos\varphi \\ b\sin\varphi \end{bmatrix} \tag{7.5-13}$$

式中，(x_0, y_0)为椭圆中心坐标；a 为椭圆长轴长度；b 为椭圆短轴长度；α 为最长轴与 X 轴所夹锐角；φ 为长轴逆时针旋转到点(x_i, y_i)处经过的角度。平面中一个确定的椭圆可以用以下五个参数唯一表示。

$$\boldsymbol{u}=[x_0 \quad y_0 \quad a \quad b \quad \alpha]^{\mathrm{T}} \tag{7.5-14}$$

对于最小二乘的正交几何椭圆拟合算法，必须定位给定离散点(x_i, y_i)在椭圆上的最近相关点(x_i', y_i')（即正交相关点），然后在(x_i', y_i')点处估算出其雅可比矩阵 $\boldsymbol{J}$。

$$\boldsymbol{J}_{X_i}=(\boldsymbol{R}^{-1}\boldsymbol{Q}^{-1}\boldsymbol{B}) \tag{7.5-15}$$

式中，$\boldsymbol{R}=\begin{bmatrix}\cos\alpha & \sin\alpha \\ -\sin\alpha & \cos\alpha\end{bmatrix}$，$\boldsymbol{Q}=\begin{bmatrix}b^2 x & a^2 y \\ (a^2-b^2)y+b^2 y_i & (a^2-b^2)x-a^2 x_i\end{bmatrix}$，$\boldsymbol{B}=$

$$\begin{bmatrix}b^2 x\cos\alpha-a^2 y\sin\alpha & b^2 x\sin\alpha+a^2 y\cos\alpha & a(b^2-y^2) & b(a^2-x^2) \\ b^2(y_i-y)\cos\alpha+a^2(x_i-x)\sin\alpha & b^2(y_i-y)\sin\alpha-a^2(x_i-x)\cos\alpha & 2ay(x_i-x) & -abx(y_i-y)\end{bmatrix}。$$

根据 m 个离散点，构造 $2m$ 个线性方程组。通过迭代求解该线性方程组即可获得椭圆参数的最优解。

$$\begin{bmatrix} J_{X_1',X_c} & J_{X_1',Y_c} & J_{X_1',a} & J_{X_1',b} & J_{X_1',\alpha} \\ J_{Y_1',X_c} & J_{Y_1',Y_c} & J_{Y_1',a} & J_{Y_1',b} & J_{Y_1',\alpha} \\ \vdots & \vdots & \vdots & \vdots & \vdots \\ J_{X_m',X_c} & J_{X_m',Y_c} & J_{X_m',a} & J_{X_m',b} & J_{X_m',\alpha} \\ J_{Y_m',X_c} & J_{Y_m',Y_c} & J_{Y_m',a} & J_{Y_m',b} & J_{Y_m',\alpha} \end{bmatrix} \begin{bmatrix}\Delta x_0 \\ \Delta y_0 \\ \Delta a \\ \Delta b \\ \Delta\alpha\end{bmatrix} = \begin{bmatrix} X_1' \\ Y_1' \\ \vdots \\ X_m' \\ Y_m' \end{bmatrix} \tag{7.5-16}$$

将测量的断面基线参数或者拟合的椭圆特征参数，分别与设计值或初始值进行对比分析，依据《盾构法隧道施工与验收规范》(GB 50446—2017)等有关规范要求，分别计算本次变化量、累计变化量、收敛变化速率等指标，即可完成隧道收敛检测。收敛检测成果如图 7.5-9、图 7.5-10 和表 7.5-5 所示。

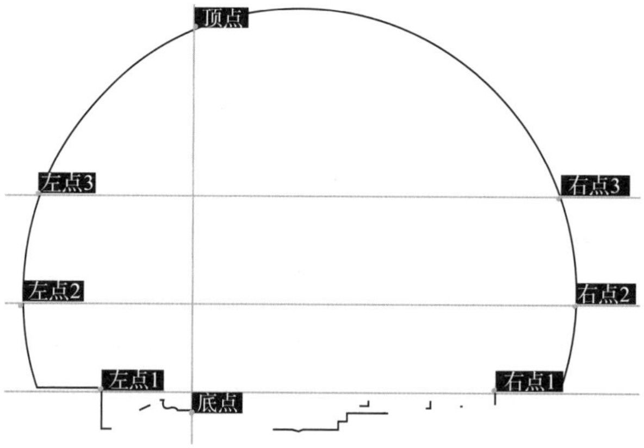

图 7.5-9　矿山法隧道断面收敛检测成果

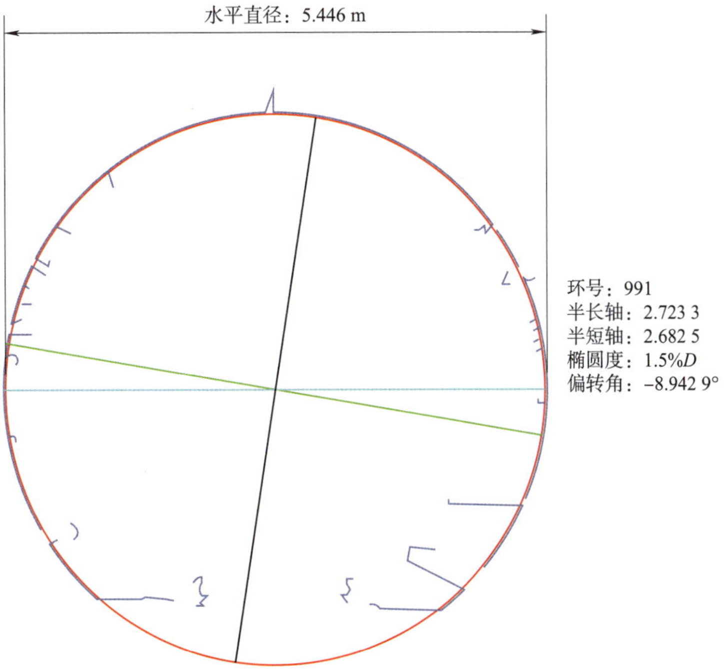

图 7.5-10 盾构法隧道断面收敛检测成果

表 7.5-5 盾构法隧道断面收敛检测成果表

序号	里程	环号	椭圆长轴/m	椭圆短轴/m	偏转角/°	水平直径/m	椭圆度/°	检测直径与标称直径差值/mm
1	13 822.180	1039	5.513	5.510	8.7	5.510	0.000 6	9.632
2	13 823.575	1038	5.517	5.505	−16.2	5.505	0.002 2	4.940
3	13 824.570	1037	5.516	5.510	−17.4	5.509	0.001 0	9.132
4	13 825.750	1036	5.518	5.504	−3.9	5.504	0.002 6	3.840
5	13 827.360	1035	5.525	5.497	−3.4	5.499	0.005 0	−1.239
6	13 828.355	1034	5.509	5.498	30.2	5.507	0.002 0	6.530
7	13 829.460	1033	5.516	5.509	−18.2	5.508	0.001 3	8.278
8	13 830.765	1032	5.516	5.501	−28.0	5.504	0.002 7	4.033
9	13 831.800	1031	5.516	5.502	−38.7	5.508	0.002 5	8.076
10	13 833.175	1030	5.512	5.486	−8.5	5.514	0.004 7	13.834
11	13 834.200	1029	5.513	5.508	27.8	5.511	0.001 0	10.671
12	13 835.595	1028	5.516	5.500	9.3	5.514	0.002 8	13.778
13	13 836.600	1027	5.516	5.493	8.6	5.513	0.004 1	12.518
14	13 838.010	1026	5.513	5.497	−3.0	5.514	0.002 8	14.068
15	13 839.210	1025	5.516	5.508	−3.3	5.519	0.001 5	18.798

续上表

序号	里　　程	环　号	椭圆长轴/m	椭圆短轴/m	偏转角/°	水平直径/m	椭圆度/°	检测直径与标称直径差值/mm
16	13 840.405	1024	5.517	5.506	−20.1	5.512	0.002 0	11.548
17	13 841.600	1023	5.512	5.500	−8.6	5.513	0.002 1	13.359
18	13 842.800	1022	5.510	5.488	−21.5	5.512	0.004 0	12.054
19	13 844.000	1021	5.513	5.501	−7.0	5.515	0.002 2	14.933
20	13 845.205	1020	5.518	5.487	−17.8	5.519	0.005 6	19.276
21	13 846.310	1019	5.519	5.505	−2.1	5.519	0.002 6	19.297
22	13 847.600	1018	5.515	5.490	−5.9	5.518	0.004 5	17.753
23	13 848.805	1017	5.519	5.498	13.1	5.518	0.003 7	18.282
24	13 850.010	1016	5.519	5.506	23.2	5.517	0.002 5	16.930
25	13 851.410	1015	5.525	5.506	24.0	5.521	0.003 6	21.049
26	13 852.410	1014	5.521	5.503	22.1	5.519	0.003 3	19.049
27	13 853.615	1013	5.520	5.494	12.9	5.519	0.004 8	19.397
28	13 854.805	1012	5.517	5.485	−1.3	5.521	0.005 7	20.513
29	13 856.010	1011	5.518	5.504	28.4	5.518	0.002 5	18.006
30	13 857.205	1010	5.512	5.491	−12.2	5.515	0.003 8	14.832

(2)错台检测

错台检测前首先需要对盾构环纵向接缝和环向接缝进行定位。接缝定位常采用图像识别法，通过将隧道三维激光点云映射转换为二维灰度图像，在图像中采用特征识别算法或人工标记方法进行接缝定位。常用的接缝特征识别算法包括 Canny 算法＋霍夫变换。

隧道内壁图像中的接缝是图像局部区域亮度变化显著的部分。在该区域内，图像灰度值会有一个阶跃，即一个灰度值在很小的缓冲区域内急剧变化到另一个相差较大的灰度值(图 7.5-11)，在计算机视觉领域中属于图像边缘特征。Canny 算法是 John F. Canny 于 1986 年开发出来的一个多级边缘检测算法。时至今日，Canny 算法及其各种改进变种仍然是图像边缘检测算法中最经典和最优秀的算法之一，如图 7.5-12 所示。其主要实现原理分为以下几步：

①高斯平滑：根据像素点及其邻域点的灰度值按照一定的参数规则进行加权平均，主要作用为去除图像中叠加的高频噪声，降低伪边缘的识别。例如对于一个位置为(m,n)的噪声，其灰度值为 $p(m,n)$，经高斯平滑后的灰度值将变为

$$q(m,n)=\frac{1}{2\pi\sigma^2}e^{\frac{m^2+n^2}{-2\sigma^2}}\cdot p(m,n)$$

式中，$\frac{1}{2\pi\sigma^2}e^{\frac{m^2+n^2}{-2\sigma^2}}$为二维高斯核函数。

②计算梯度值和方向：图像中用梯度表示灰度值的变化程度和方向。通常采用点乘常用的边缘差分算子（如 Roberts，Prewitt，Sobel）得到不同方向的梯度值 $g_x(m,n)$ 和 $g_y(m,n)$。综合梯度通过 $G(m,n)=\sqrt{[g_x(m,n)]^2+[g_y(m,n)]^2}$ 和 $\theta=\arctan\dfrac{g_y(m,n)}{g_x(m,n)}$ 计算。

③非极大值抑制：为解决高斯平滑过程可能被放大的边缘。采用一定的规则来保留局部最大梯度值并且抑制其他梯度值，进而细化边缘。

④双阈值检测：通常选择高、低两个阈值区分边缘像素，采用高阈值排除伪边缘，采用低阈值完成边缘闭合。

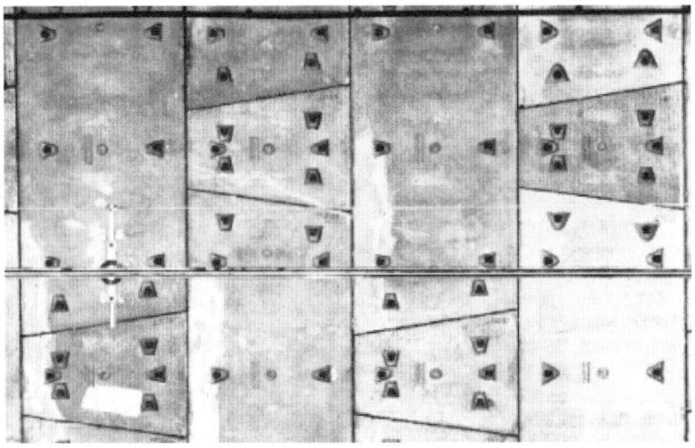

图 7.5-11　隧道接缝灰度图像

图 7.5-12　Canny 算法边缘检测

图像边缘检测结果中，由于螺栓孔、电缆线等构件边缘的存在，要素组成仍然较为复杂，需要再通过特征提取算法进一步从中分离出接缝线段信息。在图像直线检测算法中，霍夫变换应用较为广泛。

霍夫变换于 1962 年首次由 Paul Hough 通过专利形式提出，其基本思想是从图像或点云坐标空间映射到霍夫参数空间，利用两种空间的点—线对偶性，在霍夫空间中分离出具有某种相同几何特征的元素，例如椭圆、曲线、直线等，其本质是一种基于投票机制的特征检测，被广泛应用于二维图像识别领域。将霍夫变换应用于直线提取时的算法原理和运算流程。

Paul Hough 专利中的霍夫变换方法在提取直线时，采用斜截式表示直线，但由于斜截式无法表示与 y 轴平行的直线，并且当直线与 y 轴接近平行时，接近于∞的斜率会导致搜索空间变得异常巨大。为此，Richard O. Duda 和 Peter E. Hart 于 1971 年提出在霍夫变换中将二维空间中的直线用极坐标表示，用 r 和 θ 参数化直线，见式(7.5-17)和图 7.5-13，不仅避免了上述奇异情况的发生，还大大减少了搜索空间，提高了运算效率。

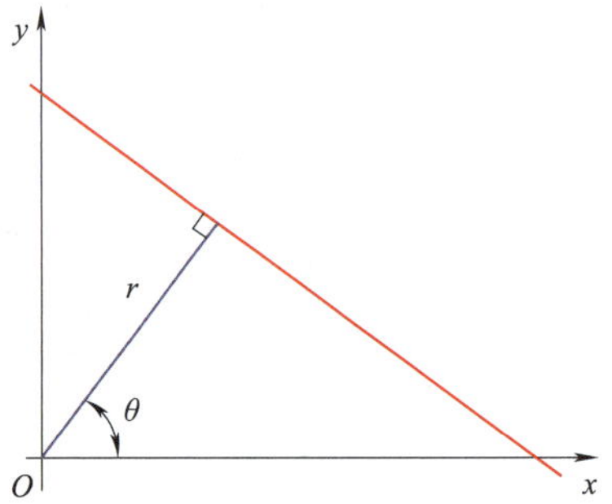

图 7.5-13　霍夫变换极坐标参数示意图

$$r = x\cos\theta + y\sin\theta, r \geqslant 0, 0 \leqslant \theta < \pi \tag{7.5-17}$$

该算法的具体步骤如下：

- 将二维空间中的所有点映射到霍夫参数空间，每个点在参数空间中将生成一条对应的正弦曲线；
- 将霍夫参数空间离散化为栅格，计算各曲线的交点坐标，使交点坐标对应栅格的值为过该交点的曲线数目；
- 设置阈值 δ，栅格值大于 δ 的坐标即为二维空间中对应的直线参数；
- 将上一步中提取的栅格坐标排除，继续进行下一轮的检测直至检测出全部直线为止。

图 7.5-14 所示为霍夫变换直线特征提取。

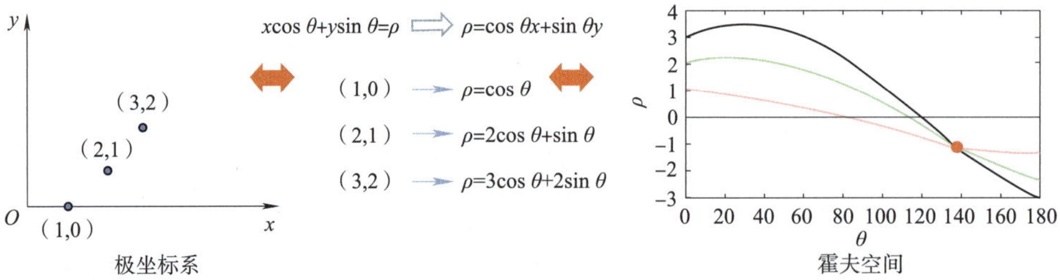

图 7.5-14　霍夫变换直线特征提取

对检测出的线段根据长度、方向等要素进行过滤，去除噪声后得到盾构环纵向接缝与环向接缝。基于图像特征识别算法检测接缝的准确度受隧道内部环境的影响较大。当盾构管片内壁水汽附着较多时，接缝与其邻域范围内的反射率区分程度会降低，反映在二维灰度图像上即为图像边缘模糊，进而影响算法提取精度。此外，隧道内壁安装的各类管线和附属设备设施也会对接缝的检测和判别造成不利影响。因此，在图像特征识别算法检测成果不理想的情况下，可采用人工目视判别和交互编辑的方法加以修正。

纵向接缝与环向接缝定位如图 7.5-15 所示。盾构环向接缝定位完成后，通过测量接缝两侧盾构管片的高度偏差即可得到错台值。计算环向错台值时，可通过截取断面点云中环向接缝两侧一定范围内的点集，经直线拟合得到两侧管片在环向接缝处的高度偏差。计算纵向错台值时，需要先对纵向接缝两侧的隧道断面点云进行去噪，排除隧道内壁附着的管线和附属设备的噪声干扰，再进行圆心拟合（方法与断面收敛中椭圆拟合方法类似），通过圆心将两侧断面点云统一到同一基准下，再按照一定的角度间隔分别计算不同位置处两侧断面的高度偏差。错台检测如图 7.5-16、图 7.5-17、表 7.5-6 和表 7.5-7 所示。

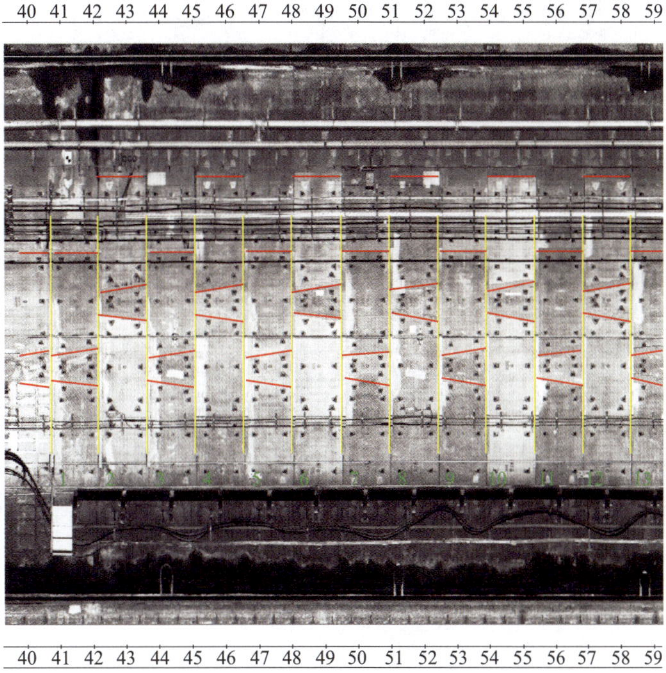

图 7.5-15　纵向接缝与环向接缝定位

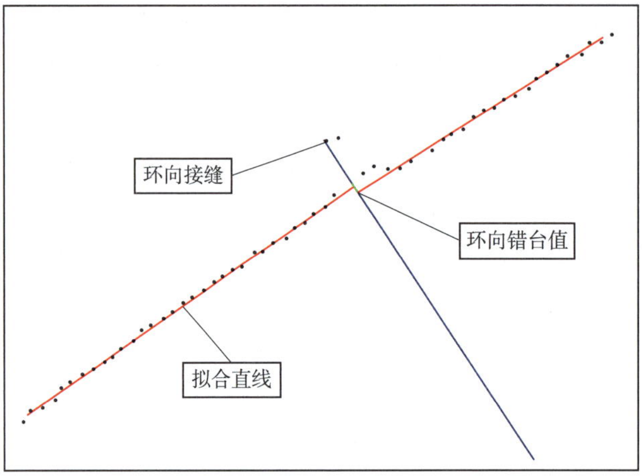

图 7.5-16　环向错台检测

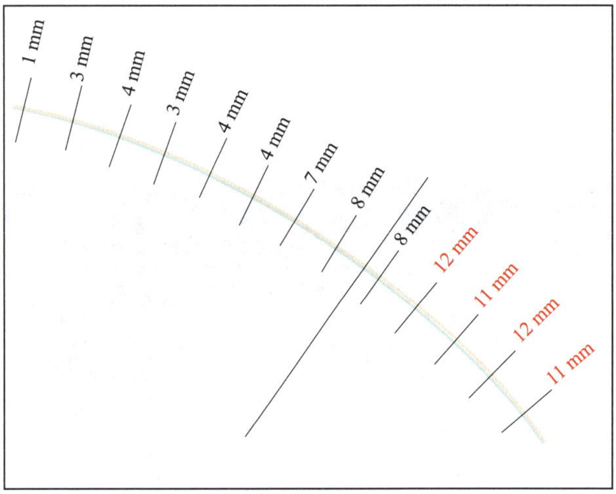

图 7.5-17　纵向错台检测

表 7.5-6　隧道环向错台检测分析表(示例)

序号	环号	环片宽度:1.200 m 隧道内径:2.750 m 断面里程/m	KP-CP 错台/mm	CP-A3P 错台/mm	A3P-A2P 错台/mm	A2P-A1P 错台/mm	A1P-BP 错台/mm	BP-KP 错台/mm
1	1	231.020	3.20			0.20	5.60	5.30
2	2	232.350	5.20				5.80	0.50
3	3	233.900	3.30				1.00	0.50
4	4	235.302	1.80				0.20	0.90
5	5	236.900	10.90			1.10	8.10	4.10
6	6	238.229	3.10				0.10	1.50
7	7	239.687	5.30		1.50	0.60	3.40	5.00
8	8	241.169	5.20				0.20	2.90

续上表

序号	环号	环片宽度:1.200 m 隧道内径:2.750 m 断面里程/m	KP-CP 错台/mm	CP-A3P 错台/mm	A3P-A2P 错台/mm	A2P-A1P 错台/mm	A1P-BP 错台/mm	BP-KP 错台/mm
9	9	242.651	3.70		0.30	0.80	1.20	4.10
10	10	244.109	9.20				4.40	1.20
11	11	245.579	3.70				0.40	8.70
12	12	247.049	4.90				5.50	1.20
13	13	248.531	2.40		0.90			9.80
14	14	249.988	5.80				5.80	1.30
15	15	251.446	1.50		0.80		1.40	7.60
16	16	252.928	11.80				6.40	3.80
17	17	254.386	4.00		4.20	7.10	0.20	9.20
18	18	255.856	12.30				2.20	1.20
19	19	257.326	11.60		1.40	4.30	4.30	9.40
20	20	258.796	6.70				2.60	0.50

表 7.5-7　隧道纵向错台检测分析表(示例)

序号	环号	环片宽度:1.200 m	隧道内半径:2.750 m		限差:10 mm	
		环片左侧里程	环片右侧里程	起止角度/°	错台弧长/m	平均错台量/mm
1	1|2	199.397	199.597	4.5～10.5	0.29	12.89
2	1|2	199.397	199.597	25.5～61.5	1.73	13.06
3	2|3	200.855	201.055	225.5～231.5	0.29	−12.92
4	2|3	200.855	201.055	246.5～249.5	0.14	−10.93
5	2|3	200.855	201.055	258.5～270.5	0.58	−11.32
6	2|3	200.855	201.055	63.5～75.5	0.58	11.17
7	7|8	208.192	208.392	324.5～327.5	0.14	10.12
8	8|9	209.650	209.850	225.5～228.5	0.14	−13.41
9	8|9	209.650	209.850	321.5～324.5	0.14	10.56
10	20|21	227.252	227.452	238.5～241.5	0.14	−11.83
11	26|27	236.059	236.259	304.5～307.5	0.14	10.11
12	30|31	241.951	242.151	310.5～313.5	0.14	10.42
13	38|39	253.686	253.886	9.5～18.5	0.43	10.86
14	38|39	253.686	253.886	33.5～36.5	0.14	12.36
15	41|42	258.096	258.296	340.5～346.5	0.29	10.82
16	43|44	261.047	261.247	314.5～326.5	0.58	11.56
17	43|44	261.047	261.247	347.5～350.5	0.14	13.78
18	45|46	263.975	264.175	325.5～328.5	0.14	10.19
19	46|47	265.433	265.633	305.5～314.5	0.43	10.91

(3)渗漏水检测

激光雷达以激光作为媒介,不仅可以获取目标的几何位置信息,还可以获取目标对激光的后向散射回波强度。激光雷达接收目标的回波强度后,经过光电信号转换和放大、修正处理和数字化等一系列综合过程后形成的离散值,称为激光反射强度值。激光反射强度值表征目标对激光的反射光谱特性,可看作是反映目标反射特性的一个重要物理量,利用其可实现目标点云的分类和识别。大量研究表明,激光强度信息受扫描距离、扫描入射角、目标物的反射光谱特性、扫描仪特性等多种因素的影响。在隧道环境采用 2D 断面扫描仪采集的点云数据,可忽略扫描仪特性、扫描距离、入射角等因素对激光反射强度造成的影响,此时激光反射强度只与目标反射特性相关。隧道中,衬砌表面的干燥区域和渗漏水区域反射特性有着较大的差异。激光雷达的激光波长处于近红外波段,而水对近红外波段的光线具有较强的吸收效果,含水率越高的物体对激光能量的吸收越大,从而导致扫描仪接收到的反射强度越小,表现在反射率映射成的二维灰度图像中,渗漏水区域的灰度值较大,颜色较深。当隧道顶部发生渗漏水时,水流会沿内壁下流至道床,水渍会形成贯穿上下的长条带状区域;当隧道中部发生渗漏水时,水流从隧道管壁中部向道床流动,会形成长椭圆状的水渍;当隧道底部发生渗漏水时,由于道床的覆盖,灰度图像中仅能看到渗漏水区域的上半部分,会呈现出一个上窄下宽的三角形状的水痕。根据上述特性,在灰度图像中根据灰度值和形状特性可以有效地检测出渗漏水病害区域,如图 7.5-18 和图 7.5-19 所示。

图 7.5-18　隧道底部管片渗漏水

(4)掉块检测

常规的隧道内壁掉块检测工作通常采用人工巡检的方法开展。随着车载移动测量技术的广泛应用,使用激光点云制作深度图像检测隧道衬砌掉块和缺损病害已逐渐成为一种更加高效、准确、安全和经济的手段。

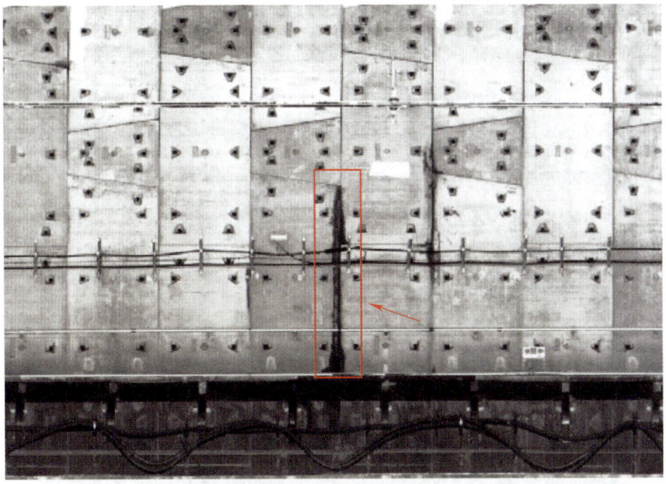

图 7.5-19 隧道顶部管片渗漏水

深度图像(depth image)也称为距离影像(range image),是指从采集器到场景中各点的距离(深度)作为像素值的图像。深度数据是自然场景的基础表征之一,不仅包含物体可见表面的几何形状,还包括物体的深度信息。目前深度图像的获取主要有主动深度传感和被动测距传感两种方式。扫描仪通过测量自激光发射器发射的激光经目标物表面反射后回到传感器的时间来计算深度信息,属于主动深度传感。通过对点云数据的坐标信息进行投影转换可获得扫描场景的深度信息。从点云直接生成深度图像,避免了光照阴影和物体表面纹理对图像所产生的干扰。从激光点云生成深度图像的主要方法为:选定投影平面,建立投影平面直角坐标系,将点云坐标按照投影关系映射到图像平面坐标系;划定深度图像分辨率,将像素网格内所有点云到投影平面的平均距离进行线性拉伸后作为图像像素值即可生成深度图像。

激光点在扫描仪坐标系下的三维坐标(x,y,z)与其在深度图像上的像素坐标(u,v)之间的转换关系如下:

$$
\begin{aligned}
\theta &= \arctan 2(y,x) \\
\phi &= \arcsin\left(z/\sqrt{x^2+y^2+z^2}\right) \\
u &= \theta/\Delta\theta \\
v &= \phi/\Delta\phi
\end{aligned}
\tag{7.5-18}
$$

式中,θ为观察激光点时的方位角;ϕ为观察激光点时的高度角;$\Delta\theta$为图像横向分辨率对应的水平扫描角度分辨率;$\Delta\phi$为图像纵向分辨率对应的垂直扫描角度分辨率。

激光点的距离信息一般为大于 0 的浮点数,而图像像素值则为 0～255 范围内的整型值。因此,在进行投影转换时需要对距离信息进行线性拉伸变换,可采用直线线性拉伸变换方法进行处理。

$$gray=255\cdot(dis-dis_{min})/(dis_{max}-dis_{min}) \tag{7.5-19}$$

式中，gray 为像素值；dis 为场景中第 i 个激光点的距离信息；dis_{min}，dis_{max} 分别为场景中激光点的最近距离和最远距离。

如图 7.5-20 所示，在深度图像中，由于目标物深度信息的不同，相应地呈现出不同的明暗变化。通过目视检查对盾构管片角部或接缝处等易发生掉块或缺损的部位进行重点检查，与周边部位明暗差别较大且呈现不规则形状的区域可能存在掉块病害。

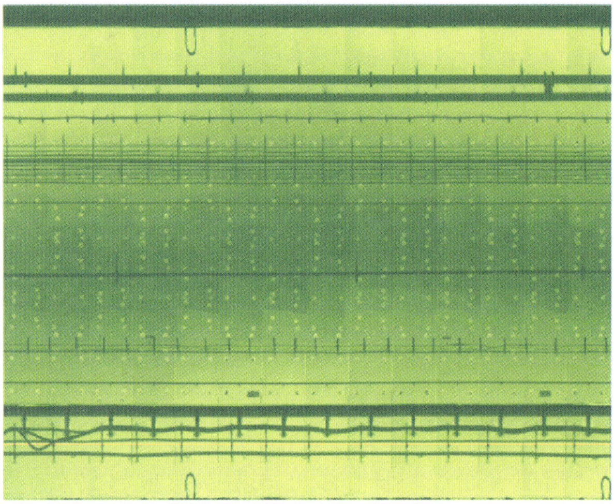

图 7.5-20　盾构法隧道深度图像

7.5.4　试验分析

选取杭州地铁 3 号线某段受邻近工程施工影响的隧道区域，采用自移动激光扫描系统采集的点云数据进行隧道病害检测分析。自移动激光扫描系统配备了北斗卫星导航系统、惯导系统、高精度激光扫描仪等传感器，以 2 km/h 的速度沿轨道方向垂直于隧道断面进行移动扫描，如图 7.5-21 所示。搭载的 Z＋F PROFILER 9012 断面扫描仪采用相位式测距原理，点发射频率最高可达 101.6 万点/s，线扫描频率范围为 50～200 Hz，激光点相对精度优于 1 mm，满足相关规范中关于隧道病害检测的精度要求，如图 7.5-22 所示。

将扫描仪采集的原始数据与惯导、里程编码计等其他传感器数据进行融合后，生成三维激光点云数据，如图 7.5-23 所示。进一步将三维点云投影变换为二维灰度影像和深度影像，进行隧道渗漏水和衬砌掉块检测。完成盾构环纵向接缝和环向接缝的识别与定位后，选择指定里程位置提取断面点云进行断面收敛和错台检测。

经检测，该段隧道中，发生管片洇湿的区域累计 4 处，其位置和范围统计见表 7.5-8；通过深度图像检测发现衬砌管片角部缺损位置 1 处，经三维激光点云核实确认病害情况属实，如图 7.5-24 和图 7.5-25 所示。断面收敛以盾构环为单位进行逐环检测，共计检测 135 环，其中衬砌环椭圆度超过《盾构法隧道施工与验收规范》(GB 50446—2017)规定的±6‰限差

图 7.5-21　自移动激光扫描系统

图 7.5-22　Z+F PROFILER 9012 断面扫描仪

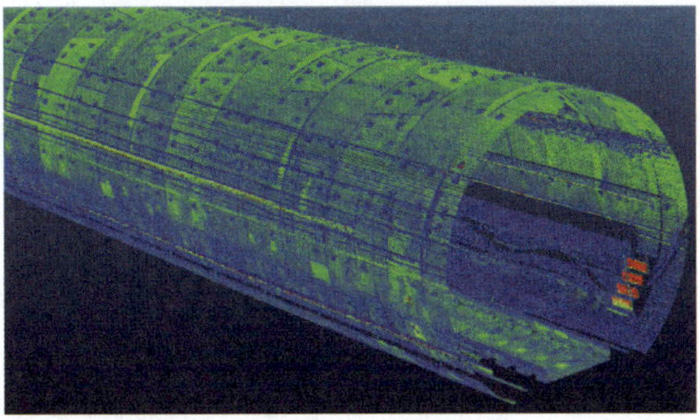

图 7.5-23　隧道三维激光点云

的占比 12.6%，如图 7.5-26 和图 7.5-27 所示。管片环向错台值累计检测 449 处，超限占比为 0。盾构环纵向错台累计检测 10 935 处，其中超限 78 处，占比 0.7%。检测成果如图 7.5-28～图 7.5-30 所示。

表 7.5-8　隧道渗漏水检测统计表

渗漏类型	位置及范围	备　注
洇湿	K2+00.82 底部管片 约 3.1 m^2	
洇湿	K2+41.00 顶部管片 约 0.3 m^2	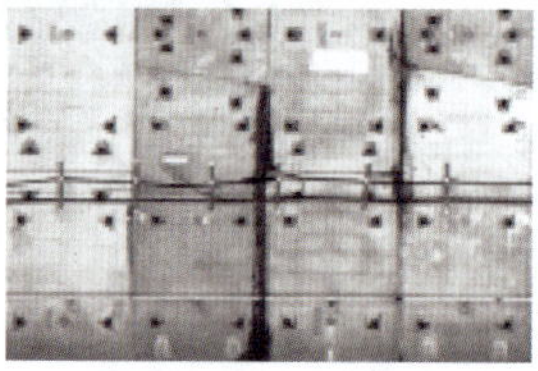
洇湿	K2+68.42 底部管片 约 2.9 m^2	
洇湿	K3+83.02 底部管片 约 0.7 m^2	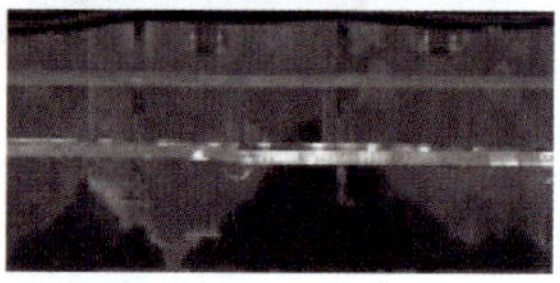

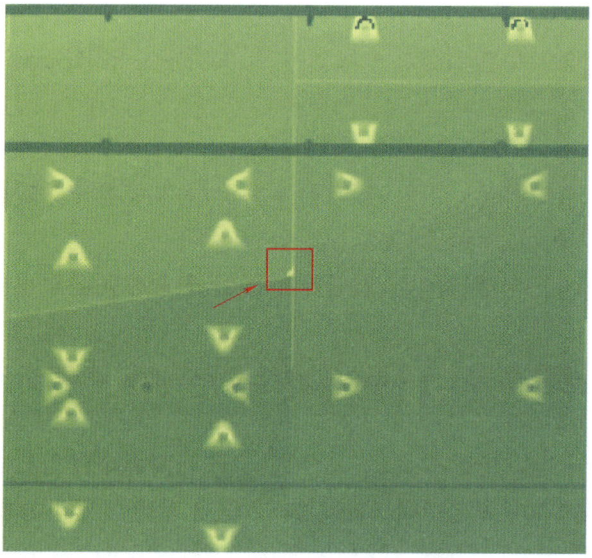

图 7.5-24　管片角部缺损(深度图像)

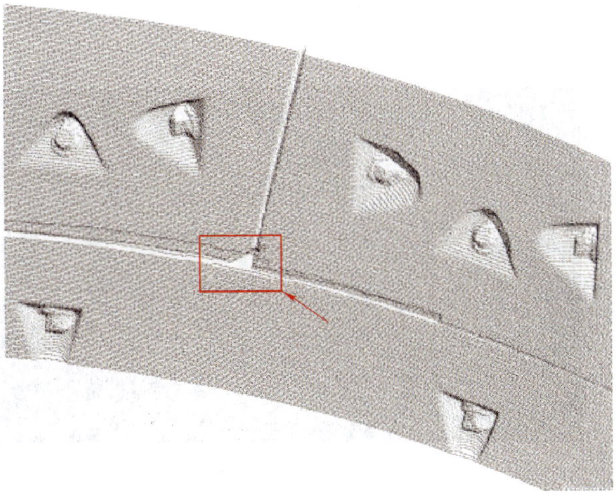

图 7.5-25　管片角部缺损(三维点云)

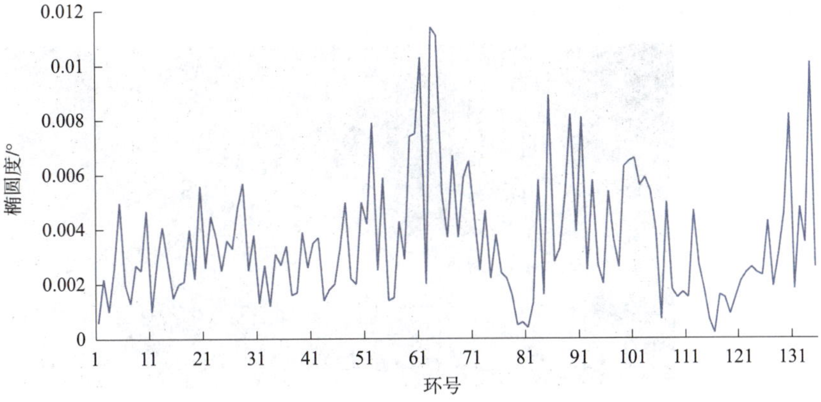

图 7.5-26　隧道断面椭圆度逐环统计图

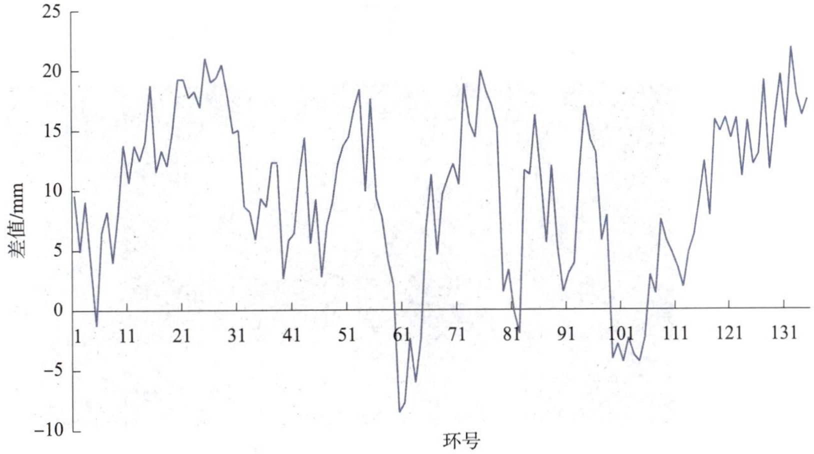

图 7.5-27　隧道断面检测直径与标称直径差值统计图

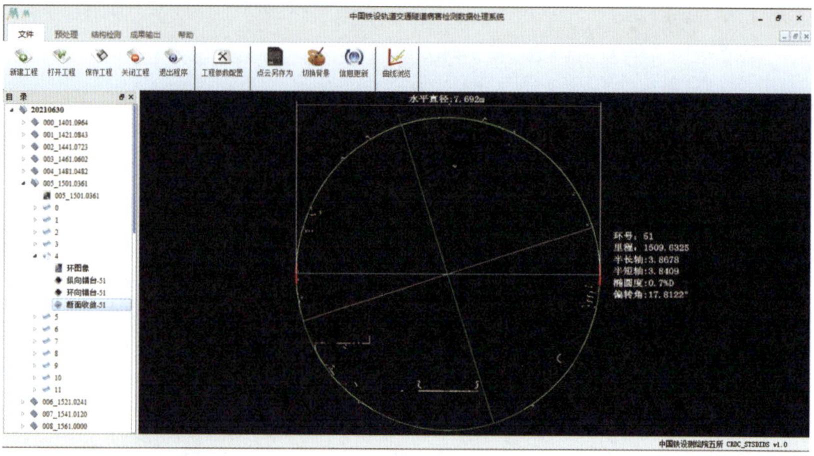

图 7.5-28　断面收敛检测成果图

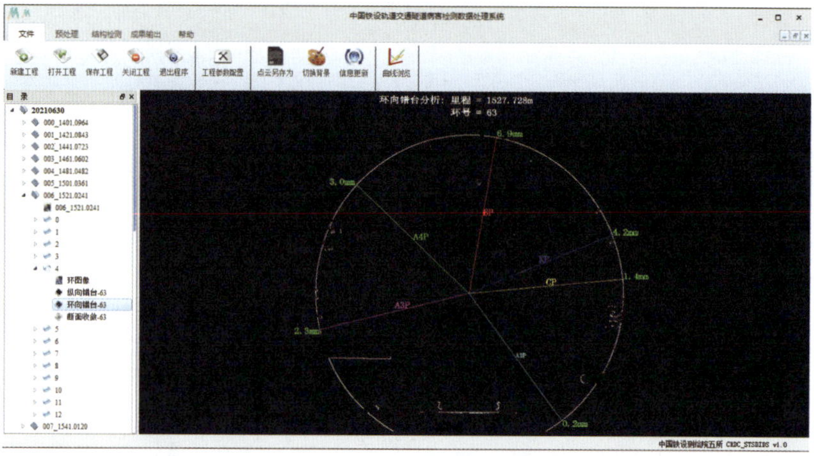

图 7.5-29　环向错台检测成果图

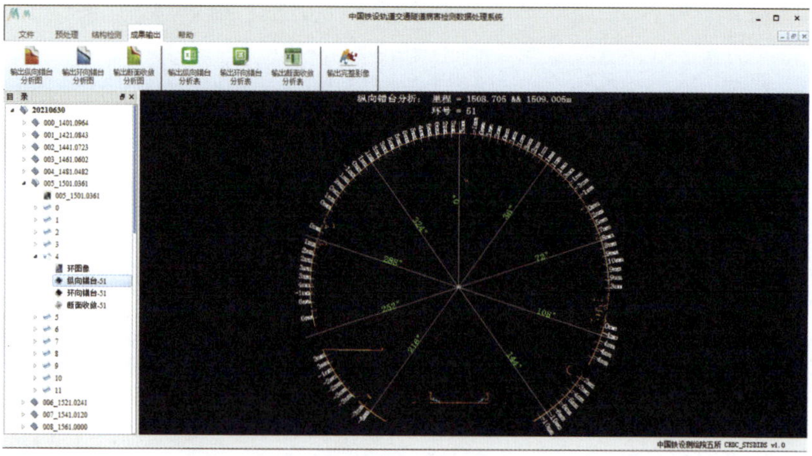

图 7.5-30　纵向错台检测成果图

第8章 总结与展望

在轨道交通运营检测中，轨道作为核心部件，其几何状态的平顺性直接影响到列车的行驶安全和旅客的舒适度。目前，轨道检测主要采用轨道尺、轨检小车等设备，利用行车天窗时间，采用人工的方法进行接触式测量，存在效率低、人员设备投入大、作业时间受到限制等问题。接触网是轨道交通牵引供电系统的重要设备，接触线与受电弓之间的良好接触是保证电力机车取流质量的关键。接触网作为一个无备用的设备，一旦发生事故，将会造成运营中断甚至是重大安全事故。因此，为了满足高速铁路的运营和发展，提高牵引供电系统的安全性和可靠性，接触网在线检测技术的不断研究显得尤为重要。近年来随着国内上海、北京、广州、深圳、南京等各大城市地铁建设快速发展，地铁线路里程快速增长，地下轨道交通已然成为城市交通网络的重要部分以及城市地下空间建设的主要方式。在地铁建设与运营阶段，地铁场站及区间隧道周边基坑开挖、地表加卸载及隧道近距离穿越等建设活动，会引起地铁隧道的形变，其中对地铁结构安全最为不利的一种变形就是管径环向收敛变形，这种变形已经成为导致地铁隧道环片渗漏水、结构裂缝及损坏等病害的主要原因。

针对轨道交通轨道、接触网及盾构法隧道检测工作中出现的问题，亟需我们探索出一套信息量丰富、无接触式的测量手段，进而实现检测工作的高效率与自动化。基于三维激光扫描、数字图像、惯性测量、卫星导航等多传感器集成技术的移动激光扫描技术，具备快速、可靠、高精度、自动化等特点，是智能化铁路检测未来的发展方向，符合我国轨道交通建设发展规划目标及市场需求。

参考文献

[1] ARASTOUNIA M. Automatic classification of LiDAR point clouds in a railway environment [M]. Enschede:University of Twebte, 2012.

[2] ARASTOUNIA M. Automated recognition of railroad infrastructure in rural areas from LiDAR data[J]. Remote Sensing, 2015, 7(11): 14916-14938.

[3] ELBERINK S O, KHOSHELHAM K, ARASTOUNIA M, et al. Rail track detection and modelling in Mobile Laser Scanner Data[C]//ISPRS Workshop on Laser Scanning 2013,2013:223-228.

[4] BENTLEY J L. Multidimensional binary search trees used for associative searching [J]. Communications of the ACM, 1975, 18(9): 509-517.

[5] CHAUDHURY K N. Acceleration of the shiftable O(1) algorithm for bilateral filtering and non-local means[J]. IEEE Transactions On Image Processing,2012.

[6] FISCHLER M A,BOLLES R C . Random sample consensus: A paradigm for model fitting with applications to image analysis and automated cartography[J]. Communications of the ACM, 1981, 24(6):381-395.

[7] JWA Y, SONH G. Kalman filter based railway tracking from mobile LiDAR data[C]// ISPRS Annals of the Photogrammetry, Remote Sensing and Spatial Information Sciences, 2015,II-3/W5: 159-164.

[8] LE B, ANDREWS J. Modelling railway bridge asset management[J]. Proceedings of the Institution of Mechanical Engineers, Part F: Journal of Rail and Rapid Transit, 2013, 227(6) :644.

[9] MEAGHER D. Geometric modeling using octree encoding[J]. Computer Graphics & Image Processing, 1982, 19(2):129-147.

[10] SÁNCHEZ-RODRÍGUEZ A, SOILÁN M, CABALEIRO M, et al. Automated inspection of railway tunnels′ power line using LiDAR point clouds[J]. Remote Sensing, 2019, 11(21):2567.

[11] SANCHEZ-RODRIGUEZ A, RIVEIRO B, SOILAN M, et al. Automated detection and decomposition of railway tunnels from Mobile Laser Scanning Datasets[J]. Automation in Construction, 2018, 96(DEC.): 171-179.

[12] SANDER O E, KOUROSH K. Automatic extraction of railroad centerlines from Mobile Laser Scanning Data[J]. Remote Sensing, 2015, 7(5): 5565-5583.

[13] SEGAL A, HHNEL D, THRUN S. Generalized-ICP[C]// Robotics: Science and Systems V, University of Washington, Seattle, USA, June 28 - July 1, 2009.

[14] YANG B, FANG L. Automated extraction of 3-D railway tracks from Mobile Laser Scanning Point Clouds[J]. IEEE Journal of Selected Topics in Applied Earth Observations & Remote Sensing, 2014, 7(12): 4750-4761.

[15] YIANNI P C, RAMA D, NEVES L C, et al. A Petri-Net-based modelling approach to railway bridge asset management[J]. Structure and Infrastructure Engineering, 2017, 13(2): 287-297.

[16] ZHANG S X, CHENG W, ZHUANG Y, et al. Automatic railway power line extraction using Mobile Laser Scanning Data[J]. ISPRS. International Archives of the Photogrammetry, Remote Sensing and Spatial Information Sciences, 2016, XLI-B5: 615-619.

[17] 陈福生,李立,黄霞飞. GPS 拟合高程精度分析[J]. 城市建设理论研究(电子版),2014(26):675-676.

[18] 董昭德, 李岚. 接触网工程与设计[M]. 北京: 科学出版社, 2014.

[19] 冯光财,陈正阳. 一种 GPS 高程拟合计算的新方法[J]. 矿山测量,2005(4):6-8,69.

[20] 高亮. 轨道工程[M]. 重庆: 重庆大学出版社, 2014.

[21] 管泽霖,李建成,晁定波,等. WZD94 中国重力大地水准面研究[J]. 武汉测绘科技大学学报,1994(4):292-297.

[22] 侯本军,钟波,王文庆. 基于二次曲面的 Shepard 拟合法在 GPS 水准中的应用[J]. 测绘工程,2007(1):36-38.

[23] 李军,秦宪国,安茹,等. 神朔铁路曲线桥梁偏心超限整治模型研究[J]. 铁道建筑,2017(6):17-20.

[24] 李明峰,刘支亮,王永明,等. 大旋转角空间直角坐标转换改进模型研究[J]. 大地测量与地球动力学,2017,37(5):441-445.

[25] 刘永孝,刘学毅,张咏军,等. 铁路既有曲线整正计算中基于坐标法的渐伸线误差分析研究[J]. 铁道学报,2012,34(4):82-87.

[26] 刘永孝,张咏军. 铁路既有曲线整正计算方法研究[J]. 铁道建筑,2010(11):116-119.

[27] 彭家頔. 低高度角信号对卫星分布和对流层延迟估计影响的研究[D]. 桂林:桂林理工大学,2012.

[28] 宋黎民, 李丽红, 宋雷. 单基站托管型 RTK 测量精度分析[J]. 北京测绘, 2019, 33(8): 882-885.

[29] 孙小荣, 李明峰, 刘支亮. 平面四参数坐标转换模型的改进与应用研究[J]. 大地测量

与地球动力学，2015，35(1)：132-135,144.

[30] 孙晓丽，蒋红斐，石星. 基于遗传算法的既有铁路曲线整正优化设计[J]. 铁道建筑，2011(3)：111-113.

[31] 谭凯，程效军. 基于多项式模型的 TLS 激光强度值改正[J]. 中国激光，2015(3)：9.

[32] 铁路工程技术标准所. 高速铁路工程施工技术指南[M]. 北京：中国铁道出版社，2012.

[33] 王德保. GPS 在城市控制网中的应用研究[D]. 青岛：山东科技大学，2005.

[34] 王胜. 阜淮线下行 K116.6—K117.5 曲线综合整治[J]. 江西建材，2014(2)：205-206.

[35] 王仲锋，申景瓒，赵达. 三维七参数与二维七参数坐标转换的研究[J]. 测绘与空间地理信息，2019，42(3)：19-23,30.

[36] 魏逸飞，孙伟，黄涛，等. 二次多项式拟合法和多面函数拟合法在 GNSS 高程测量中的应用[J]. 测绘与空间地理信息，2012,35(12)：32-33,36,40.

[37] 徐晶晶. PPK 技术测量精度分析[J]. 北京测绘，2020，34(8)：1104-1108.

[38] 徐绍铨. GPS 测量原理及应用[M]. 武汉：武汉大学出版社，2008.

[39] 徐寿志. 车载移动测量系统检校技术及其精度评定方法[D]. 武汉：武汉大学，2016.

[40] 杨洪权，何妍，许明. 基于激光扫描的隧道限界侵限检测研究[J]. 铁道工程学报，2019，36(7)：58-63.

[41] 杨梅洁. 基于激光点云数据的隧道特征提取方法的研究[D]. 上海：上海工程技术大学，2020.

[42] 杨旭东. 京九线下行茨园特大桥线梁偏心整治探讨[J]. 上海铁道科技，2016(4)：119-120.

[43] 于万聚. 高速电气化铁路接触网[M]. 成都：西南交通大学出版社，2003.

[44] 张华海. 应用大地测量学[M]. 4 版. 徐州：中国矿业大学出版社，2016.

[45] 张亮. 地面复杂环境下移动三维测量精度改善方法研究[D]. 武汉：武汉大学，2015.

[46] 张秋民. 七参数法 GPS-RTK 技术的应用[J]. 矿山测量，2010(5)：21-24.

[47] 张伟. 铁路既有线曲线整正方法的探讨[J]. 铁道建筑，2009(11)：79-81.

[48] 张亚勇. 基于移动激光扫描三维点云的限界检测技术研究[J]. 铁道标准设计，2021，65(5)：44-48.

[49] 赵建虎，刘经南，张红梅. 顾及非格网数据考虑地形改正的 GPS 水准高程拟会[J]. 武汉测绘科技大学学报，1999(4)：346-350.

[50] 中国铁路总公司. 接触网悬挂状态检测监测装置(4C)暂行技术条件：TJ/GD 006—2014[M]. 中国铁道出版社.

[51] 中国铁路总公司. 铁路技术管理规程(普速铁路部分)[S]. 北京：中国铁道出版社，2014.

[52] 中国铁路总公司. 高速铁路接触网安全工作规则　高速铁路接触网运行维修规则：TG/GD 124—2015[S]. 北京：中国铁道出版社，2016.

[53] 中国铁路总公司. 普速铁路接触网安全工作规则　普速铁路接触网运行维修规则：TG/GD 116—2017[S]. 北京：中国铁道出版社，2017.

[54] 中国铁路总公司. 普速铁路线路修理规则：TG/GW 102—2019[S]. 北京：中国铁道出版社有限公司，2019.

[55] 国家铁路局. 高速铁路设计规范：TB 10621—2014[S]. 北京：中国铁道出版社，2014.

[56] 中华人民共和国铁道部. 铁路桥隧建筑物大修维修规则：铁运〔1999〕146 号[S]. 北京：中国铁道出版社，1989.

[57] 中华人民共和国铁道部. 铁路建筑实际限界测量和数据格式：TB/T 3308—2013[S]. 北京：中国铁道出版社，2013.

[58] 中华人民共和国铁道部. 高速铁路工程测量规范：TB 10601—2009[S]. 北京：中国铁道出版社，2009.

[59] 周宾喜，崔文刚，李云，等. 七参数法在 GPS-RTK 测量中的运用分析[J]. 测绘与空间地理信息，2019，42(2)：151－153，157.

附录　缩略词释义

GPS	global positioning system	全球定位系统
GNSS	global navigation satellite system	全球导航卫星系统
CORS	continuously operating reference stations	连续运行参考站
IMU	initial measurement unit	惯性测量单元
POS	position and orientation system	定位测姿系统
INS	initial navigation system	惯性导航系统
DMI	distance measuring instrument	里程编码计
LiDAR	light detection and ranging	激光雷达
MLS	mobile laser scanning	移动激光扫描
VMMS	vehicle-borne mobile mapping system	车载移动测量系统
VMMSRT	vehicle-borne mobile mapping system of rail transit	轨道交通车载移动测量系统
CPⅢ	track control network	轨道控制网
GDOP	geometric dilution of precision	几何精度因子
DGPS	differential global positioning system	差分全球定位系统
RINEX	receiver independent exchange format	接收机通用数据交换格式
PPS	pulse per second	每秒脉冲
RANSAC	random sample consensus	随机采样一致性
PCA	principal component analysis	主成分分析
ICP	iterative closest point	最近点迭代